GESTÃO DA MEDIOCRIDADE

A ESTRATÉGIA COMERCIAL NA GUERRA PELA INOVAÇÃO

GESTÃO DA MEDIOCRIDADE

A ESTRATÉGIA COMERCIAL NA GUERRA PELA INOVAÇÃO

ALEX KUNRATH

CONSULTOR ESPECIALIZADO EM INOVAÇÃO ORGANIZACIONAL

ALTA BOOKS
GRUPO EDITORIAL
Rio de Janeiro, 2023

Gestão da Mediocridade

Copyright © 2023 STARLIN ALTA EDITORA E CONSULTORIA LTDA.
ALTA BOOKS é uma empresa do Grupo Editorial Alta Books (Starlin Alta Editora e Consultoria LTDA).
Copyright © 2023 Alex Kunrath.
ISBN: 978-85-508-2199-3

Dados Internacionais de Catalogação na Publicação (CIP) de acordo com ISBD

K96g   Kunrath, Alex
           Gestão da Mediocridade: a estratégia comercial na guerra pela inovação / Alex Kunrath. - Rio de Janeiro : Alta Books, 2023.
           304 p. : il. ; 15,7cm x 23cm.

           Inclui índice.
           ISBN: 978-85-508-2199-3

           1. Administração. 2. Inovação. I. Título.

2023-2735   CDD 658.4063
                                                          CDU 658.011.4

Elaborado por Vagner Rodolfo da Silva - CRB-8/9410

Índice para catálogo sistemático:
1. Administração : Inovação 658.4063
2. Administração : Inovação 658.011.4

Todos os direitos estão reservados e protegidos por Lei. Nenhuma parte deste livro, sem autorização prévia por escrito da editora, poderá ser reproduzida ou transmitida. A violação dos Direitos Autorais é crime estabelecido na Lei nº 9.610/98 e com punição de acordo com o artigo 184 do Código Penal.

O conteúdo desta obra fora formulado exclusivamente pelo(s) autor(es).

Marcas Registradas: Todos os termos mencionados e reconhecidos como Marca Registrada e/ou Comercial são de responsabilidade de seus proprietários. A editora informa não estar associada a nenhum produto e/ou fornecedor apresentado no livro.

Material de apoio e erratas: Se parte integrante da obra e/ou por real necessidade, no site da editora o leitor encontrará os materiais de apoio (download), errata e/ou quaisquer outros conteúdos aplicáveis à obra. Acesse o site www.altabooks.com.br e procure pelo título do livro desejado para ter acesso ao conteúdo..

Suporte Técnico: A obra é comercializada na forma em que está, sem direito a suporte técnico ou orientação pessoal/exclusiva ao leitor.

A editora não se responsabiliza pela manutenção, atualização e idioma dos sites, programas, materiais complementares ou similares referidos pelos autores nesta obra.

Grupo Editorial Alta Books

Produção Editorial: Grupo Editorial Alta Books
Diretor Editorial: Anderson Vieira
Editor da Obra: Rosana Arruda
Vendas Governamentais: Cristiane Mutüs
Gerência Comercial: Claudio Lima
Gerência Marketing: Andréa Guatiello

Assistente Editorial: Ana Clara Tambasco
Revisão: Paulo H. Aragão; Fernanda Lutfi
Diagramação: Rita Motta
Capa: Cesar Godoy

Rua Viúva Cláudio, 291 — Bairro Industrial do Jacaré
CEP: 20.970-031 — Rio de Janeiro (RJ)
Tels.: (21) 3278-8069 / 3278-8419
www.altabooks.com.br — altabooks@altabooks.com.br
Ouvidoria: ouvidoria@altabooks.com.br

Editora afiliada à:

Dedico este livro a **Paulo César Delayti Motta**, que certa vez me falou: "Te ver depois de anos me mostrou como eu sou bom, pois te formei com excelência." Este livro também é seu, querido mestre.

Este livro contém códigos QR que levam a aulas e a materiais complementares hospedados na internet. Para acessá-los gratuitamente, você precisa de um celular ou tablet com acesso à internet e um aplicativo de leitura de QR Code.

CARTA DO AUTOR

Olá,

É motivo de muito orgulho dividir a trajetória deste livro com você. São anos de estudos e de experiências práticas e teóricas alinhados em uma temática bastante sensível — a Gestão da Mediocridade sob a ótica da formação interligada de Estratégias de Marketing e de Vendas.

Este é um livro direcionado para a formação (ou atualização) de estrategistas comerciais.

Eu gostaria de iniciar nossa trajetória pedindo sua gentileza em compreender o porquê de eu evitar uma linguagem mais técnica e de não utilizar simplesmente jargões tradicionais de mercado: nem todos os gestores possuem formação técnica em áreas de gestão, assim como muitos dos leitores deste livro provêm de formações acadêmicas de décadas passadas. Portanto, busquei apresentar conceitos e traduzi-los de forma mais didática e informal, focando nosso processo em uma imersão mais acessível, porém bastante completa, em nossos pilares de análises.

Nossa discussão se dará em três atos.

Ato Um: Ensaio sobre a Mediocridade: Pessoas, Sociedade e Organizações

Ato Dois: Análises sobre a Mediocridade Social e Organizacional

Ato Três: Modelos de Inovação para Quebra das Práticas Medíocres em sua Gestão

Primeiramente, é importante você perceber que a mediocridade está relacionada à média. O uso da expressão medíocre nada mais reflete do que a média das pessoas, das organizações. Pense em uma avaliação em um sistema educacional, na qual a nota mínima para você ser aprovado é medíocre. A média das avaliações da turma é medíocre.

Portanto, de maneira nenhuma é meu desejo rotular pessoas ou organizações como estúpidas neste livro. Trata-se simplesmente de médias. Contudo, a média da capacidade de prover resultados da força de trabalho brasileira está em declínio; a formação técnica está em declínio. O simples fato de você estar lendo um livro já lhe coloca acima da média dos brasileiros, sendo que estamos diante de um contingente cada vez mais numeroso de analfabetos funcionais no país — pessoas que são capazes de ler, mas não de interpretar o que leram (inclusive em nível acadêmico superior).

GESTÃO DA MEDIOCRIDADE

Tendo em vista que algumas temáticas apresentadas podem se mostrar mais complexas, adicionei códigos QR neste livro a fim de aumentar sua imersão e de potencializar seu processo de aprendizagem. Esses códigos QR levam a vídeos, com aulas que ministrei, relativos aos temas que estudaremos. Portanto, é importante ter acesso à internet para aproveitar por completo os conteúdos, no momento da leitura ou posteriormente. Mas ressalto: assistir aos vídeos é fundamental para sua aprendizagem, não menospreze essa ferramenta.

Enfim, as bases deste livro são anos de práticas e de análises desenvolvidas em minha atuação como consultor especializado em Reestruturação Comercial, minha formação técnica no Brasil e no exterior, estudos diários e minhas atividades de professor e de palestrante. Potencialmente teremos uma trajetória virtuosa juntos, mas saiba que este livro não é para todos. Irei trabalhar com veemência a desconstrução de conceitos medíocres, assim como a desconstrução de "certezas" acerca de práticas de mercado que são verdadeiros mantras para indivíduos medíocres, o que causará a revolta de muitos.

Gestão da Mediocridade é um livro para quem deseja pensar e analisar situações sob um prisma diferente. Buscar alternativas diante da ampla literatura medíocre de "analistas" modernos. No início do nosso caminho iremos explorar as bases comportamentais inerentes ao apego à mediocridade, adentrando posteriormente em questões sociais e organizacionais que formarão uma nova base de conhecimentos que, finalmente, utilizaremos em nosso último ato — a busca pela inovação.

Diria Nietzsche, em adaptação livre: um livro que é para todos não vale a pena ser lido. Assim como novos conhecimentos devem ser compartilhados apenas com quem está disposto a moldar sua visão, não vivendo com certezas e sim imergindo em processos de aprimoramento intelectual.

Refletir é duvidar de si mesmo.

Vamos iniciar uma jornada de aprendizagem. Juntos. Eu não sou senhor da razão, ninguém é. E, se você se deparar com oportunidades de melhorias no que encontrar neste livro, fique à vontade para me encontrar online e dividir sua visão comigo. Será um grato prazer refletir e amadurecer conhecimentos com você, tendo a possibilidade de melhorar em edições futuras.

Desejo-lhe força de vontade, potência e brios nessa jornada que iniciamos agora. Medíocres não chegarão ao final deste livro, ficando a seu critério que profissional resultará dessa travessia entre o você de hoje e o novo você que concluirá nossos estudos conjuntos.

Conte comigo a partir de agora.

ALEX KUNRATH

SUMÁRIO

CARTA DO AUTOR vii

INTRODUÇÃO: QUEM SÃO OS MEDÍOCRES? 1

ATO UM
NOS PORTÕES DA MEDIOCRIDADE

1.	**QUEBRE A MEDIOCRIDADE QUE EXISTE DENTRO DE VOCÊ**	7
1.1	O PODER DO EXEMPLO	7
1.2	O SEU SISTEMA DE CRENÇAS MOLDA A CULTURA DO SEU TIME	11
1.3	GESTÃO DE TEMPO	14
1.4	QUAIS SÃO OS SEUS OBJETIVOS?	18
1.5	MISSÃO, VISÃO E VALORES: O DNA PESSOAL E ORGANIZACIONAL	22
1.6	TECNOLOGIA	25
2.	**UMA SOCIEDADE MEDÍOCRE**	28
2.1	COMPORTAMENTO TRIBAL	28
2.2	O MANTRA DO "AMOR LABORAL"	31
2.3	O CÂNCER POLITICAMENTE CORRETO NO MARKETING	34
2.4	OS SENHORES FEUDAIS DO UNIVERSO ONLINE	38
3.	**ORGANIZAÇÕES MEDÍOCRES**	41
3.1	O PARQUE DOS DINOSSAUROS TUPINIQUIM	41
3.2	SETORES DESALINHADOS SÃO A BASE DO CAOS	45

3.3 IDIOCRACIA 47
3.4 PERDER CLIENTES É A FINA ARTE DAS ORGANIZAÇÕES MEDÍOCRES 52
3.5 A ENTRADA DOS PORTÕES DO TÁRTARO DA MEDIOCRIDADE 57

ATO DOIS
OS GRILHÕES SOCIAIS E ORGANIZACIONAIS DA MEDIOCRIDADE

4. **FUNDAMENTOS DA ESTRATÉGIA COMERCIAL** 63
   4.1 OS PILARES ESTRATÉGICOS (1/3): RESPEITO 67
   4.2 OS PILARES ESTRATÉGICOS (2/3): INOVAÇÃO 68
   4.3 OS PILARES ESTRATÉGICOS (3/3): A EMPRESA FOCADA NOS CLIENTES 71
5. **POSICIONAMENTO ORGANIZACIONAL** 76
   5.1 FUNDAMENTOS DO POSICIONAMENTO ORGANIZACIONAL 77
      5.1.1 É possível ser um seguidor do líder? 80
   5.2 NECESSIDADES E DESEJOS 82
   5.3 DEFINA SEU PÚBLICO-ALVO 85
   5.4 AMBIENTES MULTIGERACIONAIS 89
      A Grande Quebra Geracional 91
   5.5 POSICIONAMENTO GERACIONAL 94
   5.6 SUA EMPRESA PODE FAZER PARTE DE UM MUNDO MELHOR 97
   5.7 TERRITÓRIOS TRIBAIS 101
6. **FATORES-CHAVE NO FORNECIMENTO DE SOLUÇÕES** 108
   6.1 TEMPO 108
   6.2 CUSTOMIZAÇÃO 109
   6.3 PREÇO 110
7. **EXPERIÊNCIA** 113
   7.1 EXPERIÊNCIA: APRESENTAÇÃO 115

7.2	EXPERIÊNCIA: INTERAÇÃO	118
	7.2.1 Interação Passiva: plataformas online	119
	7.2.2 Interação Passiva: estruturas de atendimento	120
7.3	INTERAÇÃO: PÓS-VENDAS	126
7.4	INTERAÇÃO: REDES SOCIAIS	127
7.5	SENSAÇÕES	129

ATO TRÊS
ESTRUTURAÇÃO DE NOVOS MODELOS COMERCIAIS

8.	**PREPARE SUA EMPRESA PARA A GUERRA**	**135**
8.1	PREPARE SUAS ESTRUTURAS DEFENSIVAS	136
8.2	MAPEAMENTO DO CAMPO DE BATALHA	136
8.3	PREPARE-SE ONLINE E OFFLINE	137
8.4	PESSOAS E POSIÇÕES-CHAVE	139
8.5	PROVISÕES DE GUERRA	144
8.6	SEJA ALIADO DE BONS FORNECEDORES	146
8.7	GESTÃO DE RISCOS	148
9.	**PREPARE SUAS ESTRUTURAS OFENSIVAS**	**150**
9.1	OS 4 Ps DO MARKETING – PRODUTO E PREÇO	151
9.2	OS 4 Ps DO MARKETING – CANAIS DE VENDAS (COLOCAÇÃO/PRAÇA)	156
	9.2.1 Ciclos de Vendas	163
	9.2.2 Reflexões sobre a Contratação de Representantes Comerciais	164
9.3	OS 4 Ps DO MARKETING – PROMOÇÃO: AS ARMAS DE ATAQUE MASSIFICADO	167
9.4	ESFORÇOS DE GUERRA COMERCIAL EM SUA PRÓPRIA CARTEIRA DE CLIENTES	170
9.5	O PREÇO DA GUERRA: MARKETING E VENDAS INTEGRADOS	174

10. GUIANDO REBANHOS DE MEDÍOCRES — 185

    10.1 A CONCEPÇÃO DE EQUIPES DIANTE DO POSICIONAMENTO MERCADOLÓGICO — 186

    10.2 AS PESSOAS CERTAS NOS LUGARES CERTOS — 189

        10.2.1 O Iogue, o Comissário e o Líder Criador — 191

        10.2.2 Afastando a criatividade das organizações — 193

    10.3 GESTÃO CELULAR: AUTOGESTÃO APLICADA À ESTRATÉGIA ORGANIZACIONAL — 197

    10.4 A TECNOLOGIA NÃO É OPCIONAL, É FUNDAMENTAL — 204

11. ESTRATÉGIAS COMERCIAIS APLICADAS — 209

    11.1 OBJETIVOS ESTRATÉGICOS DE CURTO E MÉDIO PRAZOS — 209

    11.2 ESTRUTURA ANALÍTICA DE PROJETOS (EAP) — 213

    11.3 INDICADORES COMERCIAIS — 217

        11.3.1 Indicadores Comportamentais para Vendas Externas — 217

        11.3.2 Lógica para Criação de Indicadores de Curto, Médio e Longo Prazos — 219

            11.3.2.1 A lógica dos Indicadores de Curto Prazo — 220

            11.3.2.2 A lógica dos Indicadores de Médio Prazo — 227

            11.3.2.3 A lógica dos Indicadores de Longo Prazo — 233

    11.4 ESTRUTURANDO INDICADORES DE ACORDO COM OBJETIVOS ESTRATÉGICOS — 237

    11.5 PRÁTICAS DE QUALIDADE TOTAL NA SUA GESTÃO — 241

12. VISÃO — 247

ANEXO 1: O PAPEL DA GESTÃO DO CONHECIMENTO NA OTIMIZAÇÃO DE PROJETOS — 251

ANEXO 2: MANUAL DE VENDAS EXTERNAS — 262

AGRADECIMENTOS — 283

REFERÊNCIAS BIBLIOGRÁFICAS — 284

ÍNDICE — 287

INTRODUÇÃO: QUEM SÃO OS MEDÍOCRES?

Medíocres são a média. Pessoas médias em uma sociedade são a base dos seus clientes e dos seus colaboradores. Podemos transpassar esse conceito à média do que se pensa, da força motriz dos atos e dos pensamentos de pessoas médias.

Medíocres não são imbecis, apesar do cunho possivelmente pejorativo da palavra. Chamar alguém de medíocre hoje trata-se de uma ofensa, quando simplesmente significa que o "ofendido" está na média. Justamente porque os medíocres não recorrem a um dicionário para entender o significado de tal "agressão".

Esta é a linha condutora de nossas discussões neste livro: o que medíocres entendem e o que você realmente está buscando expressar. O que realmente funciona na gestão estratégica. O que você está buscando comunicar e o que essa turba revoltosa entende.

Ou você se curva a essa onda de semianalfabetos funcionais, incapazes de compreender o que leem, ou você se adequa a essa realidade de ignorantes ditando "bons costumes" sobre suas políticas empresariais, ou você guia rebanhos de bonobos aos resultados que espera em seus investimentos.

Vamos iniciar nossos estudos discutindo os bonobos, a utopia dos medíocres que tentam ditar o mercado atualmente: os bonobos são uma espécie de chimpanzés que habitam uma área no Congo, circundada por rios, o que impede predadores de chegar ao seu habitat natural. Portanto, esses adoráveis macaquinhos vivem em uma região repleta de frutas, o que garante sua subsistência, e protegida de quaisquer animais que venham a devorá-los.

Os bonobos vivem uma vida de fartura. Se não precisam se preocupar nem com alimentos nem com predadores, vivem para prazeres. Sua hierarquia e suas restrições são frouxas. Os bonobos vivem apenas pelo bem-estar.

E esse é o sonho de todo medíocre: viver na *Bonoboland*. Mas ela não existe no mundo dos homens. Temos boletos e restrições que impedem nosso ideal *bonobal*. Somos máquinas de conquistas agindo sobre as restrições que se apresentam.

Imagine-se como um dos primeiros *homines sapiens*. Você se reuniu com outros parceiros e decidiu viver em comunidade. Encontrou um bom local para viver, com caça, frutas e água abundantes. Uma maravilha... até que surge outro grupo de hominídeos desejando usufruir dos mesmos recursos. Você, líder do bando, pode aceitá-los em seu grupo ou descer a porrada neles, de forma a afastá-los e garantir seu território só para seu grupo.

Você os aceita, afinal é um homem primata pacífico. Além de começar a enfrentar os ciúmes de outros pré-civilizados, que querem ser quem manda na gangue, cedo ou tarde se defrontará com outro grupo chegando e pedindo asilo. E outro. E outro.

Quando você percebe, a terra dos sonhos na verdade não tem recursos para sustentar a todos. Então, começam as brigas, as discussões e a violência. Alguém quer o poder, uma tribo quer dominar a outra. Novos entrantes desejarão os recursos do seu nirvana de benesses. E começam as guerras, com socos, paus e pedras, visando à submissão ou à morte de um lado ou de outro.

Os nossos ancestrais perceberam isso e foram evoluindo de forma a estarem sempre mais preparados para novos infortúnios... afinal, o mundo não é a realidade dos bonobos. Tribos entraram em guerra, civilizações entraram em guerra. A humanidade é talhada por guerras, lembre-se disso.

Com o passar do tempo, homens pararam de utilizar paus e pedras. Se reuniram em grupos organizados, os Estados. E dos Estados surgiram as organizações, pessoas agrupadas com objetivos comuns. E essas organizações um dia se tornaram empresas, disputando territórios, disputando clientes e disputando boletos a serem pagos.

Por que minha organização é mais valiosa que a do concorrente?

Por que pessoas devem se unir aos nossos objetivos e não aos dos demais?

Por que clientes devem consumir nossas soluções e não as do concorrente?

A questão aqui não é *por que*, mas sim *como* iremos moldar o mercado a nosso favor. Pensar no exemplo dos bonobos é lindo, mas nosso mundo corporativo não assimila *bonobices*. Estamos em um mundo conectado, de alta competitividade por recursos. Não é razoável pensar em recursos ilimitados em um mercado ilimitado.

Queremos o melhor lugar ao sol, as melhores frutas, as melhores zonas de caça e de água abundante. Então, teremos que tomar esse quinhão dos "Vales Verdes" do mercado à força. Arrancaremos isso dos nossos concorrentes, não seremos gentis.

Este é um livro de força, de guerra. Se, de algum modo, você se considera um bonobo em um ambiente equalizado pelas forças da natureza, com recursos abundantes para todos os macaquinhos da floresta e isento de predadores, já encerre aqui sua leitura — este livro não é para você.

Iniciaremos nosso desafio com a guerra interna à mediocridade. Seguiremos com a guerra a uma sociedade medíocre, a guerra às organizações medíocres. E no final surgirá nosso manifesto, nossas métricas e nossas táticas de ataque à mediocridade.

Odiamos a mentalidade dos bonobos, esse é nosso lema.

Teremos mortos e feridos no caminho. Morais e costumes devastados. Ideais transformados em pó. Justamente porque podemos ser mais visionários do que simples bonobos.

Iniciamos assim a guerra à mediocridade.

Fonte: O Autor.

(Ilustração 1) O Cérbero.

O Cérbero (em latim *Cerberus*) é o cão gigante de três cabeças que guardava a entrada do mundo inferior, permitindo que almas entrassem, mas que nunca mais saíssem do Tártaro.

Nossa jornada se inicia compreendendo o Cérbero como representação da mediocridade em seus três pilares – Pessoal, Social e Organizacional. Apenas entendendo nosso inimigo será possível derrotá-lo, assumindo o desafio de sairmos do Tártaro ao final de nosso percurso.

ATO UM

NOS PORTÕES DA MEDIOCRIDADE

"Se você conhece o inimigo e conhece a si mesmo, não precisa temer o resultado de cem batalhas."

Sun Tzu

CAPÍTULO 1

QUEBRE A MEDIOCRIDADE QUE EXISTE DENTRO DE VOCÊ

Neste capítulo iremos refletir sobre a mediocridade nos níveis pessoal, social e organizacional. Trata-se dos primeiros ensejos da estratégia que desenvolveremos no decorrer deste livro.

Entender como a mediocridade corrói seu ambiente é vital para combatê-la.

1.1 O PODER DO EXEMPLO

Antes de iniciarmos nossa jornada organizacional, eu preciso que você faça uma análise pessoal sobre suas lacunas medíocres. E por quê? Simples, um dos principais pilares da liderança é o exemplo.

Se você tem hábitos e comportamentos medíocres, sua equipe os verá como positivos. Você é o comandante de sua falange organizacional, é a pessoa visível sobre sua equipe ou mesmo sobre a empresa inteira. Você ocupa a posição dos sonhos dos seus comandados, portanto eles irão se espelhar em você. Para o bem ou para o mal.

Vamos utilizar um exemplo histórico: o manto vermelho de Júlio César.

Júlio César é um dos maiores estrategistas militares da história. Sua grande visão sobre organização de tropas e o uso da engenharia para situações de combate eram únicas, mas, por vezes, o seu exército pressentia uma possível derrota e o comandante precisava demonstrar que estava junto aos seus comandados.

Na famosa batalha de Alésia, que culminou com a conquista da Gália, em 52 a.C., Júlio César montou um cerco em volta da cidade e muralhas externas ao cerco, já que enfrentaria duas frentes de batalha: uma das tropas gaulesas

7

encasteladas na cidade e outra externa, com reforços do inimigo provindos de outras regiões. O contingente de soldados romanos era de 1 para 3 inimigos.

Foram utilizadas estruturas de engenharia para as guarnições, assim como fossos e armadilhas em todo o perímetro. Em meio às estruturas, havia duas possibilidades de entrada dos inimigos, de forma a diminuir a vantagem numérica deles. Enfim, estratégia, engenharia e tecnologia aplicadas ao combate.

Em certo momento, o número maior de inimigos começou a prevalecer sobre a moral dos soldados romanos, já extenuados pela longa batalha. Júlio César, que até então estava em uma torre para ver todos os movimentos dos inimigos com maior clareza e assim comandar as movimentações de seus soldados, resolveu se juntar a eles.

Júlio César vestiu seu manto vermelho e foi combater ao lado de seus homens. Ver o general no campo de batalha aumentou a motivação da tropa, que conseguiu vencer a batalha e, consequentemente, a guerra que perdurava anos.

Usar um manto vermelho deixava Júlio César mais exposto. Os inimigos tinham a seu alcance o general romano. Mas a tropa precisava desse apoio moral, dessa exposição de César.

E a liderança passa por fatores motivacionais.

Qual é o seu manto vermelho? Qual é o seu grau de exposição perante sua equipe?

O pior gestor é aquele que aparece quando a equipe faz um excelente trabalho e vocifera "nós fizemos algo fantástico". Mas, quando os erros ocorrem, "a equipe não rendeu o suficiente".

Assuma responsabilidade pelos acertos e pelos erros. Não seja medíocre.

Diante desse exemplo, já na Segunda Guerra Mundial, o general Patton seguiu essa estratégia em combates contra as "tropas imbatíveis" da força alemã denominada Afrika Korps. Patton subiu no tanque de guerra e colocou um manto vermelho. Todos os soldados, antes temerosos quanto às chances de vitória, agora viam seu líder exposto em um tanque de guerra. Venceram.

Exemplo. Coragem. Planejamento. Auxiliar na execução da estratégia. Assumir riscos. Características de um verdadeiro líder. Líder é quem assume riscos, quem se expõe.

Um gestor não é um amigo. O gestor é um guia. E seu comportamento reflete em toda a equipe. Que comportamentos você quer para sua equipe? Como você gostaria que fossem seus soldados? Seja você essa pessoa em primeiro lugar.

Vamos ao primeiro desafio deste livro: sua mediocridade.

QUEBRE A MEDIOCRIDADE QUE EXISTE DENTRO DE VOCÊ **9**

Separe papel e caneta e responda a essas questões:

1. Quais são seus hábitos ruins?
2. Quais são suas forças e suas fraquezas?
3. O que você precisa aprender para se manter competitivo?
4. Quanto tempo de estudo você tem por dia?
5. Está cuidando de você, do seu visual, da sua saúde?
6. Quais são suas desculpas para não estar melhorando todos os dias?

Tome o tempo que for preciso, sem procrastinar, para responder a essas questões. Essa é a sua base de mudanças. Identifique seus problemas, seja honesto consigo mesmo. Todos podemos melhorar, assim como todos temos desculpas para não fazer nenhuma mudança.

Se você não é capaz de responder a essas perguntas neste momento, siga comigo. Mas encontre o momento certo para respondê-las. Não fuja dos problemas, isso é um comportamento medíocre.

Certa vez eu conversava com um amigo, dono de um bar noturno. Sentava com ele ao menos uma vez por semana, tomávamos uísque e jogávamos xadrez. Uma boa distração em uma vida tão acelerada. Com o tempo, percebi que muitas vezes ele já estava tomando uma cerveja ou mesmo doses de uísque desde antes da minha chegada. Ele havia desenvolvido o hábito de fazer pequenas paradas no trabalho para beber e relaxar.

Problemas, tanto em nossa vida pessoal como na profissional, por vezes nos levam a hábitos ruins. Alguns buscam álcool, remédios, drogas... Enfim, paliativos para fugir de seus problemas em vez de trabalhar em soluções. Mas aliviar problemas em vez de solucioná-los é uma boa solução?

Sentei-me com meu amigo. E ouvi suas reclamações acerca do comportamento de alguns de seus garçons, que se atrasavam ou até mesmo chegavam alterados para trabalhar depois dos intervalos. Esses garçons estavam fumando maconha nos intervalos e isso estava chateando meu amigo gestor. Após sua série de reclamações, eu fiz uma única pergunta para ele: qual era o exemplo que ele estava passando para sua equipe bebendo durante o expediente?

Nunca mais o vi bebendo no horário de trabalho. Nossas partidas foram canceladas. O comportamento da equipe mudou.

Você percebe a influência do comportamento do gestor sob seus comandados?

Conto esse caso como um exemplo extremo. Mas, se você demonstra cansaço, não vai trabalhar com um visual alinhado ou usa seu tempo de trabalho para resolver questões pessoais, como pode querer um comportamento mais disciplinado da sua equipe?

Quer pontualidade? Seja pontual. Quer que seus colaboradores sorriam para seus clientes? Sorria para eles ao dar bom-dia. Quer que estudem e se desenvolvam? Estude e se desenvolva.

Eu ministro cursos extracurriculares em universidades como professor convidado. Se desejo que meus alunos estudem, eu estudo no intervalo das aulas. Se desejo que eles interajam mais, eu preciso interagir mais; trazê-los para perto. Se quero que façam tarefas com boa performance, os acompanho em suas tarefas.

Simples. Mas muitos gestores se esquecem do poder do exemplo. Muitos esquecem que a mediocridade da equipe começa em sua própria mediocridade.

> Na maior parte das vezes, o problema
> de uma equipe está em seu gestor.

Desenvolva o gosto por vivenciar em alguns momentos a rotina do seu time. Quando fizer um projeto que envolva vendas, acompanhe os vendedores em suas atividades por pelo menos um dia. Entenda como trabalham, faça uma análise de suas técnicas e às vezes faça a abordagem dos clientes como considera mais produtivo, de forma que a equipe veja na prática você trabalhando *ao lado* deles.

Faça isso em todas as áreas de uma organização, trazendo pessoas e equipes para dentro do projeto, não como simples executores, mas como seus parceiros no processo de mudanças.

Nesse tipo de abordagem, você vai identificar rapidamente com quem pode ou não contar, quem tem perfil ou não para trabalhar ao seu lado. Você precisa conhecer os seus soldados e ser respeitado por eles. Seja um exemplo para eles.

Qual o exemplo de um gestor medíocre?

Um líder é um exemplo a ser seguido, não um capataz dos tempos da escravatura.

Tenha gosto pela inovação. Se aceitar a mediocridade como normal, você nunca conseguirá mudar a realidade de uma empresa. Pense. Quais são os seus pilares? Quais são os seus desejos para o futuro da sua equipe ou organização?

Quantas vezes você colocou o manto vermelho e foi lutar ao lado dos seus soldados?

Desconfio da resposta: *você não tem tempo.*

Veremos. Responda às seis questões que propus e vamos analisar tecnicamente como criar tempo para você enfrentar certas mediocridades a partir de agora.

(Vídeo 1)[*] Liderança de equipes comerciais.

1.2 O SEU SISTEMA DE CRENÇAS MOLDA A CULTURA DO SEU TIME

Começamos a conversar sobre liderança e seu impacto sobre seus soldados. Ainda neste capítulo falaremos da gestão de tempo e de prioridades. Mas nada do que conversaremos fará diferença se você não *acreditar* na mudança.

Para trabalhar com inovação, você precisa saber que irá correr riscos. E terá que enfrentar essa realidade diariamente, de maneira a aceitar o *medo* como uma das suas fraquezas, portanto também de sua equipe.

Os animais foram programados para sentir medo, isso é natural. Nós humanos precisamos do medo para nossa sobrevivência. Desde o homem da caverna, com medo de predadores, de condições naturais desfavoráveis ou mesmo de outros humanos, sempre precisamos desse "sentido de alerta" para seguir em frente e evoluir. Se nos primórdios tínhamos medo do fogo, quando o dominamos nos tornamos mais preparados para moldar as condições externas a nosso favor.

Se hoje você come um bom filé é porque nossos antepassados deixaram de ter medo do fogo e passaram a dominá-lo. Se temos produtos sendo lançados mundialmente todos os dias é porque inventores e empresários superaram o medo do fracasso e resolveram assumir riscos.

Gestores e empreendedores normalmente convivem com o coeficiente do medo em suas vidas. Precisam lidar com isso e dominar o fogo em seus negócios.

---

[*] A editora não se responsabiliza pela manutenção dos vídeos oferecidos pelo autor.

E esse fogo por vezes sai do controle, atingindo sua carreira, seus resultados e suas relações pessoais.

Gestores sempre estão com um pé na ordem e outro no caos.

A ordem é ter os processos e as estruturas desenhados, em uma busca incessante por fazer melhor o que foi feito ontem. Como exemplo de gestão ordenada, o Ciclo PDCA (*Plan, Do, Check, Act*) é uma ferramenta gerencial de ordem, já que trabalha dentro do senso de qualidade total.

Mas é no caos que se encontram seus maiores diferenciais. Você não tem controle sobre a criatividade da sua equipe, sobre a capacidade de entrega de inovações e sobre o impacto de mercado de um grupo de inventores que trabalha em sua área de Pesquisa e Desenvolvimento. Por vezes você terá produtos medíocres, ideias medíocres. Em outros momentos uma ideia de um colaborador pode redefinir o futuro da sua empresa ou mesmo do mercado.

Tolerar o caos causado pelo medo de cometer erros é fundamental para quebrar a mediocridade presente na cultura de qualquer organização — e inclusive em sua vida pessoal.

Está na hora de quebrar crenças. De compreender que você não terá controle total sobre tudo, que é humano, que as pessoas que trabalham para você também são falíveis. Mas que todos temos a oportunidade de melhorar sempre, todos os dias. E erros fazem parte do processo de acertos maiores no futuro.

Nosso principal erro é acreditar que não temos tempo e, portanto, não podemos fazer nada para evoluir. Não crescemos na inércia, não melhoramos sem esforço (a menos que sejamos gregos aproveitando nosso ócio produtivo para filosofar, o que não é o nosso caso).

O tempo é escasso, portanto precisamos mudar hábitos para aproveitá-lo melhor.

Vou dar um exemplo pessoal: os melhores materiais de estudo que fizeram parte da minha formação foram desenvolvidos em inglês. Então, obviamente, o inglês é fundamental para meu desenvolvimento de carreira. Ser capaz de ler, de escrever e de me comunicar em inglês é realmente vital para meu processo de atualização contínua. Mas como melhorar meu inglês constantemente, sendo que trabalho, em média, doze horas todos os dias? Teoricamente eu não teria tempo.

Na prática comecei a usar meu tempo livre para estar em contato com a língua. Tenho o hábito de fazer uma caminhada diária de uma hora, então coloco meus fones de ouvido e caminho ouvindo um audiolivro de um tema de meu interesse *em inglês*. No carro, estou constantemente ouvindo conteúdos em inglês, sejam políticos, econômicos ou de outras áreas de meu interesse naquele dia ou semana. Poderia estar escutando minha banda favorita, meu programa de rádio favorito... mas **optei por usar meu tempo livre da melhor maneira para minha formação**.

Portanto, faço exercícios e estudo ao mesmo tempo. Me desloco e uso melhor meu tempo. Ou sento para relaxar depois de um longo dia e ouço ou assisto a um conteúdo de meu interesse. Hábitos que aumentam significativamente minha performance. E que aumentarão a sua.

Talvez para você não seja necessário estudar inglês, compreendo isso plenamente e respeito. Mas o que você deseja aprender mais? Como deseja melhorar seus conhecimentos? Como pode usufruir mais de seu tempo?

Vivemos em uma sociedade conectada, com informações e conteúdos disponíveis 24 horas por dia, sobre todas as temáticas que você deseja se especializar. Se você conseguir utilizar 15 minutos diários para ser melhor do que no dia anterior, no fim da semana terá estudado 1h45. Se esse hábito ficar mais forte em você, sendo possível estudar uma hora por dia, no fim do ano serão 365 horas, sendo que uma pós-graduação tem em média 360 horas. **Todos os anos você terá estudado o equivalente a uma pós-graduação**, simplesmente substituindo as músicas em sua playlist de ida e volta do trabalho por um audiolivro.

Você sempre tem a possibilidade de estudar e de gerenciar melhor seu tempo. De ser mais competente e completo todos os dias.

Você está lendo este livro. Parabéns, a maior parte das pessoas prefere estar sentada em seu sofá vendo uma série. Porém, já percebeu que há muitos outros hábitos que poderiam ser substituídos ou complementados por atividades que potencializem o seu crescimento pessoal?

O desafio é saber: como hoje você está melhor do que ontem? Como está mais capacitado para lidar com o caos em seus negócios? Apenas o estudo vai lhe trazer mais ferramentas para lidar com o caos, prosperar, inovar e lidar com a chama do medo — a sua e a da sua equipe.

Essa evolução acontece todos os dias. Não perca mais tempo, você realmente precisará dele daqui para frente. Sua empresa precisa de você, seus soldados precisam de você.

E não pense nem por um dia em parar. Suas pausas de um dia, uma semana, um mês ou mesmo meses cobrarão um preço caro. A prática constante faz sua evolução e você dá muitos passos para trás quando para.

Imagine um músico: um profissional leva em torno de 10 mil horas para estar pronto, pleno em um instrumento. Agora pare uma semana ou um mês de praticar seu instrumento. Sua performance vai cair. O mesmo acontece com os atletas. O exemplo também serve para um gestor, que precisa estar sempre atualizado. Seus concorrentes não vão esperar seu próximo movimento, eles é que

GESTÃO DA MEDIOCRIDADE

ditarão os próximos movimentos do mercado se você parar... e você será o atleta gordo que precisa recuperar performance para correr uma maratona. Esse é o caminho dos reativos.

Sinceramente, não temos a eternidade para recomeçar de tempos em tempos. Somos finitos. Esse deve ser um exercício diário para manter o foco. O mercado não premia quem chega depois do pelotão de líderes em suas maratonas.

Zonas de preguiça precisam ser quebradas. Quebre as barreiras da mediocridade em seus hábitos, crie a consciência de que deve ser melhor todos os dias e seja o líder natural do processo de inovação que estamos iniciando juntos.

Juntos.

Se você fizer 10% do que está descrito neste livro, sua gestão já irá melhorar drasticamente. Quanto mais fizer, melhor profissional e gestor será, não temos limites. Conte comigo. Eu conto com você, afinal sua referência quanto ao que estudou comigo só será válida ao obtermos resultados.

E obteremos. Tenha certeza disso. Basta mudar alguns de seus hábitos e renunciar a algumas crenças.

1.3 GESTÃO DE TEMPO

Dwight D. Eisenhower foi um brilhante general de cinco estrelas do exército norte-americano, tendo comandado as tropas aliadas durante a Segunda Guerra Mundial, tornando-se posteriormente o 34º presidente norte-americano, entre os anos de 1953 e 1961.

Vamos seguir diretamente para sua contribuição aos estudos de gestão aplicados: a Matriz Eisenhower, que nos traz uma clara visão sobre gestão de tempo aplicada.

O primeiro ponto de sua análise é definir prioridades: o que é importante e o que é urgente.

Em termos empresariais, uma análise de contrato que está sendo fechado, resolver um problema de um cliente, definir um planejamento ou um orçamento são atividades importantes.

Temos ainda outras atividades — como pagar as contas do dia, lidar com admissões e demissões, fazer reuniões diárias de alinhamento — que podem ser vistas como urgentes.

> **A grande questão aqui está no que você deve pessoalmente executar, o que pode terceirizar e quais são os prazos para essas tarefas**
>
> (lembrando a obviedade de que você não pode terceirizar seus estudos e seu desenvolvimento pessoal).

Vamos a um exemplo do meu cotidiano: estou escrevendo este livro, pois é uma tarefa importante. Mas tenho diversas tarefas diárias, seja com clientes, seja em desenvolvimento de produtos e serviços da minha empresa, que são mais urgentes.

O que é importante estrategicamente para o negócio é minha responsabilidade, seja como gestor do projeto ou mesmo como executor da estratégia. As atividades operacionais são todas terceirizadas para pessoas da equipe, assim como algumas definições estratégicas de menor impacto.

Meu tempo é precioso, assim como o seu. Não posso despender minhas energias trabalhando com layout de páginas online, acabamento de materiais ou campanhas online. Minha equipe precisa ter a capacidade de entregar os produtos das demandas com alta qualidade. Sempre.

Obviamente, reviso boa parte dos materiais. *Mas revisar não é fazer.*

Agora, tome como exemplo a gestão de uma grande operação, com centenas ou mesmo milhares de pessoas trabalhando diariamente. Como você vai revisar tudo? Não tem como. Esse exemplo é para você perceber que não deve controlar tudo o que acontece em sua empresa, setor ou equipe. Você necessariamente precisa aprender a delegar.

Gestores são estrategistas, são pessoas capacitadas para analisar o mercado, os movimentos da concorrência e as oportunidades de melhoria e de inovação. Eles criam e auxiliam na execução de estratégias de alto impacto.

Ao menos é isso o que se espera de um bom gestor.

Gestores medíocres querem o controle de tudo o que acontece nos mínimos detalhes, querem relatórios constantes. Esse tipo de gestor perde uma enorme quantidade do seu tempo com atividades operacionais, sendo que as medidas que realmente impactariam em inovação e crescimento são deixadas de lado, já que *não dá tempo para fazer.*

Estamos no Brasil. Acredito que a maior parte dos gestores com quem você convive tem esse comportamento que assinalo como medíocre. Talvez até você faça algumas dessas atividades. É normal. É a média do mercado nacional.

Mas está errado.

GESTÃO DA MEDIOCRIDADE

E, vendo da maneira mais transparente possível, você sabe o que aconteceria se o mercado nacional optasse por gestores mais estratégicos e menos operacionais: não teríamos mão de obra disponível. Não se forma facilmente esse tipo de gestor em território nacional.

Vivemos no Brasil os anos 1990 da gestão norte-americana, inclusive em nossas universidades. O universitário brasileiro não é formado para empreender, é formado para seguir protocolos. Os melhores gestores são empreendedores, mesmo que nunca tenham aberto um negócio. São pessoas que percebem que precisam inovar constantemente, que aceitam assumir riscos. Aceitam a mudança como natural. E que dificilmente encontram um ambiente empresarial preparado para suas características pessoais, o que resulta em frustração. E, quando alguém se frustra, pode sair da empresa ou se acomodar à mediocridade alheia. Por que, ou como, esses indivíduos fariam mais e melhor sem autonomia? Por que tomariam riscos se isso apenas os deixaria mais expostos ao ecossistema de burocratas brasileiro?

Raras organizações aproveitam esses grandes potenciais. São "rebeldes", iconoclastas. Não sabem seguir *ordens*. E assim os talentos deixam as organizações.

Em um país tão desprovido de pessoas talentosas, mitigado pela cultura da mediocridade, você simplesmente não pode ser mais esse tipo de gestor. Ainda vamos tratar dessas questões dentro do livro, mas agora é hora de moldar seu mapeamento mental de tomada de decisões e melhorar sua gestão de tempo.

> "O que é importante raramente é urgente.
> E o que é urgente raramente é importante."
>
> Dwight Eisenhower

(Imagem 1) A Matriz Eisenhower
Fonte: O Autor.

Vamos fazer essa reflexão sobre suas tarefas de trabalho diárias? O que você tem feito que não deveria estar fazendo? O que poderia estar sendo feito por outras pessoas da sua equipe?

Se você é gestor, o seu tempo é extremamente caro para ser utilizado com tarefas que não precisam ser feitas por você. Se é empreendedor, compreenda que precisa contratar pessoas para resolver algumas de suas atividades, nem que seja via projetos únicos terceirizados.

Tempo mal utilizado é muito caro. Você poderia estar fazendo novas estratégias, alinhando novas ações dentro da equipe, ou até mesmo estudando um conhecimento necessário para seu negócio ou atuação. Aprenda a delegar ou será consumido por tarefas que não agregam qualquer valor real ao seu negócio.

Ou para sua vida. Quer lavar o seu próprio carro ou arrumar sua casa? Coloque um audiolivro para acompanhar sua tarefa irrelevante. Ou pague alguém para fazê-la e use seu tempo para algo mais relevante.

Você sabe qual é a melhor parte de delegar? Você está repassando uma responsabilidade, portanto está preparando uma pessoa para executar algo por você.

E isso é ótimo! Quanto mais pessoas capacitadas você tiver na sua equipe, menos medíocre ela será. São pequenos e sólidos passos que mudam a cultura de uma organização.

Vilfredo Pareto, economista italiano do século XIX, apresentou em seus estudos um princípio que rege a maior parte das relações de causa e efeito sociais e econômicas, que conhecemos como o *Princípio de Pareto*, ou regra 20-80.

Em suma, seus estudos apresentavam o fato de que 80% das consequências são resultado de 20% das causas. As aplicações desse estudo se difundiram na área da gestão. Imagine uma carteira de clientes, normalmente o que encontramos é que 20% dos clientes correspondem a 80% do faturamento; 20% dos seus produtos correspondem a 80% das vendas. Na área da tecnologia da informação, estima-se que 80% dos *bugs* estejam em 20% dos códigos e linhas de programação.

Na ampla maioria das empresas em que atuei como consultor, sempre foi perceptível que o tempo dos gestores era muito mal utilizado, nos aproximando da equação 20-80. São atividades operacionais de baixo valor agregado consumindo um tempo realmente caro dos gestores, de forma que o tempo destinado às ações de maior valor agregado se aproximava de 20%.

Isso gera horas extras infinitas, estresse e baixa performance.

Uma má gestão de tempo gera resultados medíocres. Pense nisso.

(Vídeo 2) O princípio de Pareto.

1.4 QUAIS SÃO OS SEUS OBJETIVOS?

Sem objetivos, sem metas, seus esforços não podem ser mensurados. Em que você está melhor? Se não fizer esse controle, é muito fácil se desmotivar.

No início de 2018, um grande amigo, o professor Jonathan Guilherme, me desafiou a criar cursos online. A empresa havia encerrado um grande contrato em dezembro de 2017, então eu teria tempo e recursos financeiros para trilhar esse caminho.

Mas precisava aprender ferramentas novas OU contratar especialistas para me orientar e executar determinadas tarefas.

Com recursos sobressalentes, a escolha foi óbvia: contratar especialistas de "marketing digital". Eu estava desatualizado, há aproximadamente dois anos sem colocar em prática qualquer conhecimento da área. Lido com estratégia e, normalmente, em projetos conto com o apoio de especialistas internos ou externos para a execução das tarefas.

Pois bem, em cinco meses meu curso estava pronto e durante mais quatro meses contei com o apoio dos tais especialistas. Resultado? Zero vendas. Absolutamente nenhuma venda seguindo as estratégias terceirizadas.

Só me restavam dois caminhos: jogar todo o trabalho desenvolvido fora, desistindo do projeto, ou me especializar nas mesmas ferramentas que os "estrategistas digitais" utilizavam.

Acompanhei todo o processo do zero, então criei as noções sobre os conhecimentos que precisava adquirir. Mas eu era o atleta gordo, precisando recuperar a forma. Foi uma verdadeira maratona de estudos e práticas, de modo que aprendi todo o ferramental necessário. Era hora de aplicar minhas próprias estratégias.

Precisei aprender a gerenciar meu tempo e aplicá-lo em ações. Foram mais seis meses compreendendo a formulação de novas estratégias, aprendendo todo o ferramental necessário e executando cada passo. Sozinho, eu já não desejava mais despender recursos para custear ninguém, quanto mais certos "especialistas". Para dificultar ainda mais a situação, seguia trabalhando em novos projetos concomitantes, o que me exigiu mais de 14 horas diárias de trabalho e de estudo. Nos finais de semana a carga de trabalho era reduzida, com horas exclusivas reservadas ao meu projeto, o que permitia certos momentos de descanso e um mínimo de vida social.

Sacrifícios necessários. Objetivos a serem conquistados.

Resultado? Algumas centenas de cursos vendidos em multiplataformas. Recuperei o investimento e hoje os cursos são uma fonte extra de recursos, principalmente de tempo — em vez de treinar diversos gestores e colaboradores em turmas presenciais, disponibilizo cursos dentro das empresas em que faço projetos, o que acelerou muito a curva de aprendizagem das equipes.

O exemplo que fica é: **eu tinha lacunas e precisei sacrificar tempo de descanso, de lazer e de interação social para alcançar meus objetivos**.

O estrategista não precisa conhecer todas as ferramentas, mas precisa saber orientar sua equipe, seja interna ou externa. **E para orientar equipes você precisa estar atualizado.**

Aprendi, a duras penas, os resultados de estar desatualizado. Perdi tempo, e tempo é dinheiro. Contratei medíocres para gerenciar minhas campanhas. Erros crassos, mas comuns. Ao menos recuperei minha curva de aprendizado, no melhor estilo Rocky Balboa, apanhando da vida, mas não caindo. Ainda aguentava mais alguns rounds, então segui lutando e aprendendo com meus erros, melhorando minha curva de aprendizado.

Dentro dessa questão, quero lhe propor um novo desafio. Gostaria que você elencasse:

1. Quais são seus objetivos, pessoais ou da sua empresa?
2. Quais são suas forças para guiar esse caminho?
3. Quais são suas fraquezas?
4. Quais oportunidades você tem para melhorar? Como se tornar melhor e ser um líder desse trajeto de forma mais sólida e assertiva?
5. Quais são suas ameaças? Que dificuldades você prevê? Quais os problemas que o mercado, o país ou a sociedade podem lhe impor?

Sun Tzu, referência milenar da estratégia asiática, já dizia: conheça a ti mesmo, conheça cada homem do teu exército, conheça teu inimigo e não terá o que temer.

Se você tem formação em gestão, está enxergando as bases da matriz SWOT — Forças, Fraquezas, Oportunidades e Ameaças — aplicadas a você mesmo, à sua vida.

Faça uma lista de habilidades e de competências que você precisa dominar para alcançar seus objetivos futuros. Deixe a vaidade de lado e faça uma autoanálise, crie um indicador razoável de 1 a 10 sobre cada uma dessas habilidades e competências, sendo 1 relativo a um ignorante e 10 o número com o qual se qualificaria um verdadeiro mestre dessa arte.

Você está começando a mapear o que precisa aprender. Não seja econômico em sua lista, gerir um projeto ou sua própria carreira exige a capacidade de você analisar suas limitações e suas forças.

Obviamente é provável que você não terá todas as habilidades e o domínio sobre as ferramentas das quais precisa. Mas agora sabe o que precisa para montar uma equipe de colaboradores: pessoas que complementem suas lacunas, não que simplesmente executem suas ordens.

Steve Jobs, um dos maiores gestores da era moderna, já dizia: "Não faz sentido contratar pessoas inteligentes e dizer a elas o que fazer; nós contratamos pessoas inteligentes para que elas nos digam o que fazer."

Sei que você deve estar se perguntando, "mas esse não é um livro de gestão de medíocres? Medíocres não são os inteligentes citados por Steve Jobs".

Temos um longo caminho. Mas você já deve ter percebido que pode crescer. De alguma maneira estará prejulgando que seu time é incapaz de crescer?

Vamos falar sobre seleção de pessoas e perfis neste livro, não se preocupe. Mas agora meu papel é incentivar você a começar a avaliar lacunas em habilidades e competências. Faça isso com você e aprenderá a criar um mapa para utilizar com a sua equipe.

Estamos falando do caminho do crescimento neste momento, não do alcance de seus objetivos. Estamos nos primeiros passos, aprenda a valorizar a jornada.

Você conseguirá acompanhar seu caminho e evitar frustrações a cada ponto adicionado à sua tabela de competências. Crie sua lista e a atualize semanalmente. Horas de estudo, assuntos, ferramentas, práticas que desenvolveu para si e seus impactos em novas competências.

Esforço + Conhecimento = Crescimento

Ou você vai se esforçar, se dedicar e crescer, adquirindo novos conhecimentos, ou vai pagar pessoas que se esforcem ou tenham os conhecimentos que precisa para alcançar seus resultados.

Dinheiro é um catalisador. Você acelera esse processo, mas já está claro que você pode fazer o que precisa ser feito e aprender o que precisa aprender. Apenas vai demandar mais esforço.

Analise suas horas, sua rotina e seus hábitos. Faça sua agenda. Pense como Eisenhower, aplique seu tempo como Pareto e controle seus resultados em sua SWOT pessoal.

Você não tem absolutamente nada a perder com isso, só a ganhar.

Quais são seus objetivos? Como se preparar para começar a caminhada rumo a esse Everest de vida? Você só vai chegar com mais esforços e melhores conhecimentos.

Compreenda suas lacunas e trabalhe nelas incessantemente.

Desperte e trabalhe o melhor em você. Se desenvolva onde a maioria não consegue se desenvolver. Seja único.

> "Eu gosto do impossível
> porque lá a concorrência é menor."
>
> Walt Disney

1.5 MISSÃO, VISÃO E VALORES: O DNA PESSOAL E ORGANIZACIONAL

Há alguns anos li um estudo de caso com mais de cinquenta membros da alta gestão de algumas grandes companhias norte-americanas. Os gestores dessas empresas foram convidados a descrever a Missão, a Visão e os Valores de suas respectivas organizações. Esses relatos foram recolhidos pelos responsáveis do estudo que, sob o argumento de que haviam reescrito tais descrições, estavam devolvendo os mesmos sob uma nova redação para a seguinte análise: essa descrição condiz com sua Missão, sua Visão e seus Valores?

A resposta da ampla maioria foi sim, essas são as descrições de nossa Visão, nossa Missão e nossos Valores.

Porém, o que os presentes não sabiam é que as descrições feitas pelos presentes apenas foram misturadas e devolvidas aleatoriamente. Isso é: todas as empresas tinham o mesmo tipo de Missão, de Visão e de Valores.

Na prática, isso quer dizer que esses três pilares de sustentação empresarial são vistos como genéricos, o que consiste em uma enorme lacuna. Afinal, queremos profissionais que trabalhem conosco seguindo nossa estrutura moral.

Até a Missão, a Visão e os Valores das empresas se tornaram medíocres, um trabalho colegial de marqueteiros nos EUA, imagine no Brasil.

Anteriormente conversamos sobre o papel do exemplo, do líder. Que tal falarmos sobre os pilares que regem o comportamento? Isso faz parte de uma estratégia sólida e é importante que tenhamos isso em mente daqui para frente.

Todos nós tivemos momentos-chave que moldaram nossa vida e nossa carreira. Em algum ponto fomos tocados por algo que nos fez mudar nossa visão de mundo.

Um empresário me contou uma história sobre sua infância: ele estava em uma excursão do colégio e o ônibus parou para que os alunos almoçassem em um restaurante de estrada. Todos os alunos desceram, menos ele e seu irmão, que permaneceram no fundo do ônibus. Eles não tinham dinheiro para tal almoço, então comeriam algumas bolachas de água e sal e esperariam seus colegas voltarem.

O professor que acompanhava o grupo guiou os demais alunos e, percebendo a ausência dos dois, voltou ao ônibus e falou: "Meninos, eu gostaria que vocês me dessem o prazer da sua companhia para almoçar com o restante do grupo. É por minha conta, não se preocupem. Um dia vocês farão o mesmo por alguém e isso nos ajudará a fazer do mundo um lugar melhor."

Eles aceitaram. E sua empresa hoje trabalha com educação, ajudando alunos carentes. Todos os seus colaboradores conhecem essa história porque ela faz parte do DNA da empresa.

Howard Schultz, CEO da Starbucks até 2017, tem uma história bastante interessante. Ao contrário do que muitos pensam, ele não foi o fundador da empresa e sim começou como diretor de marketing da então pequena rede de cafés. Sua visão sobre o conceito da marca e do modelo de vendas, como um lugar de conexão de pessoas, um terceiro local para se estar depois da casa e do trabalho, não foi bem-vinda pelos fundadores.

Ele saiu da empresa e, cerca de um ano depois, voltou como sócio a convite daqueles que não acreditaram a princípio em sua perspectiva. Posteriormente acabou comprando a rede e implementando sua visão sobre o negócio. Além da questão de conexão de pessoas, um conceito que guiou toda a estrutura das lojas para que se tornassem ambientes confortáveis e amigáveis para reunião, ele implementou seu DNA junto aos seus colaboradores, de respeito e de conexão entre todos.

Por que seu DNA? Porque quando criança ele havia visto seu pai, um vendedor externo, lesionado e devastado em depressão no sofá da sala de casa. A empresa simplesmente o demitiu e o jovem Schultz acompanhou todo esse processo de sofrimento, acontecimento que acabou moldando sua visão para colocar os colaboradores sempre em primeiro lugar. Os colaboradores da Starbucks tiveram acesso à compra de ações da companhia e a um tratamento justo e colaborativo, aumentado sua lealdade à empresa.

Os colaboradores, ouvindo sua história e seus valores, faziam assim parte da empresa, não sendo mais meros funcionários. Isso motiva as pessoas.

E você, qual é a sua história? O que fez com que você optasse pela sua carreira, montasse ou assumisse a gestão de uma empresa? Quais os desafios que lhe despertaram para esse caminho ou os passos dos fundadores da empresa que inspiraram sua criação? Esse é o DNA empresarial.

O meu ponto de ruptura com convicções medíocres foi quando em 2004, ainda um universitário, assumi a presidência do Centro Acadêmico da Escola de Administração da Universidade Federal do Rio Grande do Sul (alguns usam o termo Diretório Acadêmico, em outras unidades de ensino). Quando assumi, restavam três meses para a Semana Acadêmica prevista no calendário. Eu queria fazer um grande evento e, para tanto, busquei outros colegas que já haviam participado de edições anteriores. "Impossível" foi o que ouvi. Minhas pretensões eram muito grandes para tão curto prazo. Não aceitei o argumento. Reuni mais dois colegas e partimos atrás de patrocinadores, palestrantes e ministrantes de cursos. Foi o primeiro evento acadêmico estudantil brasileiro com transmissão online ao vivo.

Pessoas do Brasil inteiro participaram do evento, o que foi um verdadeiro marco para a época.

Findada a semana de cursos e palestras, reuni meus dois colegas para uma pizza, nossa "remuneração" pelo evento. Apresentei os números, quase R$20 mil de lucro para o Centro Acadêmico. Então eu lhes fiz uma pergunta: "Vocês sabem quanto tínhamos em caixa no início do projeto? Zero."

Espantados, eles me perguntaram o porquê de não ter contado quando os convidei. Não contei porque eles ficariam desmotivados. Eles precisavam ter fé de que conseguiríamos, assim como eu tinha. Eles precisavam acreditar que era possível, a despeito das dificuldades. Esse foi o meu ponto de inflexão, foi a história que me moldou para o que eu me tornaria profissionalmente. Lembre-se: trabalho com consultoria, se não acreditar que é possível resolver problemas e trabalhar com inovação *em qualquer empresa*, eu deveria atuar em outra profissão.

Este é o meu DNA e o da minha equipe: Esforço + Conhecimento = Projeto Viável.

Deixo o impossível para meus concorrentes.

Líderes moldam o DNA de suas equipes. Gestores moldam o DNA de suas empresas. Mas isso só é possível se *contarem histórias autênticas, guiados pelos seus valores*.

Reflita sobre sua paixão. Qual é o ponto de virada em sua vida, em seus estudos ou carreira? Acompanhou algum exemplo? Que hábitos você resolveu mudar? Quem é você e no que acredita? Isso é o que você precisa aprender a dizer para sua equipe.

Já a visão é onde sua empresa quer chegar. Quem vocês serão no futuro, baseados em seus valores. E a missão é *como* alcançar esses objetivos, o que sua empresa valoriza como essencial durante o percurso para cumprir seus objetivos.

Todas as empresas podem ter o mesmo DNA? Isso *não* existe. Cada empresa é como uma família e todas as famílias são diferentes. Não pela sua estrutura, com tantas semelhantes, mas pelos seus valores. Se você é o *pai* dessa família, empresa ou equipe, o que deseja para seus *filhos*? Como eles podem ser melhores todos os dias? Qual é a linha educacional e de valores que você dará a eles?

Se você é jovem e está procurando se encontrar profissionalmente, reflita sobre seus valores, busque modelos que lhe representem e saiba que a empresa certa para você trabalhar e crescer é aquela em que você efetivamente *compartilha valores*. Precisamos ter paixão pelo que fazemos, do contrário estamos apenas encontrando uma maneira de pagar nossos boletos. Se você está nessa situação, estude e se desenvolva até conseguir encontrar algo que realmente tenha significado em sua vida.

Se você é gestor, saiba que muitos estão se sentindo assim na sua equipe, confusos sobre seu papel e sobre o papel da empresa na sociedade. Muitos estão apenas pagando boletos, apenas encontrando uma forma de sobreviver. E quem só trabalha com você pelo salário nunca será leal, nunca será tão comprometido quanto alguém apaixonado pelo que faz, pelo que representa o seu trabalho ou o papel da empresa na sociedade.

Você pode ser o faxineiro da empresa e estar feliz por fazer parte dela. Basta compartilhar valores e se sentir parte de uma engrenagem maior, que faz a diferença para um mundo melhor.

Philip Kotler, no livro *Marketing 3.0,* fala enfaticamente sobre este tema: *fazer do mundo um lugar melhor.* Em sua explanação, o autor apresenta que as pessoas são conectadas por *mente, coração e espírito.*

- Mente: a racionalidade.

- Coração: as emoções.

- Espírito: o espírito social, a preocupação coletiva.

Precisamos atuar nas três frentes para engajar equipes e clientes. Precisamos ser únicos.

E ser único depende fundamentalmente da forma como você conta histórias autênticas. Essa é a base do marketing moderno, essa é a base da sua carreira. Quem é você, por que está aqui, quais são seus princípios e qual é a sua contribuição para mudar a vida das pessoas.

Faça do mundo um lugar melhor e una pessoas ao redor dessa ideia.

Veremos mais sobre "fazer do mundo um lugar melhor" mais adiante neste livro.

1.6 TECNOLOGIA

Não estamos mais nos anos 1980. Mesmo assim, diversos profissionais e gestores insistem em dispensar o uso de recursos tecnológicos, se tornando gradualmente obsoletos.

Se, antigamente, dados e informações continham um alto grau de especialização e de dificuldade para serem encontrados, hoje tudo que você precisa para aumentar sua produtividade e gestão de tempo está a *um clique de distância.*

Esse é o sentimento presente e essa é a realidade. Veja o próprio exemplo deste livro: aulas complementares via QR Code. Você lê e ainda tem a possibilidade de imergir mais nos conteúdos em vídeo.

Estou otimizando seu tempo com o QR Code.

GESTÃO DA MEDIOCRIDADE

Busque aplicativos, busque tecnologias que lhe auxiliem. Eu ouço audiolivros ou palestras quando estou em deslocamento. Tenho, no mínimo, sete horas de estudos semanais adicionais do que se não usasse a tecnologia a meu favor. Isso são 365 horas anuais, uma pós-graduação por ano apenas usando meu tempo livre, fora outros materiais que leio e estudo. Vale a pena mudar hábitos.

Use planilhas e apps, direcione e estruture seu tempo e seus esforços. Depois faça isso com a sua equipe. Encontre formas automatizadas e mais inteligentes de trabalhar com indicadores de gestão, não com relatórios e mais relatórios que não lhe trazem informações em tempo real. Melhore seus processos e os da sua equipe continuamente.

Lembre-se: você precisa ser estratégico para trabalhar com inovação. Então torne-se um estrategista, de forma a excluir a mediocridade da sua rotina. Tenha tempo de qualidade, exercite novos hábitos.

Analistas preveem que em 2029 a *Inteligência Artificial Cognitiva* estará plena, isso é, um software será capaz de estudar, analisar, aprender e resolver problemas *sozinho*. O mercado de trabalho será altamente impactado por essa tecnologia, sendo que pessoas operacionais terão uma alta probabilidade de estarem desempregadas em breve.

Um "robô" sendo capaz de realizar o trabalho de equipes inteiras. Pode ser seu sonho, ou seu pesadelo. Depende de que lado você vai estar. Junte-se a ele, use-o a seu favor!

Óbvio, estamos falando de trabalhos minimamente qualificados. Você pode trabalhar servindo café no futuro, mas a alta oferta de medíocres para esse tipo de trabalho irá fazer os salários despencarem. Sua escolha, fique à vontade para decidir.

Porém, se você prestou atenção suficiente até aqui, percebeu a complexidade de lidar com emoções e com o comportamento social das pessoas, incluindo você. Um algoritmo vê padrões, um software vai ser cada vez mais eficaz, mas nunca mais sensível. Fazer do mundo um lugar melhor não é tarefa para um cérebro de lata, é o seu desafio como estrategista.

Temos pouco tempo para nos tornarmos fundamentais para uma empresa. Por isso você precisa estudar e se dedicar ao máximo a partir de agora, para poder usar a tecnologia a seu favor. A maioria das pessoas nem percebe esse movimento, e compreendo. Porque são medíocres. Vão trabalhar para você e você terá que ser capaz de mover a régua da mediocridade da sua equipe para cima.

Seus concorrentes vão ser mais qualificados pelo uso da IA Cognitiva. O mercado será muito mais competitivo. As relações automatizadas tendem a crescer vertiginosamente, dispensando interações humanas.

Aplicativos serão dominantes. Análises profundas de Big Data. Decisões baseadas em algoritmos complexos. Seu tempo para procrastinar acabou. Se em 2029 essa tecnologia estará plena, nos dez anos subsequentes estará pulverizada no mercado internacional.

Comece agora a pesquisar ferramentas para lhe ajudar em sua gestão de tempo pessoal e profissional:

- ☛ Pesquise ferramentas que irão ajudar em sua organização de tempo.
- ☛ Automatize ao máximo o que está fazendo manualmente.
- ☛ Descreva novos hábitos e os inclua em suas agendas diária e semanal.
- ☛ Se livre de hábitos que só lhe prejudicam.
- ☛ Delegue e terceirize tudo que não é estratégico ou vital que você faça.
- ☛ Procure softwares que irão ajudar em sua gestão pessoal e de equipes.
- ☛ Se conscientize: cada minuto do seu dia contribui com seu futuro.

A partir desse momento você necessariamente precisa melhorar continuamente. Precisa aprender com a sua mediocridade e como superá-la, precisa começar a entender como gerenciar e potencializar o crescimento da sua equipe.

As bases já foram dadas. A partir de agora focaremos o livro em gestão de empresas e equipes a fim de preparar você para o futuro do mercado brasileiro. Um futuro de pessoas medíocres em um ambiente altamente hostil e competitivo.

Se não completou as etapas que lhe pedi anteriormente, faça isso. Descreva ao máximo as atividades. Veja os vídeos que acompanharam os tópicos deste capítulo. Organize-se, quebre crenças e comece a trilhar o caminho da virtude, da quebra da mediocridade.

Seus resultados dependem do seu comprometimento.

O tempo dos obsoletos acabou.

CAPÍTULO 2

UMA SOCIEDADE MEDÍOCRE

V ivemos em tempos que as informações estão disponíveis na palma de nossas mãos. Artigos, vídeos, livros, audiolivros... tudo que precisamos à distância de um clique. Antigamente você precisava ir a uma biblioteca para ter acesso a muito menos possibilidades de estudo e aquisição de conhecimentos, isso quando existia uma biblioteca próxima a você.

Esse vasto campo de informações que a internet proporcionou é revolucionário. O real poder do conhecimento está ao alcance da maioria das pessoas. Imagine levar essa tecnologia ao passado e demonstrar as possibilidades de aprendizagem a uma pessoa comum dos anos 1950. O que essa pessoa pensaria sobre a sociedade do futuro? Com certeza acreditaria que nossa população atual é composta por pessoas brilhantes e altamente educadas, capazes de aproveitar o melhor da tecnologia e impulsionar um mundo cada vez mais brilhante.

Pois bem, vivemos exatamente o contrário desse cenário. Estamos em franca decadência intelectual.

Caso você não saiba, o brasileiro é o segundo maior consumidor do mundo de dados em redes sociais, com uma média de 225 minutos diários (2020) de consumo de tais conteúdos.

Quase quatro horas por dia de visualizações de selfies, pratos decorados, ideias esdrúxulas e de compartilhamento de fotos e vídeos sobre viagens, exercícios e opiniões de artistas irrelevantes ou de *influenciadores* com milhões de seguidores.

Essa é a realidade.

2.1 COMPORTAMENTO TRIBAL

Desde os primórdios, a humanidade busca se reunir em grupos para melhorar suas chances de sobrevivência. A solidão significaria uma maior chance de ser atacado por um predador, uma maior chance de se lesionar e não ser capaz de lidar com a situação sozinho.

Caçar é mais fácil em grupo, assim como a autodefesa, a segurança física e a alimentar.

A partir do momento em que temos uma base de segurança, diminuímos a relevância das necessidades mais primitivas em nossas vidas. Se estivermos seguros e alimentados, passamos a ter maiores preocupações sociais, de interação com o grupo. Se anteriormente nos preocupávamos em ser expulsos de um grupo e ficarmos sozinhos diante de predadores ou da fome, hoje a preocupação de uma parcela significativa da sociedade é a de pertencer a grupos que tragam benefícios sociais e psicológicos.

Vamos trazer esse modelo para os dias atuais: temos moradia, temos alimentação e temos acesso à saúde. Vivemos o momento mais próspero da humanidade, com mais recursos, com maior expectativa de vida. E essa expectativa cresce constantemente. Teoricamente, diante da abundância de recursos, as pessoas deveriam estar mais felizes, não é verdade? Mas essa não é a realidade.

A pujança de recursos nos deixou mais emocionais, pois diminuiu a relevância do nosso comportamento primitivo. Poderíamos estar nos tornando, em média, mais racionais, mas isso demandaria um maior apreço por estudos, uma maior disciplina pessoal. E nossa sociedade é estruturada em comparações. Não importa se você está bem, importa que alguém está *melhor*. O gosto pelo crescimento pessoal vai se desfazendo à medida que você passa horas do seu dia vendo o *estilo de vida* dos outros no Instagram. E ninguém no Instagram quer mostrar algo que a tribo não aprove ou mesmo inveje, não é verdade?

Há algumas décadas, o objetivo de um trabalhador era conseguir o melhor emprego possível para sustentar sua família da maneira mais digna possível. Hoje você observa o desalento de uma pessoa que vê seu filho de 12 anos chorando porque não ganhou um iPhone.

O iPhone é importante para uma criança de 12 anos?

Se sua resposta é sim, você pode voltar ao primeiro capítulo que trata do exemplo do líder. Quem é o líder da sua família?

Enfim, se individualmente é difícil mudar, desenvolver hábitos, imagine em termos coletivos, sociais. "Se tudo está a distância de um clique, por que alguém vai ler um livro? Procure suas respostas no Google." Quantas vezes você já ouviu algo parecido?

Perceba que as pessoas não estão mais dispostas a longas travessias de aprendizagem e desenvolvimento pessoal: quanto mais jovens, mais desejam atalhos. Alguns saem da faculdade acreditando que em dois anos serão gestores,

GESTÃO DA MEDIOCRIDADE

quando na prática percebe-se que as pessoas normalmente levam de quatro a sete anos para alcançar um cargo de gestão.

A qualidade do ensino superior está decaindo intensamente no Brasil devido à queda drástica da exigência de qualidade nos resultados dos próprios alunos. Universidades e faculdades dependem de alunos aprovados para garantir seus recursos financeiros — privados ou governamentais; enquanto a educação básica é cada vez mais risível.

Alguns anos atrás eu tinha o hábito de analisar dissertações e teses. Desisti, pois muitos desses trabalhos nem deveriam ser cogitados como viáveis, alguns contendo erros crassos em sua própria sistemática de análise. Péssimos trabalhos de Mestrado e de Doutorado de pessoas que hoje são professores universitários.

É um círculo vicioso de mediocridade e de incompetência em todos os níveis acadêmicos. O Brasil é uma fábrica de analfabetos funcionais. Obviamente ainda temos profissionais de alta qualidade, mas é nítida a queda na qualidade do ensino.

Em um país onde a educação é relegada a segundo ou terceiro planos, é compreensível que a turma goste mesmo é de funk e de interagir em redes sociais.

Estudar para quê? Ser melhor para quê?

E essa verdadeira massa de ignorantes começa a se reunir em grupos de interesses comuns, criando tribos cada vez mais virtuais, que trocam informações online em tempo real.

Na minha época de adolescente as "tribos" eram a do pessoal do surf, a dos metaleiros, a do time de futebol, dos "nerds" etc. Hoje as tribos são mais abrangentes devido à reunião online de pessoas com interesses e gostos em comum, mas principalmente discursos comuns.

Nunca se falou tanto sobre qualquer assunto com tão pouco embasamento. Política, meio ambiente, cultura, educação, bandeiras sociais, economia, saúde, hábitos alimentares etc. E tudo isso eclode em linhas gerais de pensamentos pasteurizados, guiados por fontes de informações duvidosas e por influenciadores ligados a cada linha de bem-estar social.

Para influenciar, você não precisa ser um especialista. Precisa ter uma rede de contatos que goste de você.

As redes sociais são a fonte primária de informações de ampla gama da nossa população.

Menos livros. Mais horas de consumo de conteúdos em redes.

Frentes politicamente corretas que praticamente perseguem quem pensa diferente, quem aborda um tema de maneira diferente. Tribos cada vez mais belicosas agrupadas por similaridades de pensamentos, evitando o contraditório. As próprias redes sociais lhe apresentam conteúdos dirigidos dentro do seu espectro de interesses, de forma que você se estresse menos e passe mais tempo consumindo tais conteúdos.

Verdadeiras manadas de ignorantes sendo guiadas por algoritmos e por influenciadores.

E por que essas pessoas cada vez menos expõem contradições em seus discursos? Para não criar conflitos com a sua própria tribo. Não seguir a cartilha de uma tribo é se afastar dela e não necessariamente ser aceito por outra.

Criar uma tribo com uma gama de conhecimentos e conteúdos diferentes é praticamente impossível em uma sociedade de certezas. E assim vamos regredindo intelectualmente, abandonando o conhecimento e seus necessários debates como a chave para uma sociedade melhor.

O melhor para essa patota é se sentir bem, angariar *likes* e se sentir querido pela tribo.

E aqui está você, tendo que se comunicar com seus clientes e posicionar sua empresa, assim como recrutar pessoas para trabalhar em sua equipe.

Sua empresa serve a uma tribo?

Cuidado com a sua resposta. Você pode ter vantagens, assim como virar refém de uma manada de imbecis fanatizados.

Autenticidade.

Seja autêntico e fiel ao DNA da sua empresa. Trabalhe para seus clientes e forme equipes com essa consciência. Ninguém agrada a todos.

É opcional ser subserviente a uma linha ideológica.

Reflita sobre o fato de que sua empresa não vai ser devorada por predadores se não acompanhar os ditames de certas tribos. Isso é uma verdade atemporal.

2.2 O MANTRA DO "AMOR LABORAL"

Faça o que ama. Trabalhe com o que ama.

Esse é um mantra repetido à exaustão pelo menos há duas décadas.

Agora reflita: que tipo de trabalho as pessoas são capazes de "amar fazer"? Não existem tantas atividades prazerosas para nos ocuparmos no que tange ao trabalho. Seria o lazer uma forma de trabalho?

Essa seleção do que eu "gosto ou não gosto" de fazer apenas cria insatisfação e desmotivação nas pessoas. Raros são aqueles que podem efetivamente viver do seu hobby, com atividades laborais que lhes entreguem prazer a ponto de efetivamente ser possível amá-las.

GESTÃO DA MEDIOCRIDADE

Os demais, incompetentes em "realizar seus sonhos" e que acreditam no mantra do "amor laboral" são frustrados com suas atividades.

O volume de pessoas frustradas no trabalho é cada vez maior. Como explicitado anteriormente, nossa qualidade de vida como sociedade aumentou, mas a insatisfação com o estilo de vida por parte de uma camada relevante da sociedade também é cada vez maior.

Note: o percentual de brasileiros que declara ter recebido diagnóstico de depressão por um profissional de saúde mental subiu 34,2% em seis anos, mostram dados do IBGE (Instituto Brasileiro de Geografia e Estatística). A PNS (Pesquisa Nacional de Saúde) de 2019 aponta que 10,2% (16,3 milhões) das pessoas com mais de 18 anos sofrem da doença. Quando o levantamento anterior foi realizado, em 2013, eram 7,6% (11,2 milhões) — um adicional de 5,1 milhões de casos no período. Escolho esse período de análise, subtraindo dados sobre a depressão na pandemia da Covid-19, para demonstrar que a depressão já é tema de reflexão há muitos anos.

Esses dados corroboram a crescente influência de conflitos emocionais em nossa população. Não estou com isso direcionando o aumento de casos de depressão diretamente às atividades laborais, mas demonstrando a insatisfação emocional como fator a ser analisado. E, obviamente, quando tratamos da população adulta, estamos falando de pessoas que compõem o mercado de trabalho.

O psicológico das pessoas está sendo afetado pelas mudanças em nossa sociedade.

Assim, voltamos à análise básica de movimentações de marketing: necessidades e desejos. **O problema não está nas necessidades a serem supridas, mas nos desejos não realizados.**

Um dos desejos gerais de pessoas que pertencem, ou querem pertencer, a certas tribos é o de apresentar um estilo de vida condizente com o que essa turma valoriza. Isso inclui roupas, viagens, alimentação, hábitos do dia a dia e, obviamente, o trabalho que realizam.

A análise do trabalho em si pode ser vista sob duas óticas:

I. Trata-se de uma forma de pagar os boletos gerados por certo estilo de vida.

II. Ostentar seu trabalho depende do *significado* que ele remete para a tribo.

A motivação de pagar boletos é óbvia, mas a *motivação tribal* necessita de aprofundamento. Vamos pegar um exemplo radical: uma pessoa que convive em uma tribo de entusiastas da sociologia, identificada com ideais socialistas, não deseja trabalhar em um banco. Se a tribo perceber que essa pessoa trabalha em um banco, ela diferirá dos ideais grupais e, muito possivelmente, não será mais benquista na tribo.

Seguindo no mesmo exemplo, a pergunta que cabe então é: *quais as atividades laborais/profissionais aceitas por essa tribo?*

Com certeza não existem muitas vagas para socialistas no mercado de trabalho e as que existem são enxutas, alvo de extrema concorrência por parte dos membros dessa tribo. Baixa oferta de vagas e oportunidades *versus* alta demanda.

Portanto, a escala social dessa tribo é definida pelo estilo de vida que seus membros transmitem para os demais. Um socialista bem-sucedido é o famoso *Socialista de iPhone*, já que tem dinheiro, tem status, demonstra amar o que faz e interage com outros que *gostariam de ser como ele*, se tornando um *influenciador* na tribo.

Mesmo aqueles membros mais radicais dessa tribo, que migram para uma vida em sociedades paralelas, tais como acampamentos e culturas de escambo entre pequenas regiões longe da sociedade, farão de tudo para registrar seus momentos de vida em fotos e vídeos para depois apresentar a outros membros da tribo online. E garanto que nunca irão apresentar fotos das feridas causadas por hordas de mosquitos borrachudos; vão registrar apenas a parte bacana de sua experiência exótica longe de um ar-condicionado.

Em outro exemplo vemos a moda dos *outfits* em *rolês* (encontros de jovens), onde o que vale é quão cara é sua roupa, sendo que alguns deixam inclusive as etiquetas à mostra para provar o preço que pagaram em certos itens de seu vestuário.

Vemos pessoas fracassarem no mercado de trabalho vivendo sustentadas por suas famílias, mas apresentando um estilo de vida de viagens internacionais, exercícios em academias caras, belos pratos gastronômicos e se apresentando como CEOs de *Startups* ou como *Day Traders*.

Um vendedor se apresenta no LinkedIn como *Consultor Comercial* ou mesmo como *Sales Specialist*. Uma garçonete de um café se diz uma *Barista*. Um varredor de ruas é um *Operador Público de Resíduos Sólidos*.

Muitos vivem de aparências, *emulando* sucesso. Voltam a pé para casa durante duas semanas, poupando vinténs, para ter uma boa *selfie* em um café da moda para postar em suas redes. Fingem ser algo, fingem viver algo.

Algo que *desejam ser*.

Algo que *amariam fazer para viver*.

Mas a realidade do travesseiro no fim do dia não comporta mentiras, emulações e fingimentos. A queda é grande, todos os dias. E isso acarreta mais danos psicológicos, tais como a depressão.

Vamos ser claros: não estou aqui fazendo um manifesto contra nossa sociedade de consumo, estou explicitando para você potenciais clientes e potenciais colaboradores da sua organização.

Você precisa entender esse mecanismo social de frustração no momento de desenhar seu público-alvo. Citei a modinha dos *outfits*, você acredita que alguma empresa que vende um cinto por 3 a 5 mil reais está chateada com esse comportamento imbecil por parte dos seus clientes?

Quem deve estar preocupado com isso é o pai desse cliente. Ou seu empregador.

Seu desafio como empresário é gerar atração para seus produtos e satisfazer *desejos* via produtos e/ou representação social da sua marca.

Seu desafio como chefe é contratar pessoas que tenham *afinidades com a sua empresa, com a sua visão, com o seu DNA organizacional*.

Ou você trabalha alinhando pessoas internas e externas ao seu DNA ou sempre haverá um corpo estranho em seu organismo organizacional.

(Vídeo 3) Necessidades, desejos e experiência.

2.3 O CÂNCER POLITICAMENTE CORRETO NO MARKETING

A doutrinação do politicamente correto é efetivamente um problema grave na gestão de marketing e merece ser discutido. A corrosão da autenticidade de indivíduos e marcas por causas genéricas e "socialmente aceitas" é um caminho que parece padronizado na gestão de organizações de qualquer porte.

Primeiramente, vamos voltar ao que é autenticidade.

Autenticidade em marketing é o reflexo do DNA organizacional. Empresas possuem uma história, uma cultura. As pessoas que trabalham em uma organização são selecionadas por critérios técnicos e comportamentais. E tudo isso se reflete em produtos e serviços para públicos-alvo, não para o público em geral.

UMA SOCIEDADE MEDÍOCRE   **35**

Você não pode agradar a todos, tanto como indivíduo como de maneira organizacional. Portanto, é justo que sua postura e seu público estejam alinhados, ainda que em detrimento de outros públicos que possam ignorar ou até mesmo detestar sua marca. Faz parte do jogo.

Empresas como a Dove têm méritos em suas campanhas, enaltecendo a autenticidade de anos em defesa da sua bandeira da "real beleza". A Heineken é uma empresa capaz de cativar seu público em ideias de interação e momentos únicos. Grandes marcas, grandes conceitos. Conceitos autênticos.

Um dos casos mais polarizados e autênticos que conheço é o da Black Rifle Coffee Company (BRCC), uma empresa que vende café. Feita por ex-militares, veteranos de guerra. Uma mistura genial de café, armas e storytelling, impactando em uma autenticidade tão genuína que é impossível ignorar essa empresa a partir do momento que você a conhece.

Vou colocar um vídeo da empresa caso tenha despertado sua curiosidade:

(Vídeo 4) Institucional: *Why Black Rifle Coffee.*

Você percebe que a BRCC não é uma empresa que agradará a todos? E que essa mistura de patriotismo, armas e café será alvo do ódio de uma grande gama dos consumidores de café?

Óbvio que é uma empresa polêmica! Mas seus clientes não tomam café. Tomam Black Rifle Coffee, fazem parte do conceito de uma marca. Experimentam a sensação de fazer parte de algo, de uma cultura. Que não é para todos. A marca vende para quem se identifica com ela.

E é justamente este o ponto nevrálgico da minha análise: pessoas só se identificam com empresas autênticas; seus consumidores gostam dessas marcas, se identificam com elas. São marcas imunes às guerras de preços da concorrência, são empresas com consumidores leais e defensores da marca.

A Apple nos anos 1980 e 1990 foi assim, com o retorno de Steve Jobs ao comando da companhia. Hoje a empresa perdeu sua autenticidade inovadora e se posicionou como uma empresa de alta qualidade que vende ótimos *gadgets* a preços altos, se tornando quase uma "joalheria" de equipamentos eletrônicos. O brilho nos olhos de quem consome produtos da Apple se perdeu.

Agora a Apple impõe a compra de carregadores separados dos próprios aparelhos, alegando "preocupações com o meio ambiente". Alguém acredita nisso? Não. Não é autêntico!

Elon Musk, CEO da Tesla, publicou em seu Twitter que a empresa abandonou a política de aceitar bitcoins nas compras de seus carros devido às "pegadas de carbono" e em "defesa do meio ambiente", enquanto segue produzindo carros em fábricas com energia gerada a carvão na China.

No Brasil, a Magazine Luiza resolveu fazer uma ação publicitária sobre seu programa de trainees, afirmando que só contrataria jovens profissionais negros. Essa é uma atitude ilegal, qualquer administrador iniciante sabe que não se pode discriminar candidatos pela cor da pele, tratando-se então de mera panfletagem social. Se a empresa realmente se preocupasse com a questão social, poderia promover programas de educação continuada e desenvolvimento de jovens talentos, desde uma etapa de jovem aprendiz até chegar ao ponto de ser um trainee da marca. Essas pessoas, com educação continuada, estariam muito bem qualificadas e seriam excelentes candidatos em qualquer processo seletivo, inclusive nos da própria empresa.

Mas falar em cotas é mais prático e dá mais visibilidade, não é mesmo Magazine Luiza?

Autenticidade é como um cristal delicado, pequenos deslizes já deixam marcas ou mesmo quebram o cristal. Quebrar a autenticidade é perder a lealdade do seu público. É trair os preceitos que justamente transformaram potenciais clientes em pessoas que efetivamente gostam da sua marca, que compartilharam valores com sua marca.

Acredito ter deixado claro o valor da autenticidade.

Agora, vamos em frente com o câncer politicamente correto.

De alguma maneira a imagem organizacional tem deixado de ser delineada por estrategistas de marketing e tem sido guiada por uma mentalidade de curto prazo, típica da nossa sociedade conectada e com tudo disponível a um clique de distância.

Para tentar agradar a uma parcela da população, foi imputada aos gestores de imagem a missão de seguir uma "cartilha" de bons modos, na qual a maior parte do que se vê tem tanta autenticidade quanto a de uma propaganda oitentista de margarina com sua clássica família feliz.

O que você pode ou não pode dizer?

Como assim "pode ou não pode"? Quer dizer que, como indivíduo ou como organização, você não pode ter valores próprios ou mesmo sua própria cultura?

Que autenticidade existe nisso?

O mercado publicitário brasileiro está tomado por esse pensamento do que é "bacaninha" para o público em geral. Meus caros, "bacaninha" não traz experiência, não traz nenhuma sensação de pertencimento. Empresas ousadas em sua comunicação cativam, empresas pasteurizadas são mais do mesmo. Se você tenta agradar a todos, não agrada ninguém, se tornando irrelevante.

É isso que você quer para sua marca? Ser irrelevante? Mais uma?

Pois parece que é essa a missão dessa patota de marqueteiros de curto prazo: tornar sua empresa palatável para certos públicos sensíveis, desqualificando os valores de seu DNA.

Você não faz negócios para o público em geral. Você tem um público-alvo. Isso é básico em marketing.

Colaboradores são muito mais comprometidos com empresas que refletem seus valores, sua própria cultura. Isso influencia na motivação do indivíduo, no prazer de trabalhar e estar fazendo parte de algo realmente significativo. Dentro da empresa e fora da empresa sua cultura é importante. Seu DNA organizacional é importante.

E o câncer politicamente correto corrói o DNA da sua empresa, tornando-a amorfa, medíocre e pasteurizada.

Pessoas têm características, qualidades e defeitos. Famílias, grupos de amigos, colegas de trabalho. Empresas têm qualidades e defeitos, isso humaniza as marcas. Se você e seu público-alvo têm visões semelhantes, vocês compartilham algo. Isso é engajamento.

O vício em *likes*, comentários positivos e compartilhamentos não pode reger uma estratégia de longo prazo. Queira ter pessoas que vão estar ao seu lado, que gostam de sua marca como ela é, e que irão lhe defender quando alguém resolver atacá-la.

O medo do desgosto de alguns (ou de muitos) não pode ser maior do que fazer os olhos do seu público-alvo brilharem ao falar de você, da sua marca.

Sua marca deve ser única. Seu negócio deve ser único. Feitos sob medida para o SEU público.

Olhe um pouco para o Luciano Hang, o "véio da Havan". Quantos o detestam? Muitos. Mas quantos gostam efetivamente dele e passaram a gostar da marca por causa dele? E trata-se de uma empresa em franca expansão, um *player* cada vez mais relevante no mercado nacional.

Coragem. Identidade clara. Autenticidade.

GESTÃO DA MEDIOCRIDADE

Escolha seu lado, escolha seu público-alvo. Escolha cuidadosamente sua bandeira social, com base em seus valores, em seu DNA. Seja único e crie vínculos com seus potenciais clientes. Faça do mundo um lugar melhor para você, para seus colaboradores e para seus clientes. Não tente salvar o planeta e aglutinar todas as causas possíveis em seu guarda-chuvas, isso é impossível.

Faça a diferença para os seus. Com o que é relevante para os seus. Os demais que não se sintam representados pela sua marca. Direito deles, você não é o único do mercado e é justo que eles busquem representatividade na concorrência.

Coloque isso na cabeça do seu marqueteiro de curto prazo. Irrelevantes não têm voz, são simplesmente politicamente corretos em um mercado desumanizado inundado por propagandas de margarina.

2.4 OS SENHORES FEUDAIS DO UNIVERSO ONLINE

Na Idade Média, um Estado-Nação era subdividido em feudos governados por senhores feudais. Em suas terras, pessoas e servos conviviam e buscavam seguir suas vidas, "protegidos" nos limites territoriais do seu lorde protetor. Buscavam sustento, empreendiam pequenas colheitas ou pequenos comércios, sempre sob o ônus de pagarem tributos aos "donos da terra".

A internet não é livre. Você não é livre para empreender seus negócios online. De alguma maneira, você sempre deverá tributos aos senhores feudais modernos, as *Big Techs*, gigantes da tecnologia que moldam o acesso à informação e a interação de pessoas e de tribos no universo online.

Falamos sobre redes sociais e comportamento tribal. Estamos diante do Google, da Meta, do Twitter, do TikTok e do LinkedIn como lordes principais da internet. Dificilmente você irá empreender algo na internet sem estar dependente dessas gigantes, seja em anúncios, seja em locais virtuais para empreender seus negócios.

Quando falamos em redes sociais, estamos falando de páginas e perfis que não são da nossa propriedade, são espaços cedidos e alugados por essas gigantes. Se você possui 1 mil inscritos em sua página, o alcance de suas postagens não chega a 5% desse público. Se quer chegar a mais pessoas, pague e impulsione. Se quer mais relevância nas terras de algum desses senhores feudais, pague mais tributos.

Em relação às pessoas em geral, que simplesmente gostam de se distrair, interagir e trocar ideias com amigos ou tribos em redes sociais, esses senhores feudais, por meio de algoritmos, determinam os conteúdos que serão consumidos.

Você pode pensar em pesquisas livres na internet. Mas as pesquisas são feitas em buscadores, portanto são regidas pelos mesmos instrumentos. Simplesmente não existe liberdade online. Tudo é rastreado e direcionado de acordo com os interesses dos fornecedores sobre algoritmos estruturados para a identificação da relevância de certo conteúdo para cada usuário ou tribo.

Conversemos sobre livros: cada autor possui uma visão, portanto uma pessoa que ler apenas um mesmo autor irá absorver suas ideias e, com o tempo, tenderá a replicar tal linha de raciocínio e conceitos. Alguns autores possuem visões próximas ou correlacionadas, portanto é possível que, mesmo buscando duas fontes diferentes de conhecimentos, você terá uma visão parcial sobre certas temáticas. O que forma o espírito crítico é estudar diferentes vertentes do conhecimento, de forma a estruturar a sua própria e individual visão.

No universo online vemos a mesma estrutura de conquista de conhecimentos, porém direcionada pelos algoritmos. E os algoritmos irão indicar um mesmo autor ou autores com visões semelhantes, excluindo o contraditório do alcance do consumidor de conteúdos da internet.

Imagine se na Grécia antiga os primeiros filósofos determinassem as temáticas a serem discutidas e as visões corretas sobre o que deveria ser compreendido do exercício de reflexão. A isso seria dado o nome de Filosofia ou de Doutrinação?

Gostaria que você refletisse a esse respeito, pois essa é uma mudança que veremos cada vez mais acentuada no mercado. Não existe forma de agradar a todos, não existe forma de sempre ser recomendado por algoritmos. Você é o que é, sua empresa representa o que representa.

Uma segunda vertente sobre os feudos online a ser analisada: *quanto mais você dedica esforços e recursos para angariar visibilidade em espaços alugados, mais dependente deles você é.*

Quem dita as regras do jogo e os custos envolvidos são os Senhores Feudais Online. Seu objetivo deve ser diminuir sua dependência das redes sociais e aumentar o poder de influência dos seus próprios canais de interação. Seu site. Seus conteúdos. Sua base de dados.

Muitos estão viciados na sistemática (cara) de fazer negócios em locais alugados por Lordes da Internet, como se essa fosse a única forma de trabalhar online. Esse é um erro crasso, um dos pecados capitais dos jogos virtuais.

Vamos conversar sobre essas questões em breve, não se preocupe. Nada do que conversamos neste livro ficará em metáforas sem aplicação prática. Não estamos em uma jornada de autoajuda empresarial, estamos nos desenvolvendo para conquistar mercado, para crescer, com técnicas e estratégias de alto impacto.

GESTÃO DA MEDIOCRIDADE

Mas neste momento peço sua reflexão:

- ⛊ Quem são seu público-alvo e suas tribos-alvo?
- ⛊ Quais as tribos, e as crenças, que fazem um colaborador ter afinidade com a sua empresa?
- ⛊ Você tem no seu time as pessoas corretas? Elas acreditam no que você acredita?
- ⛊ Sua empresa é independente ou dependente de feudos online?
- ⛊ Sua empresa é autêntica?
- ⛊ Vocês podem melhorar?

Não inicie novas ações ainda. Este é um momento de quebrar conceitos, paradigmas e axiomas que estão dentro de você. Em breve entraremos em uma fase de "missão dada é missão cumprida", soldado.

Mas, neste momento, preciso que você reflita. Duvide de si mesmo um pouco.

Volte quando estiver pronto para seguir.

CAPÍTULO 3

ORGANIZAÇÕES MEDÍOCRES

O rganizações são compostas por pessoas alinhadas e organizadas em prol de objetivos.

Quais seriam esses objetivos? Gerar lucros para seus mandatários? Servir clientes com soluções de excelência? Dominar seu mercado? Fazer do mundo um lugar melhor?

O problema já começa pelo fim, a entrega pretendida pelo trabalho dos colaboradores. Como já discutimos, cada vez mais as pessoas precisam fazer parte de algo que tenha significado. Mas como trabalhar com algum significado nessas verdadeiras máquinas de cremação de criatividade que compõem a ampla maioria das empresas brasileiras?

Hora de entender a última barreira de crenças medíocres da nossa tríade introdutória, a mediocridade organizacional.

3.1 O PARQUE DOS DINOSSAUROS TUPINIQUIM

Muitas das nossas empresas são extremamente conservadoras em suas formatações. Visões, procedimentos, estruturas hierárquicas e um nível tecnológico deficiente.

Se compararmos as organizações brasileiras às norte-americanas e europeias, veremos muita similaridade entre os anos 2020 brasileiros e os anos 1990 internacionais. Nosso sistema de gestão é retrógrado, nossas estruturas sociais dentro das organizações são engessadas em uma era pré-internet de banda larga.

A sociedade mudou. As pessoas mudaram. Mas a última resistência são nossos gestores desatualizados e seus métodos "que sempre funcionaram". Essa, inclusive, é a expressão mais ouvida em consultoria: "Sempre foi assim, sempre funcionou."

Inovação depende fundamentalmente de criação e liberdade de ideias, depende da possibilidade de grupos e pessoas testarem, acertarem e errarem. A não aceitação do teste, do erro, em uma visão engessada de repetição das melhores práticas históricas, nos diz que realmente foi sempre assim em uma ampla gama de empresas... mas também diz que elas não têm nenhum apreço pela inovação.

Respostas automáticas em processos automatizados dentro de regras preestabelecidas são mecanismos dos anos 1990. No Brasil, gostam de chamar a implementação desses passos iniciais de Indústria 4.0, desmerecendo que a tecnologia já estava disponível há décadas.

Alguns anos atrás li uma longa reportagem com um autor brasileiro que falava sobre pessoas tomando decisões de maneira autônoma, o que constituiria a Gestão de Pessoas 3.0. Tudo que ele defendia eram teses dos anos 1960-70, da escola anarquista francesa.

Vamos à outra bela criação brasileira, os 8 Ps do Marketing. Uma verdadeira "revolução", não é mesmo? Agora existe um P para Pessoas, já que nos 4 Ps adotados internacionalmente o marketing é feito *por* e *para* alienígenas.

Não é difícil compreender que o que se fala de "novo" e se implementa como "novidade" no Brasil se trata de uma ideia idosa vestida com uma roupinha de festa.

E por que isso acontece?

> As pessoas estão obsoletas em um ambiente competitivo que tolera a obsolescência.

Ou tolerava.

À medida que o mercado se torna cada vez mais internacional, online e offline, você passa a ter a presença cada vez mais constante de competidores com melhores capacidades competitivas no seu quintal. Um meteoro se aproxima cada vez mais rápido dos nossos dinossauros, constituídos de gestores que não se atualizam, colaboradores que não se atualizam e empresas que não buscam a inovação. Por quanto tempo esses dinossauros julgam que permanecerão no mercado?

Observe a popularização cada vez mais próxima da Inteligência Artificial Cognitiva, os cérebros virtuais capazes de criar estratégias e de gerir recursos, e se indague: quantos profissionais você acha que se tornarão obsoletos?

No relógio do apocalipse dos negócios você pode ver que faltam apenas cinco minutos para o *Armagedom*. Mas quais movimentos substanciais você tem percebido em nosso mercado? Foi necessária uma pandemia para que se percebesse que o *home office* era uma alternativa viável de modelo de trabalho. Quando já se discute isso internacionalmente desde os anos 1960!

Percebo certo ceticismo em você sobre essa afirmação. Então, segue um vídeo, de 1967, no qual Walter Cronkite, um jornalista norte-americano, apresenta o "*home office* do futuro":

(Vídeo 5) Walter Cronkite in the home office of 2001 (1967).

Para você não ter que ir até o escritório, basicamente deveria ter acesso a informações, de maneira muito mais rudimentar do que com a tecnologia atual. Jornais, informações sobre mercado de ações, videochamadas... hoje temos acesso a tudo que necessitamos a um clique de distância. E foi necessária uma pandemia para muitas empresas perceberem que diversos dos seus colaboradores poderiam trabalhar em casa.

A gestão brasileira é baseada em Controle. Gestores não confiam em seus subordinados, que por sua vez não confiam em seus colegas. Cada um deseja ter controle das suas ações ou das ações da sua equipe. Passo a passo. Rotina a rotina.

É até engraçado chamar funcionários de colaboradores, já que eles são mais executores de funções do que efetivamente colaboram em algo, seja uns com os outros, seja com a organização.

A premissa sempre é ficar de olho, desconfiar, CONTROLAR os passos, as ações e os resultados.

Henry Fayol, em 1916, definia como pressupostos da gestão *prever, organizar, comandar, coordenar e controlar*. Atualmente, se utilizam os termos referentes *Planejar, Organizar, Dirigir e Controlar*.

Depois de mais de cem anos a preocupação principal dos gestores nacionais segue sendo o Controle. Estou sendo muito generalista, eu sei. Mas essa é a preocupação média, trata-se de uma realidade da mediocridade brasileira.

Faça uma pergunta simples a um amigo gestor: para que serve um software de gestão?

Se a resposta for controle, você me deve um café.

> Porém, o que eu quero que você compreenda aqui é que o controle como premissa de gestão é um inimigo da inovação.

Você já deve ter visto diversas vezes a frase "pense fora da caixa". Mas como pensar fora da caixa se você é colocado em uma caixa com paredes altas e teto, na qual você só enxerga o que existe ali dentro?

Funções restritas sob alto controle. A burocracia organizacional brasileira é alarmante.

Pessoas devem ser preparadas para tomar decisões de maneira autônoma sempre que possível. *A criatividade só surge quando estamos fora da nossa zona de conforto*, não preenchendo planilhas e simplesmente executando ordens.

Planejamento, Organização e Direção são muito mais valiosos para os resultados a serem obtidos por uma organização do que o Controle. São pilares estratégicos na gestão com impactos a médio e longo prazos.

Um líder de equipe que se ocupa simplesmente de controlar resultados e tarefas não é um líder, é um capataz. Esse é um dos problemas mais frequentes da gestão comercial, na qual supervisores e gerentes se atêm à análise de relatórios de visitas, controle de contatos e frequência das ações comerciais.

O planejamento permite o alinhamento entre setores organizacionais. Um bom planejamento de marketing e vendas é integrado a questões logísticas, produtivas e financeiras, de maneira direcionada e ordenada.

Entender o mercado não passa por controlar o cartão-ponto do seu colaborador.

O primeiro olhar de um gestor é para o cliente, buscando entender suas necessidades e abastecendo o mercado com soluções cada vez melhores, com uma capacidade de entrega cada vez melhor.

O segundo olhar é para o mercado, para as oportunidades e ameaças. Entender o que se passa no mercado (local, nacional ou global) é fundamental para basear suas decisões estratégicas.

O terceiro olhar é para a concorrência. Lembre-se do provérbio romano: *se queres paz, prepara a guerra.*

O quarto olhar é sobre seus recursos, sejam estruturais, tecnológicos ou humanos. Então, surge a necessidade de alinhamento, de passar uma visão para sua equipe dos desafios do mercado e de como a organização planeja superá-los.

Planeje. Organize a forma como a estratégia será colocada em prática. Direcione seus esforços e seus recursos. Finalmente, e só finalmente, controle os resultados.

3.2 SETORES DESALINHADOS SÃO A BASE DO CAOS

É mais que comum uma estrutura organizacional ser dividida em setores, com metas e objetivos individuais. Essa estrutura pode ser funcional em uma colônia de formigas, onde todas naturalmente possuem o instinto de coletividade e seguem suas vidas buscando o melhor para o formigueiro. Se cada formiga fizer sua parte, a colônia prospera.

Assim como os formigueiros, exércitos são alinhados em divisões, sendo que em tempos de guerra todos os esforços são unificados para derrotar um inimigo.

Objetivos comuns, esforços reunidos para um bem maior — claro, a todos os membros.

Em empresas, não temos como objetivo final a sobrevivência. Esse medo primitivo não ecoa em nossos pensamentos. O medo da fome, de predadores ou mesmo da extinção da forma social estabelecida não assombra seus integrantes.

Se não existem necessidades basilares além do salário para pagar os boletos no fim do mês, existem desejos. Poder, status, rendimentos maiores, maior influência, maior controle etc.

Controle. A nossa palavra preferida do momento.

São pessoas comandando setores. E esses setores possuem interdependências dentro da organização. Naturalmente, quanto maior for a ascendência de um setor sobre os demais, maior será seu poder de controlar os rumos organizacionais.

Estruturas burocratizadas possuem hierarquias. E subir nessas hierarquias significa crescimento na carreira. Mas, cada vez que você cresce na hierarquia, as posições acima se tornam mais escassas. Existem muitos vendedores para diversos supervisores para poucos gerentes para raros diretores, que compõe a mesa de decisões globais da organização, para uma posição de presidência. Cada vez que você sobe de nível, as chances de crescimento na empresa diminuem e a competição se qualifica, pois você está sempre competindo com iguais mais preparados e mais ambiciosos.

Chegar ao topo de um setor é um feito e tanto, assim como tornar esse setor mais relevante em relação aos demais. A competição faz parte das estruturas organizacionais.

Essa é uma lógica que pode trazer benefícios ou diversos malefícios se malconduzida. Pessoas competitivas tendem a buscar melhoras em sua performance pessoal, de suas equipes e de seus setores, o que é ótimo. Ou tendem a buscar vantagens para sua imagem, manipulando resultados a seu favor em detrimento do bem organizacional, o que é péssimo.

Vamos a um pensamento simples na área comercial:

- ☞ O departamento de vendas tem uma meta anual de 100 unidades vendidas.
- ☞ O departamento financeiro tem uma meta anual de aumento de caixa de 10%.
- ☞ O departamento de produção tem uma meta de custos anuais de R$1.000.000.

Caso o departamento de vendas esteja com dificuldades em realizar o volume comprometido, usualmente são utilizados artifícios de descontos ou maiores parcelamentos para atingir a meta. E isso impacta nas metas do departamento financeiro, que pode travar o uso de tais artifícios. Alguém sairá prejudicado em seus resultados, certo?

Outro cenário: o departamento de vendas conquista um crescimento de 20% em suas vendas estimadas, atingindo 120 unidades. Isso significa maior exigência do departamento de produção, o que necessariamente aumentará seus custos. Duas situações são comuns aqui: a produção não bate suas metas OU a produção simplesmente não é acelerada e os pedidos serão entregues com atraso — ou seja, todos batem suas metas, mas o prejudicado é o cliente e, consequentemente, a empresa e sua imagem.

Metas setoriais muitas vezes envolvem participação nos resultados da empresa. Quem quer perder dinheiro? Quem quer ser aquele que não cumpriu seus objetivos acordados? Quem é mais ou menos competente?

Se você tem alguns bons anos de mercado, já viu isso acontecendo.

Quebrar essa cultura setorizada e buscar o bem da organização como um todo não é uma tarefa fácil, mas deixe-me ressaltar um detalhe: **isso é reflexo de uma cultura de controle**.

ORGANIZAÇÕES MEDÍOCRES **47**

Um bom planejamento é global na organização, assim como interligado e preciso. Esforços são direcionados e organizados para estruturas de apoio multissetorial, um organismo vivo trabalhando pelo bem global. O controle se exerce via indicadores em tempo real, deixando de ser um fim e se tornando um meio para tomadas de decisões cada vez mais céleres.

Quer pensar "fora da caixa"? Então, reflita sobre a validade estratégica de dividir equipes e esforços em caixas.

Está na hora de você enxergar uma empresa como um conjunto de recursos alinhados em busca da excelência na entrega de soluções para seus clientes.

Pessoas alinhadas. Processos alinhados.
Estruturas alinhadas. Estratégias alinhadas.

Deixe a autofagia entre setores para seus concorrentes.

3.3 IDIOCRACIA

Como as pessoas crescem nas organizações?

Posso lhe dizer, baseado em uma vasta bagagem empírica, que as pessoas no Brasil geralmente crescem em suas carreiras com base em dois fatores:

- Alcançam resultados melhores que os demais em suas funções.

ou

- Possuem perfis que interagem melhor com seus superiores.

Será que existe algum problema nisso?

Pense nas organizações que investem muito tempo e dinheiro em longos processos seletivos. Dinâmicas, análises de perfis e entrevistas guiadas pelo setor de Recursos Humanos. Toda a análise prévia de perfis até a contratação em si consiste em uma sistemática organizada e técnica. Não estou dizendo que é um processo que sempre contrata os melhores, mas que possui uma eficácia relevante na aquisição de talentos para as empresas.

Posteriormente, vemos a atuação de RH como um suporte para colaboradores e áreas, com processos e programas de qualificação, clima organizacional e elaboração de planos de carreira, dentre outras tarefas e funções.

Quando falei no tópico anterior sobre integração de setores, você nem deve ter refletido sobre o RH. Assim como a maioria dos gestores. Não é à toa que existem tantos psicólogos e até cientistas sociais nessas áreas, inclusive em seu

GESTÃO DA MEDIOCRIDADE

comando, já que é mais prático que esses colaboradores sejam efetivamente colaboradores, não decisores, muito menos membros com ascendência em outras áreas.

O RH como suporte é visto como suficiente, deixando que cada gestor comande sua área da maneira que julga mais interessante.

Vamos voltar ao início do nosso estudo: você.

Não vimos a importância de analisar forças e fraquezas, de determinar um planejamento de desenvolvimento pessoal baseado nas características e nas habilidades que você precisa para ser um profissional e um gestor melhor? Isso se resolve com um treinamento de técnicas de vendas? Com dinâmicas de trabalho em grupo? Com um MBA financiado pela empresa? Com um processo de *coaching*?

Você consegue perceber o quão genéricas são as soluções implementadas em políticas de Recursos Humanos na ampla maioria das empresas nacionais?

Quando tem problemas com máquinas, você trabalha em sua manutenção ou mesmo substituição. Quando trata-se de pessoas, você as desenvolve ou as substitui.

Desenvolvimento x Manutenção.

Dificilmente pessoas chegam prontas para os desafios em suas funções na sua empresa.

> Pessoas com experiências anteriores trazem em sua bagagem vivências, procedimentos, atitudes e parte da cultura de trabalho anterior. Pessoas sem experiência serão moldadas em sua forja de colaboradores para atingir o melhor desempenho diante de suas expectativas.

Porém, a realidade que se impõe é o desenvolvimento coletivo de pessoas, baseado em visões dos gestores setoriais. Se eu, gestor, acredito que "no meu setor" estamos tendo problemas, acionarei o RH para resolvê-los. Genericamente.

> O RH não é um parceiro, não é um grupo de associados estratégicos: é uma área de suporte no modelo brasileiro.

ORGANIZAÇÕES MEDÍOCRES **49**

Portanto, voltamos à premissa de que o crescimento de carreira está ligado às metas e objetivos realizados ou à visão dos superiores acerca de um colaborador.

Obviamente, existem planos de carreira na maior parte das empresas minimamente organizadas. Mas esses planos de carreira possuem regras genéricas para todos. Um plano de carreira não é um plano de capacitação. E planos de carreira não tratam de um colaborador ascender a um alto cargo de gestão automaticamente, lembre-se disso. Sempre haverá critérios subjetivos em uma promoção.

Assim chegamos ao mérito, à meritocracia. Faça por merecer a ascensão em sua carreira. De acordo com a visão do seu chefe.

Esse é um tema delicado. Por mais inteligentes e glamourosos que soem os argumentos meritocráticos, os critérios escolhidos para definição dos merecedores de reconhecimento tendem a outra perspectiva: a Idiocracia.

Quando um líder define subjetivamente seu escolhido à promoção, está buscando um perfil convergente com o seu. E isso tende a manter um único posicionamento sobre processos e sobre os objetivos da empresa. Mas são as diferentes ideias que agregam valor. É fácil perceber que são justamente as discussões sobre diversos temas dentro de uma equipe que tornam mais forte e inteligente o caminho a ser traçado para o alcance de um objetivo comum.

Perfis e pensamentos muito semelhantes formam uma mediocridade nociva dentro de qualquer organização.

Já a definição estritamente objetiva dos merecedores de novas posições traz um revés interessante: o esquecimento do planejamento a médio e longo prazos. Gestores promovidos por critérios assertivos em demasia tendem a supervalorizar os resultados. Afinal, foram os resultados que os alçaram ao novo cargo. A cobrança sobre a equipe tenderá a ser focada apenas em resultados obtidos, o que prejudica a sociabilidade entre as pessoas da equipe. Quando se tem critérios estritamente objetivos para definição de mérito, a competição entre os membros de uma equipe cresce exponencialmente. A curto prazo é possível alcançar bons resultados, mas o desgaste das relações tende a minar os resultados de médio e longo prazos.

Esse cenário é complexo. E ainda precisamos nos lembrar das amarras psicológicas do status e da manutenção do poder: um colaborador realmente eficiente pode ser visto como uma sobra para um chefe incompetente.

> Parte do processo de ascensão é não ser um concorrente ao seu superior, mas sim alguém que entregue resultados que impactarão positivamente em seus indicadores de gestão.

50 GESTÃO DA MEDIOCRIDADE

Algo extremamente comum na área de vendas é que o gerente chegou a esse cargo porque era um excelente vendedor. Sua performance garantiu seu crescimento na hierarquia organizacional.

Mas excelentes vendedores nem sempre são bons gestores. O que se percebe na ampla maioria dos casos é justamente o contrário. Esses profissionais moldam seus resultados em esforços, em relacionamentos, em sua capacidade de negociação. E o que entregam quando gestores é a pressão para que os seus subordinados sigam seu próprio modelo profissional.

Controle.

Um gestor comercial precisa ter uma visão de mercado, precisa ter a capacidade de moldar estratégias, organizar e dirigir suas equipes para alcance de resultados. Precisa conhecer ferramentas, entender processos gerenciais, criar indicadores. E, fundamentalmente, precisa saber mapear forças e fraquezas em sua equipe comercial, buscando desenvolvê-las.

Um gestor de vendas deve desejar vendedores de excelência em seu time, com alta capacidade de atuação independente. Só assim vai conseguir se ater ao desenvolvimento de estratégias e de ações macro que aumentem o poder de fogo de toda a equipe.

Mas, para tanto, é necessário que esse gestor entenda de marketing, de vendas, de produção e de finanças. Precisa estar alinhado aos objetivos organizacionais para assim moldar e direcionar seu time para o alcance de resultados multissetoriais e de interesse global da empresa.

Infelizmente, o perfil mais comum de gestor comercial do mercado é o de especialista em controle, em cobranças. O velho perfil de martelo, disposto a bater quantas vezes for necessário em seus pregos até que eles entreguem o que lhes foi exigido.

E gestores martelos costumam ser bastante cruéis com os melhores colaboradores. Lembra-se do velho ditado "prego que se destaca leva marteladas"? Um prego que venha a fazer sombra ao martelo sempre será mais pressionado, sempre terá metas e objetivos próximos dos surreais. Simplesmente porque se este conquistar resultados excelentes, fatalmente será candidato a substituir o gestor martelo.

Agora, se o gestor martelo puder subir na escada hierárquica organizacional, ele privilegiará seus melhores e incentivará seus resultados, apresentando como bônus pela lealdade sua própria posição atual. O ônus é que todos os louros das conquistas serão do gestor martelo.

Status. Poder. Controle.

ORGANIZAÇÕES MEDÍOCRES **51**

Seja um aliado do gestor e seu crescimento será mais provável. Seja seu rival e leve marteladas. É esse tipo de gestor que você quer? Saiba que ele é bastante comum, em qualquer área.

O erro fundamental está no processo da primeira promoção, do excelente funcionário a supervisor ou mesmo a gerente. Você renuncia a um colaborador de excelência e fica com um gestor medíocre, preocupado com seu status e sua manutenção de poder.

Um funcionário pode ser valorizado dentro de um plano de carreira sem necessariamente virar gestor. Podem se atribuir novos desafios, uma remuneração diferenciada, maior autonomia. Tudo depende do seu planejamento e dos talentos desse colaborador.

Volte seus olhos para a área de vendas novamente: um vendedor de excelência pode, e deve, receber muito mais que um gestor de área. Mas isso é raríssimo. Na minha visão, um grande vendedor pode receber proventos maiores que os do próprio dono da empresa. Afinal, qual é o problema nisso?

Status.

Vendedores são guiados por comissões, eles é que fazem seus próprios salários. Se um vendedor ganha muito, é porque vende muito. Mas isso incomoda tanto aos seus superiores diretos que esses vendedores acabam demitidos.

Ao demitir um vendedor de excelência, você está entregando-o de bandeja para a concorrência. Isso se ele não resolver se tornar seu concorrente direto e abrir uma empresa ou mesmo uma representação comercial na mesma área de atuação.

Erros crassos comerciais significam danos colaterais graves para a organização.

E chegamos até aqui simplesmente discutindo meritocracia... ou a falsa sensação de que ela existe na sua empresa. Será que existe meritocracia na ampla maioria das empresas brasileiras?

Reflita:

- **Metas e objetivos podem ser manipulados pelos gestores.**
- **Critérios subjetivos trazem a ascensão das pessoas que são do gosto pessoal dos gestores.**

Até por isso vemos tantas *startups* com modelos de gestão quase anárquicos e colaborativos. A flexibilidade, o companheirismo e o desejo de criar algo novo estão acima do status dentro de diversas dessas organizações. Ainda que muitas vezes seus colaboradores recebam menos, são mais felizes em seus empregos.

GESTÃO DA MEDIOCRIDADE

Empresas com objetivos e pessoas alinhadas a objetivos comuns são mais cativantes para se trabalhar. Ainda mais em uma sociedade cada vez mais moldada por ditames de qualidade de vida, de sonhos e de aparências.

O mundo mudou. A sociedade mudou. As empresas precisam mudar. E a gestão de pessoas faz parte disso. Tecnologia não falta. Metodologias não faltam. O que falta é determinação para enfrentar de frente esse forte apache de medíocres. Afinal, quais são os "méritos" envolvidos na tal "meritocracia" implementada? É fundamental enxergar a idiocracia que está incrustada em grande parcela da nossa realidade organizacional.

Até que ponto os mais capazes estão tendo suas oportunidades cerceadas em nome de pessoas preferidas e preferências pessoais dos gestores?

Afinal, quais são os critérios de ascensão? Serão os melhores para a organização?

Um convite à reflexão:

- ◪ Você possui um mapeamento das funções e habilidades necessárias para exercê-las na empresa?
- ◪ Qual é o planejamento para o futuro? Que habilidades novas seus colaboradores precisam desenvolver?
- ◪ Em que ponto de desenvolvimento individual está cada membro do seu time?
- ◪ O que o seu RH pensa a respeito? Qual é o papel desse setor em sua empresa?
- ◪ Qual é a capacidade de planejamento e de direção de pessoas dos seus gestores?
- ◪ Como alguém cresce na sua empresa?
- ◪ Com base em que você promove alguém? Serão os melhores critérios?

> Empresas perdem grandes talentos devido a tiranetes travestidos de gestores.

3.4 PERDER CLIENTES É A FINA ARTE DAS ORGANIZAÇÕES MEDÍOCRES

O dinheiro necessário para a manutenção da sua organização está no bolso dos seus clientes. Não vivemos em uma sociedade baseada em escambo e os seus custos e colaboradores devem ser pagos. Portanto, fundamentalmente, sua empresa depende dos seus clientes.

ORGANIZAÇÕES MEDÍOCRES **53**

Esse primeiro parágrafo tem tudo para ser uma das coisas mais óbvias que você já ouviu. Esse raciocínio exige a capacidade de uma criança de 6 anos para ser lógico. Mas, então, por que tantas empresas perdem clientes todos os dias? Clientes não são o ativo mais caro de uma organização?

Existem duas frentes para fazer os negócios crescerem:

- Conquistar novos clientes.
- Fidelizar os atuais clientes.

Qual deve ser a mais importante?

A resposta está no Valor Vitalício de um cliente.

Normalmente precisamos imaginar que o cliente que está contratando uma solução de você hoje pode voltar a fazer isso no futuro. Vamos imaginar que você vende almoços em um restaurante: um cliente transacional, que estava de passagem pela cidade e almoçou em seu estabelecimento por acaso, tem o valor de um almoço para sua empresa. Um cliente que costumeiramente almoça na sua região, e escolhe seu restaurante, tem o valor de vários almoços mensais.

Seguindo a mesma lógica, pense em alguém que gosta de refrigerantes. Podemos imaginar que essa pessoa irá consumir um de seus refrigerantes ou até mesmo vinte anos de seus produtos. A diferença está no cliente gostar do seu produto, da sua marca.

Philip Kotler, em seu livro *Administração de Marketing*, estima o valor vitalício de um cliente de Coca-Cola em 11 mil dólares.

Refletir sobre o valor vitalício de um cliente faz uma enorme diferença em como você o vê e em como você o trata. Reflita comigo: qual é o valor vitalício de um comprador de carros de uma marca x? E do cliente de serviços de telefonia?

Se você estimar apenas uma compra por cliente, você age de maneira transacional com todos. Se quiser a fidelidade de clientes, você investe pesadamente em serviços de qualidade para manter os *melhores clientes*.

Vamos ver isso de maneira crítica: um cliente abaixo dos 30 anos que está comprando um veículo de entrada em sua concessionária de veículos pode ser considerado um de seus melhores clientes? Se você pensa a médio e longo prazos, sim. Se você é um vendedor ávido por resultados rápidos e nem sabe aonde vai trabalhar no ano que vem, a resposta é não.

Em um mercado em que cada vez menos jovens desejam ter veículos próprios, alguns até abrindo mão de dirigir e preferindo aplicativos, um comprador de um veículo é sim um bom ativo para sua empresa.

Você pode trabalhar com veículos de baixo custo, de qualidade baixa ou mesmo intermediária. Mas a qualidade do seu pós-vendas vai fazer com que esse jovem comprador tenda a lhe procurar em uma troca de veículo. Algumas pessoas ficam de um a dois anos com um carro, outras cinco anos, outras dez ou mais. Mas uma coisa é certa: a ampla maioria das pessoas em algum momento irá trocar de carro.

O que fará de você a primeira opção em um processo de recompra?

Analistas internacionais estimam o custo de aquisição de novos clientes sendo de 5 a 25 vezes mais caros do que mantê-los em sua carteira de clientes. Atrair um novo cliente e cativá-lo é mais caro do que gerenciar sua carteira de clientes corretamente.

E tenha certeza: **excelentes clientes sabem que são excelentes, portanto são exigentes. Querem um melhor atendimento, querem uma relação mais personalizada.**

Este é um ponto crucial dentro do gerenciamento de marketing e vendas: você trabalha com produtos/serviços transacionais, isso é, de compra esporádica e independente de relacionamentos, ou você trabalha com um gerenciamento qualificado de carteira de clientes, sabendo identificar e se relacionar com os melhores clientes.

Saber dosar seus esforços entre conquista e relacionamento é vital para o crescimento da sua empresa. Obviamente nenhuma empresa deve ser refém de uma pequena carteira de clientes, sendo que a saída de um desses pode impactar fortemente o faturamento. Mas ninguém consegue atender com alta qualidade a todos os clientes sem investir em relacionamento.

Já fui consultado para execução de projetos de vendas, em que os estrategistas me solicitavam: I) crescimento da carteira e II) aumento do ticket médio das vendas, isso é, aumento do consumo médio dos clientes de seus produtos.

É possível, mas exige investimentos.

Aumentar a carteira de clientes envolve mais visitas a novos clientes, mais divulgação e margens competitivas de entrada. Aumentar o ticket médio exige mais relacionamento com seus clientes, ou seja, mais tempo.

Se você trabalha com vendas externas, não é possível atingir os dois objetivos sem investimentos e aumento do número de vendedores. Ou você foca uma estratégia ou a outra (aumento de carteira/aumento de ticket médio).

Caso esse seja seu caso, recomendo começar melhorando seu relacionamento com seus clientes da carteira. Invista em interação, na obtenção de dados sobre seus clientes e seus projetos.

ORGANIZAÇÕES MEDÍOCRES **55**

Parece complexo, mas na prática pense no jovem que comprou um carro: interagir consiste em dicas de manutenção, lembretes de revisão, estimativas de durabilidade das peças e dos próprios pneus. Já pensou que muitas pessoas não sabem identificar nem que seu pneu está "careca"? Imagine marinheiros de primeira viagem. Quanto mais atenção esse novo proprietário de veículos tiver, mais ele vai gostar do seu atendimento, portanto maior a chance de voltar a comprar de você.

E mais: **quanto melhor seu atendimento e seu relacionamento, maior a chance de um cliente *indicar* você.**

A lógica do relacionamento está em *fidelização* e *captação de indicações*.

Comumente empresas procuram treinamentos de técnicas de vendas para sua equipe comercial, mas não procuram treinamentos de gestão de carteira de clientes. Essa é a lógica imperativa na gestão comercial brasileira, o que nos torna péssimos em manter clientes e ótimos em prospectar novos clientes. E isso impacta na própria cultura e nos processos organizacionais.

Desconheço alguém que goste de sua operadora de telefonia, de sua prestadora de serviços de TV por assinatura e internet. O relacionamento é péssimo, você demora para resolver qualquer problema. Assim como é comum para prestadores de serviços atrasarem, serem impontuais e entregarem serviços abaixo da qualidade contratada.

Grandes empresas cercam seus clientes com contratos leoninos, sabendo que poucos tendem a recorrer à justiça para ter acesso a seus plenos direitos como consumidores. Está no cálculo de rentabilidade dessas empresas fazer cobranças indevidas, contando com clientes que optem por não sofrer com as dificuldades e o tempo perdido em ações judiciais. Soluções via ações judiciais, já que os serviços de atendimento ao cliente não costumam ter autonomia para resolver os problemas que as próprias empresas criam.

Quantos cafés você frequenta em que existem cartelinhas de descontos, nas quais a cada dez cafés você ganha um? Mas você é um cliente frequente e não se preocupa com os descontos... os colaboradores desse café não poderiam simplesmente lhe presentear com um café em vez de exigir a apresentação da tal cartelinha?

Em marketing é comum a intenção de se buscar o efeito UAU do seu cliente, quando ele se surpreende positivamente com algo. Um sorriso, o brilho nos olhos do seu cliente. O cliente sendo tratado de maneira diferenciada, sendo acolhido. Se sentindo efetivamente feliz pela relação com a empresa.

Mas, refletindo sobre todo esse pensamento UAU, vemos que na prática essas ações se desintegram em funcionários desqualificados e amarrados em regras que só visam controle de custos e processos engessados, tornando a experiência do cliente algo desagradável. Isso é cultural em muitas empresas, essa é a média do mercado.

Um atendimento medíocre, anterior ao processo de compra/contratação, durante o processo e após a realização da transação é comum e proporcional aos gestores que enxergam o valor disso.

O foco geral é vender, se relacionar está em segundo plano.

Mudar essa cultura é um processo bastante enérgico e turbulento. Cultura envolve valores das pessoas e sua convergência com os próprios valores da empresa. É duro, mas os valores empresariais — por mais bonitas que sejam as cartas de Missão, de Visão e de Valores organizacionais —, são valores de curto prazo, controle e exigência de resultados imediatistas.

Quantas vezes você já viu situações em que se vende algo que não realiza o desejo e as necessidades do cliente, só porque fazia parte da meta do vendedor? Um cliente precisa de uma lâmpada e o vendedor negocia um equipamento de energia solar capaz de alimentar um quarteirão? Um sistema de informações que não fornece as informações e interações que seu cliente deseja?

Organizações medíocres pensam no que podem lucrar hoje com seus clientes. A preocupação com relacionamento é exclusiva de empresas que enxergam a longo prazo.

Checklist de Como Perder Clientes:

- Não se preocupe com a solução certa para seu cliente.
- Não cumpra prazos.
- Faça contratos com cláusulas leoninas que extrapolam os direitos do consumidor.
- Tenha parceiros logísticos que não se preocupam com a qualidade da entrega.
- Venda produtos fora de uma qualidade e validade razoáveis.
- Tenha um controle de qualidade medíocre.
- Prometa e não cumpra. Coloque a culpa no cliente que "não entendeu".
- Venda e depois veja se consegue cumprir o que prometeu.
- Não invista em relacionamento. É dinheiro "jogado fora".
- Trate todos os seus clientes de forma igual.
- Dificulte ao máximo devoluções de vendas mal executadas.

3.5 A ENTRADA DOS PORTÕES DO TÁRTARO DA MEDIOCRIDADE

Estamos na antessala de nosso mergulho rumo às guerras e respectivas soluções estratégicas que nos aguardam para graves problemas organizacionais.

Você deve ter percebido que o grande desafio dessa primeira etapa estava em quebrar crenças condicionantes. A análise pessoal, social e organizacional era necessária para a percepção de que existem melhoras significativas a serem desenvolvidas.

Existem melhoras à vista. Existem estratégias e existem bons combates a serem travados.

Não falta tempo. Não faltam informações relevantes em livros ou na web. O que acontece é que a sociedade e muitos estrategistas organizacionais estão regredindo intelectualmente, consumindo avidamente chorume informacional.

Precisamos sair desse abismo de mediocridade, quebrar certos ditames e axiomas que há décadas nos são impostos. Você pode ser melhor, eu posso ser melhor, as empresas podem ser melhores. E assim seremos, afinal a concorrência tende a ser cada vez mais severa e não perdoará falhas nesse processo.

Se destaca nesse ambiente cada vez mais medíocre quem adquire hábitos e se compromete com seu crescimento, com a reflexão e com as mudanças necessárias ao seu estilo de gestão. Precisamos sair do óbvio gerencial e enfrentar as consequências dos riscos de inovar.

Crescimento não provém de fazer mais do mesmo.

Estamos às portas de uma nova revolução nos negócios, com a introdução da Inteligência Artificial Cognitiva em nosso dia a dia organizacional — algoritmos que se desenvolvem autonomamente, que aprendem todos os dias o que você leva uma vida para aprender —, com a popularização das impressoras 3D, com a mudança constante dos processos de compras cada vez mais digitais, e com pessoas cada vez mais condicionadas por algoritmos.

O ano de 2029 é a data prevista para o rompimento dos padrões organizacionais que vimos desde a Revolução Industrial, iniciando uma nova era de modelos. E quem diz isso são gestores das *Big Techs*, as gigantes da tecnologia; e notáveis, tais como Barack Obama, ex-presidente dos EUA, e Bill Gates.

A ampulheta está prestes a encerrar seu ciclo e sofrer uma virada. Quantos cargos serão substituíveis pelos softwares inteligentes, que aprendem sozinhos? Como será o novo mercado de trabalho?

Como será a nova concorrência? Com certeza cada vez mais feroz e automatizada.

Uma coisa é certa: o tempo dos obsoletos acabou.

Até as novas tecnologias inteligentes dominarem o mercado, teremos alguns anos. Mas preciso que você perceba esse processo como um novo modelo de obsolescência, a humana.

Hoje trabalhamos com *Big Data*, onde dados são cruzados de forma contínua até serem encontrados padrões. E esses padrões já são suficientes para prever processos e comportamentos individuais e sociais. Seus dados são rastreados e armazenados, tudo o que você fez e faz na internet faz parte de um banco de dados. Algoritmos já são capazes de identificar seus padrões comportamentais atuais, enquanto a IAC será capaz de aprender e modular preferências e desejos que você nem mesmo possui hoje, mas que terá no futuro.

A Internet das Coisas, na qual tudo é conectado a dados compartilhados, já é realidade em muitos países. Sua geladeira pode fazer suas compras.

Tudo isso gera dados e mais dados. Consumo, preferências, passeios, viagens, opiniões, o que você deu *like*, o que comentou, com quem se relaciona, com quem se relacionará... estamos diante de computadores inteligentes lendo o comportamento tribal das pessoas. E criando tendências, modas, produtos, soluções em geral.

Um software inteligente, que conhece toda a jurisprudência do país em menos de um minuto, capaz de avaliar probabilidades de sucesso e estruturas lógicas e causais em processos, será mais competente em defender suas causas que algum advogado? Um software inteligente capaz de prever as doenças que você nem ao menos desenvolveu sintomas substituirá algum médico? O que falar em termos de gestão e de estratégias, então?

E sua contabilidade? E sua planilha de Excel? Seu gerenciamento de redes sociais?

Tudo tende a mudar drasticamente. Em poucos anos dividiremos o mundo dos negócios entre quem realmente compreende e utiliza as máquinas a seu favor e quem será substituído por elas.

Falamos muito sobre Controle na gestão. E essa é a parte que facilmente será substituída.

Ainda neste livro irei apresentar para você a estrutura lógica de leitura de *comportamento* de representantes comerciais e vendedores externos que desenvolvi para um cliente, baseada em indicadores que *permitem analisar em tempo real* problemas que acontecem e que *acontecerão* em relação aos resultados de um profissional. Isso é a automatização de análises que já é possível e deve ser implementada urgentemente em sua empresa.

O real papel dos sistemas de informações atuais é transformar dados em informações estratégicas, enquanto o papel de um gestor é compreender estratégias, desenvolver equipes proativas e aprender a utilizar a tecnologia a seu favor.

Pessoas operacionais são os medíocres que trabalharão para você *até o momento em que um software inteligente os substitua,* restando apenas as pessoas que *realmente farão parte de sua engrenagem estratégica.*

Este é seu desafio a partir de agora:

se tornar um estrategista do novo mercado ou se preparar para servir o café de alguém no futuro.

Agora você já viu o que lhe espera neste livro.

Mas cuidado. Juntos percorreremos um caminho sem volta.

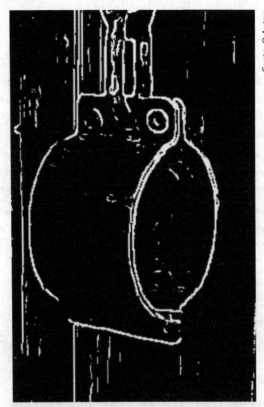

(Ilustração 2) Grilhões.

Começamos nossa imersão nas soluções organizacionais.

Não se engane, não será um caminho fácil. Portanto, vou citar Winston Churchill, primeiro-ministro inglês, símbolo da resistência dos Aliados na Segunda Guerra Mundial:

"Quando estiver atravessando o inferno, não olhe para os lados."

Foco e Disciplina. Acredite no resultado do que estamos fazendo.

Vamos em frente.

Enfrente a mediocridade. De pé, olhos nos olhos.

ATO
DOIS

OS
GRILHÕES
SOCIAIS E
ORGANIZACIONAIS
DA MEDIOCRIDADE

"Faça o que você faz tão bem que as pessoas vão querer vê-lo novamente. E vão trazer seus amigos."

Walt Disney

CAPÍTULO 4

FUNDAMENTOS DA ESTRATÉGIA COMERCIAL

Empresas apenas existem por uma relação de troca: seu empreendimento tem uma solução para uma necessidade ou desejo de um cliente — que está disposto a pagar por ela. Portanto, vender é a atividade que mantém sua empresa viva.

Para vender algo, não basta ter um bom produto. O *custo x benefício* desse produto, a relação entre dispêndio monetário e ganhos adquiridos, deve ser relevante para que seu cliente opte pela sua solução dentre as diversas opções do mercado, com produtos e serviços semelhantes ou substitutos.

Produtos e serviços semelhantes possuem características bastante próximas. Portanto, critérios como marca, tempo de entrega, recomendações e a própria precificação serão os diferenciais.

Produtos e serviços substitutos não entregam exatamente a mesma solução, mas resolvem um problema comum. Pense no seu almoço: um filé ou uma salada são soluções bastante diferentes, mas ambos resolvem a necessidade de se alimentar.

Seguindo:

A lógica comercial se baseia em Problema > Solução > Benefício

- ☑ Problema: as necessidades do seu cliente.
- ☑ Solução: como atenderemos as necessidades do cliente.
- ☑ Benefício: por que essa solução proposta contemplará melhor os desejos do seu cliente.

É simples, mas, incrivelmente, são raros os conscientes dessa estrutura lógica. A maioria prefere tentar impor para o maior número de pessoas possível

GESTÃO DA MEDIOCRIDADE

seus produtos ou serviços genéricos, vendendo soluções para problemas que não existem, elucubrando possíveis benefícios e tentando vender algo que, na realidade, não tem serventia real para uma ampla gama de seus clientes.

Se o seu produto não entrega soluções o suficiente, você precisa desenvolver produtos que entreguem mais necessidades realizadas para mais tipos de clientes. Suprindo necessidades, quanto mais desejos realizados mais benefícios entregues.

> O verdadeiro valor de um produto
> ou serviço é seu benefício percebido.

Por isso companhias dos mais diversos portes investem pesadamente em divulgação, buscando melhorar os *benefícios percebidos* pelos potenciais clientes sobre suas soluções. E aqui está um ponto nevrálgico do nosso caminho estratégico: a fronteira entre ter soluções realmente autênticas e a *emulação*, quando uma empresa busca *ter uma imagem melhor do que a realidade de suas entregas*.

O que é melhor? Autenticidade, óbvio. Mas nem sempre isso é possível.

Pesquisa e desenvolvimento exigem investimentos e qualificação de recursos humanos, além de recursos melhores e mais tecnológicos. *Convencer clientes* muitas vezes é mais barato do que trabalhar com entregas realmente espetaculares. E é nesse ponto que se iniciam os conflitos entre os profissionais de vendas e de marketing.

Vendedores hábeis são capazes de vender geladeiras para esquimós. Mas essas são vendas *transacionais*; uma segunda venda para esses esquimós será efetivamente mais difícil do que a primeira.

Quando você vende algo que não traz soluções e benefícios reais para o cliente, você perde a sua confiança. Reflita a respeito: você não vai contratar novamente um pedreiro que fez um trabalho ruim da primeira vez. Você não vai querer voltar a comprar um carro em uma concessionária que omitiu deficiências no veículo. Você não vai querer comprar um alvejante que manchou suas roupas.

Assim como se o seu problema era um suporte de parede para um peso de 20kg e o vendedor lhe convenceu a comprar um de 200kg por 300% a mais do valor do primeiro, em algum momento você perceberá que essa não era a solução mais adequada para seu problema e evitará repetir uma transação com esse vendedor.

> Problemas exigem soluções adequadas
> para realizar benefícios claros.

FUNDAMENTOS DA ESTRATÉGIA COMERCIAL **65**

E esse é muitas vezes um ponto de conflito no planejamento de médio prazo nos setores de marketing e de vendas nas organizações: as vendas em um período anterior não significam sua simples reprodução ou o mesmo acréscimo no próximo período. Pode acontecer justamente o contrário.

E a "culpa" é de quem? Da área de marketing, que está envolvida em todo o planejamento e concepção das soluções oferecidas, ou da área de vendas, que busca resultados de faturamento sobre essas soluções?

Todos os envolvidos são responsáveis. Por isso mesmo devem trabalhar de maneira unificada no desenvolvimento do planejamento comercial.

Desafie-se: *caso as soluções oferecidas fossem autênticas, os resultados seriam melhores?*

Talvez sim, se julgarmos o processo de recompra com base na primeira experiência satisfatória dos clientes. Talvez não, se os seus concorrentes tiverem sido mais hábeis em *convencer seus clientes* dos benefícios dos seus próprios produtos em substituição à sua solução, o que significaria fatalmente que *essa nova venda seria do seu concorrente, não sua.*

Tudo isso faz parte do processo estratégico comercial. E vamos nos aprofundar em cada detalhe, em cada minúcia, de forma a lhe fornecer bases para a excelência na área durante nossos estudos, não se preocupe. Mas, neste momento, vamos a uma frase clássica para fechar nossa reflexão:

"Não basta a mulher de César ser honesta, ela precisa *parecer* honesta."

> Sua empresa precisa unir boas
> soluções à credibilidade no mercado.

Segue o processo comercial, de maneira simplificada:

- Identificar os problemas no mercado que você pode solucionar.
- Definir o público-alvo da sua solução.
- Estudar as soluções diretas ou indiretas disponíveis no mercado.
- Desenvolver sua solução.
- Definir como sua solução chegará aos clientes finais.
- Precificar sua solução.
- Divulgar sua solução.
- Estruturar benefícios claros.
- Vender sua solução.
- Criar experiências para seus potenciais clientes.

- Acompanhar seus clientes depois da aquisição do seu produto/serviço.
- Analisar os movimentos da concorrência.
- Investir constantemente em melhorias para sua solução (volte ao primeiro ponto).

Essa é a espinha dorsal do marketing.

Acredito que tenha ficado clara a intersecção entre marketing e vendas: não são duas áreas, ambas fazem parte do mesmo conjunto estratégico. Dividir marketing e vendas, de maneira a individualizar tarefas e metas, é um erro comum.

Enquanto os profissionais de marketing se atêm mais ao desenvolvimento de soluções e de potenciais benefícios, os profissionais de vendas vivenciam o mercado e têm um termômetro imediato do que está acontecendo junto a seus clientes.

Profissionais de marketing precisam da visão de profissionais de vendas, e vice-versa. Por isso prefiro chamar essa área integrada de marketing e vendas como Área Comercial.

E qual é o desafio da área comercial?

Estruturar Problemas > Soluções > Benefícios

Seu cliente trocará seu dinheiro pela solução que você oferece.

Sua empresa deve trocar experiências com clientes e intercambiar informações com o mercado. Sua empresa deve sempre buscar soluções e benefícios cada vez mais interessantes para seus clientes.

Market: Mercado. **Ing**: Interagindo, trocando, criando. **Marketing**.

Marketing não é um setor, é um espírito de desenvolvimento permanente em todas as áreas da organização. Todos precisam ter uma visão unificada dentro de uma empresa.

Vamos sintetizar esse pensamento global de marketing dentro da sua organização:

Todos os seus colaboradores precisam ter foco em benefícios cada vez melhores para seus clientes. Esse deve ser o espírito regente da inovação e o desafio à mediocridade em todas as áreas da sua empresa.

4.1 OS PILARES ESTRATÉGICOS (1/3): RESPEITO

Imagem é fundamental. Mas você precisa definir escalas de prioridades. **A principal bandeira no mercado para sua empresa é o Respeito que ela impõe.**

Sua empresa precisa ser respeitada, precisa ser confiável. Um parceiro justo de negócios, um fornecedor preciso como um relógio suíço. Os relógios suíços têm sua imagem atrelada à sua qualidade e à sua confiabilidade, não ao seu design "inovador".

Você precisa entregar de forma excelente o que prometeu entregar. Esse é o primeiro compromisso comercial de qualquer empresa respeitável. Cumpra prazos e tenha um controle de qualidade afiado.

Pense em um colaborador da sua empresa: a pontualidade e a capacidade de entregar algo no prazo e no orçamento estipulados são requisitos mínimos. Se o colaborador é bom com trabalho em grupo, se ele anima o ambiente ou mesmo se é criativo em suas soluções, ótimo. Mas o que demite um funcionário é sua incapacidade de cumprir seus compromissos prefixados. E o que "demite" fornecedores é justamente descumprir o que foi contratado.

> Respeitar o seu cliente é cumprir os acordos de maneira completa. Seja exigente ao máximo quanto ao respeito aos seus clientes e isso lhe dará renome no mercado.

O mercado nacional é repleto de vendedores de benefícios tão sólidos quanto a gelatina que sua avó preparava no final de semana. O tal "jeitinho brasileiro" de contornar problemas é um dos pontos mais irritantes em qualquer entrega na nossa realidade empresarial.

Antes de se preocupar com sua imagem institucional "bacaninha e politicamente correta", se preocupe com eficiência no cumprimento de seus acordos. Esta deve ser sua prioridade número um: ser reconhecido como um fornecedor extremamente confiável.

> Adquirindo respeito, você tem como bônus a confiança de seus clientes. E isso reflete em novos pedidos, na aquisição de novos produtos e no processo de indicações. Ser respeitado contorna muitas objeções, inclusive quanto à precificação de seus produtos: clientes tendem a pagar mais por benefícios reais em um mercado repleto de charlatães.

GESTÃO DA MEDIOCRIDADE

E daí que o concorrente X faz do mundo um lugar melhor enquanto não entrega o que acorda com seus clientes? Quem o cliente vai escolher como fornecedor: o bonitinho e arrojado que não cumpre prazos ou o fornecedor de pontualidade suíça?

Respeito sempre foi e continua sendo fundamental. O resto são características que podem vir a ser diferenciais SE, e apenas SE, você for um fornecedor confiável.

4.2 OS PILARES ESTRATÉGICOS (2/3): INOVAÇÃO

Dificilmente você será gestor da empresa mais inovadora do seu mercado, mas isso não significa que possa se acomodar e aguardar a obsolescência de suas soluções para então mudar, sendo reativo. Reativos perdem competitividade e muitos vão à falência antes de conseguir se adaptar às novas realidades de mercado.

> Sua empresa precisa buscar
> ser melhor todos os dias.

Separe uma parcela do seu tempo semanal para identificar oportunidades. Falamos da Matriz Eisenhower; está na hora de colocá-la em prática no seu cotidiano. Ouça seus colaboradores, pesquise alternativas no mercado, sempre esteja em busca de melhores práticas e ferramentas.

Se você tem uma fábrica, prospecte constantemente fornecedores que possam agregar soluções de qualidade à sua sistemática. Se você revende soluções, não seja refém de um único fornecedor, que pode mudar as regras de fornecimento e acabar com sua credibilidade e sua competitividade. Sempre busque alternativas novas.

A grande questão aqui é testar. Teste produtos e fornecedores em pequena escala, desenvolva novas frentes de negócios para testes e direcione pessoas ou mesmo equipes voltadas à inovação. Teste novos mercados, seja uma nova pequena cidade ou um pequeno grupo de novos clientes.

> Ouça seus clientes,
> busque compreender seus anseios.

Antes de você dizer que essa prática é difícil, deixe-me contar um pequeno estudo de caso.

FUNDAMENTOS DA ESTRATÉGIA COMERCIAL **69**

Uma empresa que fazia pequenas escovas para limpeza residencial resolveu ouvir seus clientes. Reuniu então um grupo de compradores que rotineiramente utilizava seus produtos e perguntou: "Como vocês utilizam nossos produtos?"

Os clientes começaram a conversar sobre as tais escovas e a informação que surgiu é que boa parcela deles utilizava uma das escovas para lavar calças jeans. E que realmente era um bom produto para esse fim, uma boa solução.

Com essa informação, a empresa criou uma segunda embalagem para tal produto, agora com uma aparência que lembrava jeans, e inseriu a informação de que se tratava de uma escova específica para lavagem de calças jeans. Essas segundas embalagens de escovas foram reposicionadas em gôndolas próximas a produtos para lavagem de tecidos.

O resultado? Triplicaram as vendas de escovas. Com medidas simples.

Onde estão os tais grandes custos em inovação?

Um segundo exemplo, agora da nossa empresa, trata de um cliente do mercado de softwares. A empresa possuía dois produtos: um completo sistema ERP (*Enterprise Resource Planning*) e uma versão enxuta do mesmo, que era deixada de lado pelo setor de desenvolvimento e pela área comercial.

Definimos priorizar por dois meses o desenvolvimento da versão do software enxuto, melhorando seu layout e suas funcionalidades, assim como sequencialmente adotamos políticas de vendas mais agressivas para ele. O "patinho feio" se tornou parte significativa das novas vendas, abrangendo clientes que antes não teriam condições financeiras de adquirir o ERP completo.

Problema > Solução > Benefício. De clientes que antes não eram vistos pela empresa como interessantes.

É razoável refletir sobre como uma fabricante de escovas de limpeza e uma desenvolvedora de softwares podem ter casos semelhantes de falta de foco em potenciais mercados e clientes, solucionáveis via medidas simples, mas que exigem uma visão voltada à inovação.

Vou fechar essa reflexão com outro caso ligado à nossa empresa, de uma distribuidora de medicamentos: seus vendedores estavam tendo resultados aquém dos desejados em processos licitatórios, não incluindo todos os produtos disponíveis em seus processos de oferta online.

O motivo? Cada item a ser licitado deveria ser selecionado e o sistema tomava alguns segundos para incorporá-lo à proposta comercial. Portanto, devido ao tempo dispendido para a elaboração de cada proposta, os vendedores preferiam priorizar os medicamentos mais rentáveis e deixavam de lado os de menor valor agregado, o que — em uma equipe de mais de 25 pessoas — significava a perda de um potencial faturamento de dezenas de milhares de reais mensais.

A solução? Selecionar todos os produtos de maneira offline, sem o carregamento individual no sistema a cada inclusão, fazendo com que o sistema apenas gerasse a inclusão dos produtos para a proposta *após* a seleção de todos os itens. Isso economizou minutos de trabalho a cada proposta, sendo que os vendedores, a partir de então, passaram a incluir todos os itens solicitados nas cotações.

A empresa faturou mais. Os vendedores aumentaram suas comissões.

Medidas simples que aumentaram resultados. Em três empresas totalmente distintas.

> A inovação apenas acontece
> quando você se atém a refletir
> sobre as oportunidades de melhorias
> e busca soluções para implementá-las.

Se acostume a buscar oportunidades dentro e fora da sua empresa. Acostume sua equipe a buscar e apresentar oportunidades.

Nos casos em que você venha a encontrar soluções inovadoras, mas caras, prospecte diferentes fornecedores. Garimpe o mercado atrás do ouro para sua organização. Se mesmo assim for um investimento alto, concentre-se em separar parte do seu faturamento para que em alguns meses você possa adquirir tal solução. Mas defina uma meta e busque cumpri-la.

> Cada passo que você dá
> significa um caminho mais curto
> a se percorrer no futuro. Não postergue,
> siga em frente incansavelmente.

Estamos em uma era de oportunidades tecnológicas de fácil acesso. Com fornecedores no mundo inteiro. Nada é perfeito em sua empresa, tudo pode ser melhorado.

Lembre-se do nosso caro Walt Disney: "Eu gosto do impossível porque lá a concorrência é menor."

FUNDAMENTOS DA ESTRATÉGIA COMERCIAL **71**

4.3 OS PILARES ESTRATÉGICOS (3/3): A EMPRESA FOCADA NOS CLIENTES

Uma empresa apenas existe para solucionar demandas de clientes. Esse é seu propósito inicial e seu objetivo final. Portanto, sua engrenagem deve ser impulsionada nesse sentido, não importando as filigranas ditadas por gurus de autoajuda empresarial — importa que você e sua equipe estejam imbuídos nesse sentimento de forma autêntica.

Na primeira etapa deste livro, conversamos sobre as bases da mediocracia pessoal e organizacional. E você já é capaz de compreender, mesmo a partir de ensaios iniciais, que trata-se de um erro crasso subdividir sua empresa em "miniempresas", com visões e objetivos nem sempre complementares.

> A única visão válida é servir aos seus
> clientes da melhor forma possível,
> suprindo seus anseios com excelência.
> O lucro é mero resultado de entregas de soluções.

Vamos abrir esse pensamento focado no cliente:

Setor de Produção: *seu dever é buscar a máxima qualidade dos produtos a serem fornecidos dentro dos prazos estabelecidos. Qualidade é seu valor, qualquer meta deve ser ligada a esse quesito. Busque insistentemente novas formas de trabalho que aliem qualidade, tempo de entrega e gestão de custos.*

Setor de Logística: *gestão de tempo e ausência de danos no translado dos produtos estão determinados pela visão de zero tolerância a erros, assim como é bastante importante buscar uma gestão inteligente, com menores custos, já que esses custos sempre impactarão em nossos clientes.*

Setor de Compras: *as compras sempre devem respeitar os pré-requisitos estipulados pelas áreas de interação direta com os clientes. Seu papel é fazer as compras corretas, com o melhor custo x benefício. Se existem inovações disponíveis, discuta-as com as áreas interessadas, já que isso pode melhorar nossas soluções para os clientes. O barato muitas vezes sai caro, nunca tome uma decisão unilateralmente com base simplesmente em custos.*

Setor de Recursos Humanos: *queremos talentos, queremos pessoas criativas. Mas, principalmente, queremos pessoas com a visão clara de sua importância na engrenagem de provimento de soluções para nossos clientes. A prioridade é a prestação de serviços de qualidade. Trabalhamos apenas com pessoas responsáveis e* *éticas, assim como precisamos desenvolver talentos dentro da organização. Todos devem ser ouvidos, todos são importantes. Apenas juntos seremos melhores, criando soluções sobre perfis diferentes e complementares.*

Setor Financeiro: *precisamos de planejamento a curto, médio e longo prazos. A gestão do fluxo de caixa é importante, assim como manter as contas saudáveis. Mas nossa missão é melhorar sempre, portanto não poupem esforços para garantir essa melhoria contínua. E, caso um setor esteja necessitando de amparo, ajude-o a planejar o retorno financeiro dessa emergência. Se estamos tendo lucros, que boa parcela seja reinvestida na própria máquina da empresa em projetos de inovação. Sejam firmes, corretos, mas não percam de vista o que podemos fazer para melhorar a vida dos nossos clientes. Essa é uma empresa voltada para o cliente, não para o lucro por si só.*

Setor Comercial: *queremos conhecer nossos clientes, queremos sempre as melhores soluções possíveis dentro de nossa capacidade de entrega. Sempre sejam corretos, sempre sejam claros. Somos uma engrenagem de alta confiabilidade. Façam o planejamento conjunto de marketing e vendas e, principalmente, interajam constantemente com os demais setores da empresa e com os clientes. Queremos que todas as ideias sejam ouvidas e que todas as melhorias sejam aplicadas. Queremos conhecer o mercado e nossos concorrentes profundamente, como se fôssemos gerentes de suas próprias empresas. Queremos estar sempre um passo à frente em nossas soluções. Nosso ideal é a melhoria contínua. Que saibamos o porquê de estarmos indo bem e o porquê de ocasionalmente irmos mal. Sejam capazes de executar o que planejaram e treinem seus colaboradores para esse fim, que será nossa imagem junto aos clientes.*

Vamos conversar sobre o que foi exposto.

Foi apresentado algum conceito pirotécnico de gestão? Podemos concordar que não.

> Estamos falando de valores organizacionais, do que realmente é caro para nossa empresa em nosso posicionamento de servir soluções cada vez melhores para nossos clientes.

Citei setores comuns em empresas, assim como poderíamos ter falado de atendimento, almoxarifado, tecnologia da informação, inovação, pós-vendas etc. Não importa o setor, importa a mensagem: **juntos criaremos soluções cada vez melhores para geração de benefícios para nossos clientes.**

Essa é a base de um negócio de sucesso. Simples pilares que fazem toda a diferença. Toda a empresa vai se formando sobre esses pilares extremamente sólidos. E é justamente essa simplicidade e essa solidez que fazem as coisas darem certo.

Não existem termos que podem ser distorcidos. Não existem caminhos a serem atalhados. Não existe competição entre setores. Existe um time, uma série de engrenagens — simplesmente não se pode permitir falhas em nenhum setor. Todos os setores são chave para o atingimento da excelência.

Esta é a meta:

> Excelência. A perseguição constante de soluções e de benefícios melhores.

Problema > Solução > Benefício

Soluções mais inteligentes devem trazer benefícios mais robustos para os clientes. Ponto.

Essa é a base de uma Cultura Organizacional. O resto é um belo quadro de missão, visão e valores na sala da diretoria. Que a maioria ignora, diga-se de passagem. Insisto fortemente no tema Cultura Organizacional justamente porque é um dos pontos mais duros de se reverter em projetos de consultoria.

Você não muda a cultura enraizada em uma empresa, *apenas adapta as melhores práticas diante do possível*, a menos que este seja um duro processo de intervenção, no qual certamente cabeças irão rolar até que você, forçosamente, faça uma equipe assimilar os novos conceitos.

Novos conceitos que poderiam ser basilares — que *deveriam* ser basilares:

- Respeito ao cliente.
- Inovação.
- Foco no cliente, em benefícios ao cliente.

É interessante que hoje à tarde, antes de voltar a escrever este livro, eu tive uma situação de atrito com um de meus novos colaboradores acerca de uma simples postagem nas redes sociais que ele fez para um dos braços da empresa. O jovem havia cometido alguns erros crassos de português e tenho certeza que foi por desleixo, já que não contrato semianalfabetos.

Trata-se de um rapaz com grande potencial, mas que ainda precisa aprimorar seu foco. Falei para ele: "Hoje você perdeu 15 pontos na sua escala de confiabilidade. Seu resultado atual é 85."

"Como assim?", ele indagou.

"Todos que trabalham comigo, assim como meus alunos, começam com a nota máxima, 100 pontos. Vocês é que diminuem seus resultados. E não diminuem empreendendo inovações e falhando ocasionalmente, diminuem seu ranking quando arranham a imagem da nossa empresa em relação aos nossos clientes. Se você errar novamente, serei obrigado a contratar alguém apenas para revisar seu trabalho, para servir a nossos clientes de maneira mais qualificada, o que constitui tempo e dinheiro desperdiçados."

Ele entendeu o recado. Qualquer um sabe o resultado de estar abaixo da média em uma empresa que prima pela qualidade em sua prestação de serviços. Eu sei que exijo estudo e a busca pela inovação por parte dos meus colaboradores. Mas nada é mais importante do que a nossa imagem junto aos clientes. Somos um relógio suíço. Devemos respeito ao tempo daqueles que se dispõe a ler as informações que apresentamos. Em qualquer canal de comunicação.

Todas as engrenagens são importantes. Tudo o que desenvolvemos é importante. Atenção aos detalhes é importante. Foco no cliente e na qualidade de nossas entregas é fundamental.

E, nesse caso, isso foi demonstrado pelo gestor geral, que analisou uma simples postagem de redes sociais, ao jovem entrante na equipe. Esse é o exemplo, esses são os nossos pilares. Sou acessível, sou aberto. Mas exijo comprometimento.

E este é justamente um dos calcanhares de Aquiles de muitas empresas: a desatenção com os que são considerados peças não estratégicas em suas estruturas.

Toda pessoa que trabalha com você é relevante. E ela precisa entender isso, precisa se encaixar dentro dessa cultura. Seus clientes dependem do trabalho afinado de cada músico da sua orquestra. Não permita que seus músicos desafinem ou percam o compasso musical. Um maestro cuida para que cada músico dê seu melhor.

Quem é seu cliente nessa metáfora da orquestra? A plateia.

Cada músico é responsável pela qualidade do espetáculo. Cuide para que isso aconteça.

Hora de ouvir uma música clássica, beber uma boa bebida quente e depois refletir alguns minutos. Segue um vídeo para lhe acompanhar:

(Vídeo 6) A hierarquia não funciona mais.

CAPÍTULO 5

POSICIONAMENTO ORGANIZACIONAL

Vamos conversar sobre o mercado, sobre a realidade das empresas brasileiras e sobre o império da reatividade *versus* a cultura de inovação.

Por vezes você é instigado a acreditar que fazer negócios no Brasil é seguir um modelo empresarial já predefinido. Vivemos em um ambiente de empresas semelhantes, produtos semelhantes e profissionais semelhantes. Quem se diferencia um pouco dos demais já está com passos sólidos de vantagem em relação a uma ampla gama de concorrentes medíocres. Mas o que estamos buscando nesse livro é nos tornarmos inovadores, nos distanciando *fortemente* dos concorrentes, *visando a liderança* em nosso segmento. Não estamos falando simplesmente de marketing e vendas, estamos falando de inovação: e inovar hoje é fundamental.

Possivelmente você já ouviu falar na *Estratégia do Oceano Azul* ou da *Cauda Longa*. Ambos os livros falam de Posicionamento Organizacional: você é induzido a validar a ideia do reposicionamento de negócios em ambientes de menor concorrência, ou seja, *nichados, se distanciando da concorrência*. Ambos os livros não se configuram em uma inovação na área da estratégia organizacional, pois *tratam de teses de reforço* da validade das estratégias de nicho. Quanto mais *nichado*, mais distante da concorrência você está.

Em 1920, Walt Disney já dizia isso. Nos anos 1970, Michael Porter validou essa hipótese em seus estudos sobre Estratégias Competitivas.

Antes de seguirmos, preciso reforçar a validade dessa reanálise que proponho: trata-se do erro mais comum visto em um processo de consultoria estratégica. O que vamos fazer aqui é buscar a visão clássica com aplicação prática moderna. Sem novos nomes ou apelidos, sem caudas, oceanos ou qualquer termo que os marqueteiros de palco usam no Brasil hoje. Só veremos a prática e como aplicá-la em sua empresa da forma correta.

5.1 FUNDAMENTOS DO POSICIONAMENTO ORGANIZACIONAL

Posicionar seu negócio é uma das etapas fundamentais das análises de marketing. Você nunca vai vender para todos os públicos com uma só marca. Olhe para a Unilever, uma organização com diversas marcas para diversos públicos. Talvez você não conheça a corporação, mas conhece as marcas Omo, Brilhante, · Dove, Hellmann's, Knorr, Axe e Rexona, entre outras. Esse é um pedaço do grupo Unilever.

Cada marca está posicionada para um público-alvo, sendo que algumas ainda competem em segmentos semelhantes, tais como a Axe e a Rexona. Mas a Axe é mais voltada para um segmento do público masculino e a Rexona para públicos mais abrangentes e de maior poder aquisitivo.

Marcas individuais dentro de uma mesma organização. Cada marca segmentada em um público-alvo. Entenda que uma mesma marca não atinge segmentos de renda diferentes: a BMW não vende carros populares no Brasil, a Apple não vende equipamentos de entrada, a Casas Bahia foca seus negócios em volume e custos mais acessíveis ou crediário, assim como a rede Big — pertencente ao grupo Carrefour no Brasil — foca seu posicionamento em custos.

Cada nicho de mercado, cada público-alvo, merece um posicionamento específico.

Pense em médicos ou clínicas: existem clínicas populares, com custos mais baixos para seus clientes, assim como existem clínicas conveniadas e clínicas exclusivamente particulares. O que faz alguém pagar 50 reais por uma consulta individual, arcar com os custos de um convênio mensalmente ou optar por uma consulta particular de 1 mil reais?

São públicos diferentes, necessidades diferentes.

Se sua empresa trabalha com produtos ou serviços, segmente quem você quer atender e para quem quer vender suas soluções. Não é possível atender de maneira qualificada a todos os segmentos de mercado. Quanto mais caro um cliente paga, mais exigente ele é; quanto mais barato, mais transacional será a relação.

Pense em chocolates: existem as marcas de varejo, existe a Cacau Show em um segmento de chocolates intermediários e existe a Kopenhagen com seus chocolates de alto valor agregado. Todas vendem chocolates, mas estão posicionadas de maneira diferente. As empresas que fornecem chocolates para públicos diferenciados não estão no grande varejo, possuem lojas próprias. A Cacau Show pode ser vista como uma *marca de presentes* para a classe baixa-média, enquanto a Kopenhagen é uma marca estabelecida para consumo de alto padrão, assim como de presentes para públicos mais exigentes. Você não vai presentear um diretor de empresas com uma caixa de bombons da Garoto. Mas e com bombons da Kopenhagen? Quanto ao seu dia a dia, você vai sempre almoçar em restaurantes de alto padrão ou buscar algo que alie praticidade com custos mais acessíveis em meio à sua jornada de trabalho?

Exemplos simples. Mas isso sintetiza para quem é o produto e o nível de exigência do seu público.

É interessante ressaltar que esse é um erro bastante comum em empresas dos mais diversos portes, não exclusividade de empreendedores inexperientes. Como consultor, já encontrei empresas com faturamento milionário pecando no posicionamento de suas marcas e na entrega de suas soluções, tentando agradar públicos diferentes com a mesma marca.

> Se você quer expandir seu público-alvo,
> faça como a Unilever: crie novas marcas.

Sempre vai ter alguém para falar no caso da Alpargatas e suas Havaianas. Mas esse foi um *reposicionamento* de marca. A Havaianas nos anos 1980 fabricava e vendia *chinelos* para a classe baixa. Todo pedreiro, e toda empregada doméstica, usavam produtos da Havaianas. Eram chinelos de baixo custo vendidos em supermercados e mercearias. Trata-se de um estudo de caso brilhante, no qual esses chinelos passaram a ser considerados *sandálias* para um novo público-alvo. Hoje existem lojas próprias do grupo em diversas localidades do mundo. Hoje, se o seu pedreiro ou sua empregada doméstica usam Havaianas, usam versões *similares* ou mesmo falsificadas. O público da marca atualmente é outro, de classe média, e isso impacta em sua precificação.

Empresas com posicionamento em Custos buscam fornecer produtos mais baratos para um público mais amplo. Empresas com posicionamento em Diferenciação buscam soluções mais completas, com produtos melhores para um segmento da sociedade. Empresas com soluções específicas buscam nichos específicos com soluções exclusivas.

Momento técnico: a Curva de Distribuição Normal (estatística)

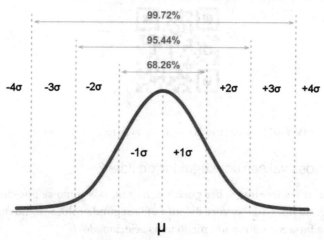

(Imagem 2) A curva normal.
Fonte: O Autor.

Vamos nos ater à análise da *demanda* na curva normal: no centro da curva veremos a maior demanda, sendo que quanto mais próximo da extremidade, menor será a demanda. Obviamente, a competição é maior no centro da curva, pois onde existir maior demanda existirá maior oferta.

- **Posicionamento por Custos:** maior demanda, maior oferta.
- **Posicionamento por Diferenciação:** demanda mais qualificada, mais distante do centro da curva.
- **Posicionamento por Enfoque (nichos):** extremidades da curva, demanda específica e concorrência mínima.

Você acaba de descobrir o que está escrito na Estratégia do Oceano Azul e na Estratégia da Cauda Longa. Quanto mais distante das grandes demandas, mais específico é seu produto ou serviço, portanto menor a concorrência.

Uma releitura de Michael Porter, dos anos 1970, em seu livro *Estratégia Competitiva*. Uma revisão do conceito de Impossível versus Concorrência de Walt Disney (1920).

Nossa lição adaptada: quanto melhores e mais específicas forem as suas soluções e os seus benefícios, mais distante você estará da mediocridade.

Resumindo em um minuto de vídeo:

(Vídeo 7) Porter, cauda longa, oceano azul e curva normal.

5.1.1 É possível ser um seguidor do líder?

Existem variantes teóricas sobre posicionamento, tais como se posicionar como um seguidor do líder, isso é, você disputa uma segunda colocação no mercado ou mesmo uma fatia menor em um nicho mais selecionado.

Observe o caso do Burger King: o líder natural do segmento é o McDonald's, mas o Burger King, por um longo período, definiu a localização de suas lojas próximas ao líder. Se o McDonald's via um bom mercado em certa localidade, o Burger King optava por colocar uma loja nas redondezas e dividir esse mercado potencial com o líder.

Sua empresa pode concorrer em segmentos com líderes tradicionais, trazendo diferenciais que atraiam o consumidor para sua alternativa. O próprio Burger King tem como estratégia a promoção de seus sanduíches em seu aplicativo: quando um cliente cadastrado no app está próximo a uma loja do McDonald's, ele recebe um voucher de descontos para comer no Burger King. Tecnologia aplicada a conceitos tradicionais de gestão.

Vamos focar os impactos de "seguir o líder" para uma empresa de menor porte.

Líderes de mercado não gostam de desafiantes. Isso é um fato que você precisa analisar com muita atenção antes de trilhar esse caminho. A única maneira viável de tomar uma fatia do líder é tendo diferenciais autênticos e exclusivos. Inovação é a chave para a manutenção dessa estratégia a médio e longo prazos.

Caso você opte por desafiar um líder de mercado via preços mais competitivos, tenha ciência de que recursos financeiros são escassos e que é provável que o líder tenha mais capacidade de caixa que sua empresa, o que pode extinguir seu negócio. Guerras de preços são extremamente violentas e, normalmente, apenas um dos lados sai vencedor. Ao vencedor, o mercado. Ao perdedor, a falência.

Comumente, líderes de mercado se comportam como grandes e pesados mamutes, sem perceberem os movimentos dos concorrentes mais ágeis. Quando os grandes mamutes notam tais movimentos, o antigo mosquito já está causando estragos em sua fatia de mercado. E é aí que as guerras comerciais começam.

Se sua empresa possui diferenciais sólidos e dificilmente copiáveis, você tende a crescer em um mercado, independentemente de uma guerra de preços. Se seu produto ou serviço é inovador, quando os demais jogadores chegarem perto dos seus diferenciais você já poderá ter novos. É iniciada uma corrida de vida ou morte pela inovação.

Se você está se estabelecendo em um mercado distante do grande mamute, lembre-se de que ele pode estar ao seu lado concorrendo em breve. Não basta tentar copiar produtos ou serviços, você precisa necessariamente de diferenciais para se estabelecer a médio prazo.

Alguns "gurus" da gestão falam insistentemente em tecnologia como algo que irá substituir o contato humano e as estratégias analógicas. Assim como citei o caso do app do Burger King, existe um caminho. Mas certamente tais "visionários" nunca foram ao interior do nordeste, onde até a luz elétrica é precária. Ainda existem caixeiros viajantes no Brasil e um smartphone não irá substituir esses profissionais de vendas. Não estamos na Europa, estamos em um país de terceiro mundo.

O mercado do interior do nordeste é controlado por grandes distribuidores que revendem as mercadorias para os caixeiros viajantes e para os pequenos lojistas de suas regiões. Dificilmente você irá jogar nesse mercado, pois ele já está tradicionalmente estabelecido. Os mamutes irão vender para esses distribuidores — não os substituir. E, para substituir um mamute como preferência desses distribuidores, você precisa compreender que este será um jogo de precificação e de negociação. E que uma guerra irá se estabelecer.

Sorte a sua que os mamutes são lentos. Azar o seu que são poderosos.

Esse é um exemplo da volatilidade do mercado brasileiro. Temos um mosaico de opções, diversas realidades regionais. Você precisa se preparar para uma guerra mercadológica, portanto apenas replicar os passos do líder pode ser muito arriscado.

Nunca prejulgue seus concorrentes. Nunca acredite que você está "confortável" em um mercado sangrento como o brasileiro. Em nosso mercado, ou você é um prego ou é um martelo. Este livro é para lhe auxiliar a ser um martelo, deixemos o comportamento inerte de pregos para seus concorrentes.

Tenha em mente o produto certo, para o público certo, no mercado certo.

Errar nessas questões possivelmente será fatal.

Local > Problema > Solução > Benefício

Posicionamento: Custos, Diferenciação ou Enfoque.

Necessidade: Inovação Constante.

5.2 NECESSIDADES E DESEJOS

Antes de seguirmos, é preciso retroagirmos um pouco para dois dos fundamentos mais básicos do marketing: necessidades e desejos. Vamos fazer uma progressão, do nível mais básico até o que realmente quero lhe dizer no fim desse raciocínio.

Pessoas possuem necessidades e desejos. Necessidades são questões básicas, tais como se alimentar, se vestir, um teto sobre suas cabeças etc. Desejos são anseios psicológicos envolvidos no processo de almejar uma solução: status de uma marca, qualidade de um produto ou serviço, opiniões acerca de uma empresa por parte de pessoas cuja opinião o potencial comprador valoriza... desejos são um conjunto de influências que respaldam um consumidor em seu processo de compra.

Quando falamos em marketing 3.0 e 4.0, lidamos com desejos mais complexos dos consumidores em relação às empresas em geral. E esse é um foco comum de profissionais da área de marketing e de publicitários, que tendem a valorizar demasiadamente os "impactos sociais" de sua atuação, relegando os ensinamentos dos primeiros engenheiros que iniciaram os estudos sobre o gerenciamento de empresas.

Vamos exemplificar com Henry Ford: seus primeiros veículos eram feitos somente na cor preta, independentemente do gosto dos consumidores. Um produto de cor única reduzia os custos da fabricação de automóveis e facilitava os processos produtivos. O cliente, apesar do seu gosto pessoal, compraria os primeiros Ford, pois se tratava de um mercado com escassez de oferta. Quando foi iniciada a entrada de concorrentes nesse mercado, eles tinham como seu principal diferencial justamente o *desejo* dos consumidores por carros com uma segunda cor de sua preferência.

Sabemos que a aparência é parte vital do processo de compra. A apresentação bem elaborada de um produto ou serviço é boa parte das influências do processo de compra, seja física ou virtual. Mas imagem não é tudo. E não é possível agradar a todos, você precisa agradar ao *seu público*.

Em um amplo mercado, você não tem uma solução que agrade a todos os clientes, longe disso. É importante focar seus *diferenciais e a quem eles agradam.*

POSICIONAMENTO ORGANIZACIONAL **83**

> Empresas medíocres apostam todas as suas fichas no modo como são percebidas e subvertem o conceito de que sua solução é baseada nas *necessidades* de seus clientes.

A base de seus produtos/serviços é a necessidade real dos consumidores, sejam empresas ou pessoas físicas. Seus diferenciais competitivos estarão no modo como você entregará *mais* do que uma necessidade, satisfazendo *desejos*.

É comum a predisposição de sua equipe de marketing e vendas de buscar o convencimento dos seus clientes diante da solução ofertada. Mas a satisfação do cliente final por vezes é deixada de lado, pois o processo de concepção do produto está equivocado — o produto não possui um público-alvo e nem benefícios bem definidos.

> Um bom produto ou serviço é baseado em *satisfazer plenamente as necessidades do cliente* e em realizar *alguns de seus desejos.*
> Os desejos que serão realizados são seus diferenciais, assim como outros concorrentes satisfarão outros desejos.

Desejos. Benefícios.

Nem todos desejam a mesma cor, a mesma solução, a mesma entrega e a mesma utilização do bem adquirido. Nem todos desejam a forma como você presta um serviço. Alguns irão valorizar mais fatores visuais, outros conforto, outros se incomodarão com os ruídos presentes na solução adquirida etc.

É isso que faz a gama de opções para os consumidores ser cada vez maior: mais (ou outros) desejos realizados. E é justamente nesse momento que muitas empresas falham miseravelmente, focando suas soluções em desejos e esquecendo que as necessidades reais são primordiais.

Você pode amar o design de uma cadeira, mas, se ela não for confortável — ou mesmo for quebradiça —, você não adquiriu uma solução adequada. E isso irá impactar as suas próximas aquisições, em uma curva de amadurecimento sobre seus reais anseios. Será que você vai comprar algo da mesma marca que falhou com você anteriormente? E não importa se as cadeiras são ruins, mas as mesas da marca são boas. A imagem de todos os produtos da marca será atingida por produtos que não estavam de acordo com as expectativas do consumidor final.

Portanto, você precisa entender o que vai produzir, que serviço irá realizar e para qual fatia do mercado. A Nestlé é uma marca reconhecida como de excelência no Brasil há muitos anos. Você não vai ver a empresa lançando um

GESTÃO DA MEDIOCRIDADE

produto de baixa qualidade, mais barato, para um público diferente do seu alvo. Ser reconhecida como uma marca confiável é imperativo nas ações da marca e, respectivamente, em seus produtos.

E é isto que impacta muitas empresas: o mal de não seguir uma estratégia posicionada em seus produtos, um DNA básico em suas soluções. Produzir produtos diversificados para públicos diversos e com qualidade diversificada é um acinte ao seu DNA organizacional.

Uma marca que não é confiável perde a fidelidade de qualquer tipo de consumidor. Você nunca vai ser o preferido de ninguém se quiser satisfazer a todos. E não importa o que o seu publicitário de bermudas, chinelos e coque samurai diz sobre *marketing digital* e *leads*. Não importa o quão "descolada" é sua imagem social. Produtos ou serviços fora de um padrão em seu portfólio constituem um erro crasso.

Vou contar um caso que vivenciei em uma empresa na qual atuei como consultor. Tratava-se de uma fábrica tradicional de brinquedos brasileira, com décadas de mercado.

Para conhecer melhor seus produtos, eu rotineiramente fazia a aquisição dos produtos da marca e presenteava minha sobrinha com eles. Algumas vezes o resultado era excelente, vendo uma criança extremamente feliz com seu novo brinquedo. Em outros momentos, o produto simplesmente ia para doação, pois sua qualidade era lamentável.

Obviamente isso foi tratado no projeto, mas exemplifico para você compreender que empresas dos mais diversos portes cometem esse tipo de erro pela ânsia de colocar no mercado produtos para as mais variadas camadas de públicos, muitas vezes abrindo mão da qualidade.

Como confiar em uma marca que tem produtos bons e ruins em seu portfólio? Como recomendar uma marca que você não sabe o resultado da aquisição até abrir a embalagem?

Olhe para a Lego: acabou o prazo da patente de seus cubos de encaixe e diversos outros fabricantes entraram no mercado com produtos similares. A Lego mudou ou sua qualidade continua sendo exemplar? Deixou de produzir cubos de encaixe ou diversificou suas linhas em novas temáticas? Quem garante que os cubos dos concorrentes terão a mesma qualidade em seus produtos ou mesmo em seus manuais de instruções?

Você já deve ter tido um produto da Lego. Em algum momento faltou uma peça sequer na embalagem? Não. Muitas vezes a Lego ainda envia peças extras dos itens menores, sabendo que a pessoa que estiver montando o produto pode perdê-los.

Lego é Lego. Os outros são produtos "tipo Lego".

E é isto que você tem que ter em mente quando desenvolve produtos: manter um padrão. Não frustre suas expectativas. Entregue a solução de necessidades e desejos por um valor considerado *justo* pelos seus clientes.

Seus clientes, não os clientes dos outros. Você não vai agradar a todos.

Realize todas as necessidades básicas e os desejos possíveis, mas sempre mantenha seu DNA de qualidade. Não acredite que seu produto é para todos, pois não é.

Quem quer atender a todos não satisfaz as expectativas de ninguém. Lembre-se disso.

(Vídeo 8) Comportamento do consumidor 4.0.

5.3 DEFINA SEU PÚBLICO-ALVO

João Roberto tem 43 anos e vive no bairro Moinhos de Vento em Porto Alegre. Gosta de jogar tênis aos sábados no clube União, onde costuma ir com seu carro próprio, uma BMW X3. Casado, tem dois filhos com idade inferior a 10 anos. Gosta de viagens para praias internacionais, e viajou ao menos uma vez por ano nos últimos três anos. Trabalha no mercado financeiro. Defende políticos com viés liberal. Gosta de frases e de memes sobre a vida no litoral.

Bem, meus amigos, esse é um exemplo de *persona*, o "avatar" do seu cliente. Só nesse parágrafo você já deve ter identificado uma série de oportunidades de vendas:

- Roupas para prática de esportes.
- Equipamentos de tênis.
- Vestuário clássico formal masculino.
- Veículos e acessórios.
- Bares e restaurantes para família.

GESTÃO DA MEDIOCRIDADE

- Escolas e cursos para crianças e adolescentes.
- Viagens e pacotes de turismo.
- Pranchas de surf.
- etc.

Por que coloquei "pranchas de surf" como uma oportunidade? Porque deduzi que João Roberto, se não surfa, pode se interessar por aprender a surfar. Ele gosta de litoral, viaja para praias... seria um novo esporte, uma nova experiência para um pai de família de meia-idade.

Vamos mais fundo: e se a prancha de surf for parte de um pacote que inclui aulas particulares para nosso futuro surfista amador? E se essas aulas particulares forem em uma praia paradisíaca, com estruturas excelentes para a família? E ainda no período do ano em que João costuma viajar com sua esposa e filhos. A cereja do bolo: João é atraído para essa oportunidade meses antes de suas férias em família, o que lhe dará a chance de negociar com os demais as vantagens dessa maravilhosa viagem.

Sim, tudo o que coloquei aqui é possível de estruturar em dados, montando iscas e anúncios sobre essas métricas. O rastreamento do comportamento online dos consumidores permite cada vez mais segmentar potenciais clientes dentro de perfis praticamente exclusivos. Olhe o exemplo do João... existem quantos parecidos com ele?

Podemos chamar isso de *persona*, técnica que baseia a possibilidade de vender soluções para um público cada vez mais segmentado — ou públicos, com novas personas, dependendo dos benefícios defendidos em nossas estruturas estratégicas e comunicacionais.

Problema > Solução > Benefício
> **No momento certo** > **Para o cliente certo**

A tecnologia está aí para ser usada. Caso você não conheça, busque a ferramenta online Google Trends para começar a investigar a demanda por soluções. Você vai começar a medir os interesses online, identificando temas que as pessoas efetivamente estão buscando, divididos regionalmente.

As redes sociais possuem ferramentas de anúncios que integram diversas hipóteses para criar um público-alvo para suas campanhas, dispondo de informações demográficas, interesses e hábitos, assim como permitem excluir os públicos que não correspondem à *persona* definida na estratégia comunicacional.

Buscar formatar *personas* nas ferramentas citadas, dentre outras mais profissionais, é uma forma de começar a compreender o que as pessoas buscam online, formando uma base de dados muito mais relevante do que as conquistadas em pesquisas tradicionais. Simplesmente porque essas bases online são elaboradas sobre comportamentos práticos, não sobre o que as pessoas *dizem* gostar ou não.

Segundo o Neuromarketing, 95% do nosso comportamento é emocional e instintivo. Apenas 5% do nosso cotidiano é guiado de modo plenamente racional. Portanto, o laboratório online é muito interessante, já que tudo que se faz na web é rastreável e dispensa a necessidade de alertar os pesquisados sobre o fato de estarmos exercitando uma análise comportamental.

Em uma base onicanal (ou *omnichannel*, conforme brasileiros que adoram americanizar a linguagem de negócios), integrando estratégias online e offline, ainda temos as possibilidades de criação de algoritmos próprios sobre bases de dados, o uso da Inteligência Artificial, integrações com a Internet das Coisas, os mecanismos de rastreio sobre a movimentação de clientes em uma loja ou proximidades, o uso da leitura facial ou mesmo a utilização de sensores para identificar o que nossos clientes estão olhando em uma prateleira.

O que quero dizer com isso é: você tem diversas maneiras de identificar o comportamento de seus clientes e fazer a proposta certa na hora certa. Para os clientes certos.

A tecnologia está a seu favor, desde ferramentas básicas online até equipamentos altamente complexos. Porém, incrivelmente, muitos profissionais de comunicação esquecem (ou desconhecem) essas ferramentas, investindo seus recursos em campanhas massificadas com personas que não correspondem ao seu público-alvo.

Dito isso, fica mais palatável minha crítica aos marqueteiros de coque samurai dizendo que sua marca deve ter bandeiras lacradoras. *Por que, jovem marqueteiro? Baseado em que dados você deseja que seu cliente molde campanhas e peças publicitárias para agradar tribos? Ou estará trazendo* personas *que correspondem ao seu interesse e não aos interesses da empresa? Captar novos públicos corresponde a desagradar a base de clientes já formada?*

Não tem como agradar a todos. Portanto, em primeiro lugar, saiba para quem suas soluções são direcionadas. Entenda que nesse grupo estamos buscando segmentar ainda mais sua mensagem, em um desafio de personalização constante. Queremos trabalhar para o João Roberto e seus pares (nosso exemplo de *persona*) ou para o fã-clube da cantora Anitta?

Não tem como se posicionar agradavelmente para todas as tribos. Não tem como segmentar suas campanhas sem desagradar certos nichos. A questão é agradar *o seu público-alvo, suas* personas.

Tribos brigam entre si. E você se posicionar a favor de uma tribo é equivalente a declarar guerra à outra.

Caso você opte por estruturar campanhas mais genéricas, sem personas definidas, abrangendo segmentos maiores da sociedade, fuja de polêmicas. Fale de seus produtos, da sua qualidade, de seus benefícios. Mas, se a sua cultura é forte e o seu público é bem definido, não tenha medo de causar desgosto em uma turminha mais sensível. Olhe o exemplo da *Black Rifle Coffee Company* que mencionei em um capítulo anterior do livro, uma empresa com DNA forte e que tem uma comunicação voltada para seu próprio público, sem se preocupar com os demais.

Modificar a imagem social de uma empresa pode impactar péssimos resultados junto aos seus clientes, que inclusive podem vir a migrar para concorrentes. Mantenha sua coerência e, se quiser mudar, saiba que isso vai mudar a base de seus clientes também.

Posicionar ou reposicionar uma empresa e suas soluções é um processo crítico de sucesso ou de fracasso, sendo que possíveis erros nesse processo nem sempre poderão ser reparados a médio prazo.

Portanto, escolha as bandeiras que representam seu DNA e o DNA de seu público. Escolha a quem sua empresa serve com suas soluções e atue efetivamente para mudar a vida dessas pessoas para melhor. Porém, não ache que sua empresa não terá pessoas que a odeiem. A internet trouxe esse comportamento nocivo, no qual diversas pessoas atrás de uma tela de celular se tornam verdadeiras "justiceiras", defensoras implacáveis das crenças de suas tribos.

Olhe com atenção para o que você está lendo: um livro de gestão que ataca francamente a mediocridade na estratégia comercial brasileira. Essa leitura irá agradar a todos? Claro que não. Tenho absoluta certeza de que irei sofrer uma enxurrada de ataques — e, sinceramente, não me importo com as pedradas de quem não é meu público-alvo. Que resmunguem, podem ler gibis da Turma da Mônica ou algum livro de autoajuda para executivos. Este livro não é para eles.

O que você acha que nosso marqueteiro de coque samurai pensa ao ler isso? Vai mudar suas convicções? Claro que não. Odiar é mais fácil do que refletir. Pensar dói. Entenda que essa visão impacta em todos os materiais que elaboro e em todas as atividades profissionais que exerço. Não foram poucas vezes que pessoas criticaram meus materiais e análises. Assim como recebi grandes elogios de pessoas com uma opinião realmente significativa para mim. Algo que me impulsionou, inclusive, a escrever este livro.

Posicionamento, definições estratégicas, escolha de público. Empresas são assim. Negócios são assim. Pessoas são assim.

> "Há apenas uma maneira de não receber críticas:
> não faça nada, não diga nada, não seja nada."
>
> Elbert Hubbard

Se você e sua empresa não causam impacto positivo ou negativo nas pessoas, vocês não estão interagindo com seus clientes e potenciais clientes, apenas estão entregando um padrão institucional de comunicação — o que não deixa de ser uma ideia melhor que ceder à lacração publicitária.

Mas um dos maiores desafios do marketing moderno é trazer os clientes para seu lado, como advogados e promotores da sua marca. Isso diminui sensivelmente os custos de promoção das suas soluções e ainda engaja pessoas leais na defesa da sua empresa.

Vamos adequar essa reflexão com o que já vimos até o momento:

- ☞ **Empresas posicionadas em Custos**, que sempre buscam o menor preço como diferencial competitivo, devem ter um público-alvo mais abrangente, baseado nos *fatores econômicos* dos clientes. Esqueça as bandeiras bacaninhas dos moderninhos, foque entregar soluções por um custo x benefício interessante para seus clientes.

- ☞ **Empresas que optam pela Diferenciação**, ou seja, buscam apresentar benefícios mais atraentes que seus concorrentes, devem conhecer as *personas* dos seus clientes, buscando adequar suas soluções aos anseios desses grupos, mesmo que isso gere algum nível de atrito (sempre vai acontecer) com "tribos rivais".

- ☞ **Empresas que escolhem um Nicho** devem necessariamente representar as bandeiras e os anseios desse nicho. Ponto. Conheça a fundo seu público, seus clientes e esteja disposto a defendê-los, assim como eles lhe defenderão. *Um nicho é um ambiente tribal*, portanto, se você quer se estabelecer ali, deverá abraçar os valores da tribo. Mas cuidado: valores não são bandeiras do momento — lacradas baratas. Valores são os elos que mantêm um público unido.

5.4 AMBIENTES MULTIGERACIONAIS

A sociedade está mudando em ritmo acelerado e as gerações que convivem hoje lado a lado são a maior demonstração disso. Temos, em um mesmo ambiente de negócios, cinco gerações trabalhando ou consumindo concomitantemente.

Os estudos geracionais mudam de autor para autor, mas vamos fazer um breve apanhado disso para iniciarmos nossos estudos sobre comportamento social:

Baby Boomers (nascidos entre 1946 ≅ 1960)

Os *baby boomers*, também conhecidos como "filhos da guerra", são as pessoas nascidas no período pós-Segunda Guerra Mundial. O nome provém do "boom" populacional desse período.

As principais características dessa geração são o respeito à hierarquia e a lealdade organizacional.

Seus padrões são rígidos. Passaram a vida trabalhando em uma ou duas empresas. Sua maior necessidade é a estabilidade, a segurança. Muitas dessas pessoas possuem um "sobrenome organizacional", isso é, são conhecidas como o "fulano da empresa X".

Como consumidores, são fiéis às suas marcas preferidas. Compram da mesma marca sempre que possível, têm preferências bastante claras e qualquer processo de mudanças, seja do restaurante preferido, do sapato que sempre usou, ou mesmo de se mudar para outro bairro, são situações extremamente desagradáveis para essa geração.

Geração X (nascidos entre 1961 ≅ 1980)

Crescimento e competição são as palavras de ordem dessa geração. Se os seus pais buscavam estabilidade, os X passaram a desejar mais, a almejar mais. Estamos diante de uma geração extremamente competitiva.

Obviamente, existem pessoas e pessoas, com perfis pessoais diferentes. Mas, em termos gerais, eles não colocaram a fidelidade organizacional como prioridade em suas vidas. Empregos melhores sempre foram muito bem-vistos, assim como melhores salários e melhores posições — com maior destaque e poder.

Trata-se de uma geração fortemente enraizada no sentido de meritocracia, no qual seus esforços correspondem aos seus resultados. Como consumidores, escolheram marcas que representam seu estilo de vida em termos de fornecimento, respeito e reconhecimento em seu meio social. Marcas que *meritocraticamente* conquistaram sua preferência.

Perceba os X como os consumidores clássicos da Harley Davidson, da Brooksfield ou mesmo da cachaça Velho Barreiro. Não importa o poder de compra, importa que eles sempre possuem uma marca preferida dentro do seu orçamento. Sempre tem aquele restaurante preferido, onde conhecem os donos, os garçons e gostam de frequentar sempre que possível. A loja preferida, os produtos preferidos... normalmente escolhidos há muito tempo.

Seus valores estão em conquistas sociais e nas fardas que vestiram em seu caminho meritocrático — e às quais são fiéis, pois representam sua jornada. Ou representarão até que essa empresa se reposicione, trocando de imagem e passando a defender bandeiras incompatíveis com as jornadas pessoais desses consumidores — os levando a buscar um novo fornecedor.

Geração Y (nascidos entre 1981 $\cong$ 1990)

Trata-se de uma geração que já cresceu em condições sociais e organizacionais mais dinâmicas. Pessoas dessa geração são menos competitivas que as da Geração X e mais coletivas, com um senso mais apurado de trabalho em grupo.

A qualidade de vida se torna um objetivo a alcançar, com desejos mais acentuados sobre experiências pessoais, viagens, saúde e integração social e familiar. Poder é secundário se estiverem trabalhando em algo que acreditem ser relevante para si e para a sociedade.

Como consumidores, são acionados principalmente pelo desejo.

Quando falamos de necessidades, estamos falando de questões básicas, tais como alimentação, vestuário e moradia. Quando tratamos de desejos, falamos do que a pessoa gosta, do que almeja como a melhor opção.

Se a preocupação é com a qualidade de vida, o desejo é pelo que faz mais sentido para essa pessoa, o que realmente tem significado para ela. Comprar um carro ou viajar? Ler um livro ou fazer parte de um grupo com interesses comuns? Ter filhos ou adotar um pet? Buscar o topo da carreira ou buscar qualidade de vida?

A experiência é algo primordial a partir dessa geração. Seja no consumo, seja no trabalho, um Y, em geral, busca o equilíbrio entre seus boletos e sua qualidade de vida.

A Grande Quebra Geracional

Analisando essas três gerações, você percebe que todas conviveram em ambientes sociais e tecnológicos semelhantes.

As evoluções tecnológicas foram graduais. Observe o caso do disco de vinil. Até o fim dos anos 1980, os LPs fizeram parte do nosso dia a dia. Ainda existiam televisores sem controle remoto, com antenas e pedaços de bombril em suas pontas (referência que só quem é nascido nessas gerações conhece. Se não sabe do que se trata, pergunte a alguém mais velho e dê algumas risadas).

A vida era bastante semelhante para pessoas de todas essas gerações. O grande desafio "moderno" da época era configurar um videocassete.

Portanto, quando vemos hoje essas pessoas em organizações, elas convivem bem e trabalham bem juntas. Obviamente temos conflitos entre pessoas de qualquer geração. Pessoas discutem e se desentendem, mas como força de trabalho temos aqui uma base de pilares morais, sociais e hierárquicos semelhantes. E a

GESTÃO DA MEDIOCRIDADE

ampla maioria das empresas brasileiras tem sua gestão adaptada a essa estrutura geracional.

Porém, o mundo mudou rapidamente. E, basicamente, devido à tecnologia.

Geração Y.2 – Os Millennials (1990 ≅ 2000)

Diferente da maioria dos autores, vou colocar os millennials como os nascidos a partir dos anos 1990, enquanto eles tratam todos os Y como millennials. E vou fazer isso por um simples fato: a *geração do milênio* tem como pilar fundamental o fato de *já ter nascido em um ambiente altamente tecnológico*. Internet, centenas de milhares de dados em um pendrive, celulares... tudo ao alcance de um clique.

Se os mais velhos fatalmente precisavam pesquisar em livros, a partir dessa geração muitos nunca sequer leram um livro físico. O conhecimento está a um clique de distância. A qualidade de vida média da população atingiu um novo patamar, sendo que praticamente qualquer residência com os nascidos dessa geração possuiu artigos eletrônicos embarcados em tecnologias que na década anterior eram extremamente caros.

Pense em um aparelho celular. Antigamente no Brasil uma linha telefônica fixa era caríssima e existiam filas de espera para sua aquisição. Hoje, praticamente todos temos uma linha móvel em um aparelho celular, normalmente conectado à internet.

A própria criação dos filhos mudou. A firmeza de ontem foi substituída por uma ênfase no diálogo, gerando maior tolerância com todos os tipos de comportamento das crianças em grande parte dos lares. Mas isso tem seu preço: a menor tolerância a frustrações por parte desses indivíduos, o que vem a se tornar um obstáculo para suas carreiras, influenciando diretamente em seu desempenho e desenvolvimento. Um "não" enfático de um superior pode ser o estopim para que um desses profissionais procure um novo emprego em um lugar "onde possa ser mais feliz".

Como consumidores, são a grande base do comércio online e alvos da ampla gama das estratégias de marketing digital. Como são pessoas que já *nasceram conectadas*, o ambiente online lhes é muito agradável. Relacionamentos, amizades, contatos, trabalho... suas influências provêm de suas experiências virtuais.

O ambiente empresarial brasileiro em geral já não compreende os profissionais a partir dessa geração. E essa foi a geração que iniciou o levantamento de bandeiras e vozes estridentes de aprovação ou desaprovação online, que tenta ditar comportamentos alheios, novas formas de linguagem. O bem-estar coletivo pregado por suas tribos *versus* o conservadorismo (ou individualismo) de gerações anteriores.

Justamente porque, para ser um dito conservador, você precisa ter conquistas para conservar. E, quando tudo no mundo está errado, você é um antagonista e precisa se reunir em tribos para ter voz. Temos a partir daqui a volta com força de pensamentos de ruptura social, anticapitalistas e socialistas.

São pessoas a partir dessa geração que lideram os movimentos de intimidação de marcas e de grandes empresas com suas pressões em redes sociais, buscando determinar o que pode ser dito, o que pode ser patrocinado e o que pode e deve ser comprado ou descartado, à exemplo da *Sleeping Giants* (organização de ativistas digitais que afirma combater discursos de ódio e desinformação de forma anônima na internet).

Geração Z (2000 – 2010)

Se a geração dos millennials nasceu em meio a uma grande mudança tecnológica e comportamental, a Z já usufrui de uma sociedade reestruturada tecnologicamente, onde as diversas inovações criadas nos anos anteriores foram estabelecidas como basilares em uma nova realidade onicanal (integrada online e offline).

Os testes e as discussões sociais anteriores já foram estruturados, criando um ambiente "tribal" moderno. Pessoas com interesses comuns se reúnem, principalmente no ambiente online, e moldam tendências de comportamento e de consumo.

Esses jovens *vivem* de forma onicanal, sempre conectados, baseando suas interações em ambientes virtuais, se importando muito mais com sua reputação nas suas tribos e com os conceitos de moralidade coletivos do que com o próprio ambiente presencial. As "causas" são mais importantes que os indivíduos isoladamente.

Portanto, isso influencia em suas opções profissionais. Onde eles poderão fazer a diferença? Qual empresa se encaixa melhor em sua visão social?

Analise as vertentes:

- Marketing 3.0 — o marketing direcionado para pessoas, para a sociedade, para sua empresa participar de um mundo melhor.

- Marketing 4.0 — ambiente onicanal (omnichannel); torne o mundo melhor utilizando a tecnologia em integrações online e offline.

- Marketing 5.0 — o mundo está conectado, desde sua geladeira até seu escritório virtual. Garimpar dados e gerar estratégias de marketing cada vez mais personalizadas é o novo desafio.

O novo marketing é voltado para as novas gerações, e é importante que você compreenda que esses novos profissionais são sensíveis à atuação social da empresa e à diferença percebida em seu trabalho para a construção de um mundo melhor.

Você precisa aprender a conversar com as novas gerações e a criar valor em seu trabalho, ou sempre terá apenas medíocres trabalhando para você. No que tange o público-alvo, cuidado com sua imagem social, tanto organizacional quanto pessoal. Sua empresa precisa ser autêntica no marketing e no endomarketing para ser atrativa para esse público.

Geração Alpha (2010 -)

Ainda é difícil estruturar informações características sobre essa geração tão jovem. Mas o que é possível afirmar é que eles já estão imersos na sociedade da Inteligência Artificial. O papel dos ajudantes pessoais será pleno nessa geração, que ainda encontrará a Inteligência Artificial Cognitiva em sua plenitude — o computador que estuda e aprende autonomamente.

Tendo a pensar que essa geração está sendo criada por pais, professores e algoritmos. E não é possível prever impactos diferentes da dependência sumária da tecnologia em todos os aspectos da vida, desde a escolha de uma roupa até o desenvolvimento em um campo profissional, um futuro relacionamento e a compra automatizada de alimentos para sua geladeira.

Estamos chegando ao futuro que se previa há tantas décadas, de assistentes automatizados, de carros que não dependem de motoristas e de computadores tomando decisões por você. Essa geração é a primeira que será totalmente influenciada pelo novo papel das máquinas na sociedade.

(Vídeo 9) Tecnologia e gerações.

5.5 POSICIONAMENTO GERACIONAL

Como foi possível perceber, temos que estabelecer uma régua de corte nos anos 1990. É onde se bifurcam as gerações analógicas (Baby Boomers, X e Y) das gerações já criadas dentro de um ambiente digital (Millennials, Geração Z e Geração Alpha).

Onde estão seus clientes?

Se você focar os clientes analógicos, sua empresa deve ter uma comunicação diferente da comumente utilizada para o público digital. Se quer uma atuação híbrida, atingindo mais gerações, sua empresa terá que fazer escolhas.

E aqui está um erro comum dos marqueteiros de coque samurai: eles normalmente são mais jovens, voltados ao marketing digital, portanto tratam as gerações passadas como dinossauros, focando seus esforços quase que exclusivamente no público mais jovem, independentemente do produto ou da marca promovida.

Meus caros, quem tem mais poder de compra ainda são os mais velhos. Enquanto os digitais pensam em viajar o mundo com uma mochila nas costas, os analógicos gastam dinheiro com produtos. Enquanto os jovens gostam da Uber, os mais velhos gostam de ter seu carro. Enquanto os mais jovens se preocupam com o trabalho infantil na Ásia, os mais velhos compram esses mesmos produtos porque sempre gostaram da qualidade e se preocupam com seu quintal, não com problemas laborais em outro continente.

De um lado temos todas as benesses da indução digital sobre as novas gerações. É mais fácil trabalhar com algoritmos, com marketing preditivo, induzindo pessoas de forma semiautomática. Do outro lado, temos a lealdade de clientes que há anos, ou mesmo décadas, compram de nossa empresa. Lembrando que a expectativa de vida está cada vez mais alta.

A natalidade está diminuindo a cada geração. Jovens adoram pets, mas não gostam de pensar na responsabilidade de ter um filho. Gostam de liberdade, mas muitos não querem sair da casa dos próprios pais antes dos 30 anos.

Todos os públicos têm seus prós e contras. Todos os públicos possuem suas chaves de ignição do desejo da compra. Você pode segmentar sua linha de produtos em públicos distintos. Você pode abrir novas marcas sob seu guarda-chuvas. Você tem tecnologia e condições de jogar um jogo global, sem as velhas fronteiras e dificuldades de atuação em outros países.

Mas reflita: **o mundo não está ficando mais parecido, as pessoas não estão tendo mais crenças semelhantes, muito pelo contrário — estamos cada vez mais radicais. Você não vai agradar a todos. Ponto.**

Cair na besteira típica de um coquinho samurai, querendo formar uma marca bacaninha para todos, é cavar um poço que distancia você dos seus reais clientes.

Quem são os seus clientes reais? O que você tem feito por eles com suas soluções?

Defina um DNA para seu negócio. Se resolver reestruturar o DNA não volte atrás, porque já terá perdido seus antigos clientes e os novos ainda não foram atraídos para sua bandeira.

O mundo tem enormes bases digitais de dados, e mesmo assim 80% dos produtos lançados fracassam (segundo estudos do *professor Christensen, de Harvard*). Não é possível você entrar nessa barca furada de marqueteiros samurais sem enxergar o óbvio.

E o óbvio é que não se agrada todo mundo. Mas **você desagrada o SEU público muito facilmente**. Pessoas que têm em seus produtos/serviços uma representação de suas expectativas, de seus anseios, de sua mentalidade meritocrática... o que sentem quando veem sua empresa favorita caindo de joelhos para tribos de mimados que se julgam revolucionários virtuais? Que demonstração de fraqueza é essa? É vergonhoso. Causa repulsa em pessoas de gerações anteriores.

E é patético como vemos no mercado que algumas marcas, depois de assumir bandeirolas que desagradaram seu público tradicional, retrocedem ao posicionamento anterior, num claro movimento de arrependimento. De que adianta? A confiança é como um cristal, depois de trincado nunca mais voltará ao que já foi.

Respeite o DNA da sua empresa. Respeite o DNA dos seus clientes. Se baseie em valores sólidos. Até hoje a Volvo prega segurança como seu principal fator na construção de um veículo. Isso é respeito. Respeite sua história. Respeite seu cliente. Seja um relógio suíço, porque de relógios falsificados o mercado está cheio.

O mercado está afundado em bandeiras. E toda semana é uma nova bandeira, um novo "cancelamento" de alguém que emitiu sua opinião e "deve perder seu patrocínio" segundo essa corja de militontos virtuais. Insisto: quando um cliente tradicional da marca vê que ela cedeu aos revoltados do sofá, como ele se sente?

Os mais antigos são filhos de pessoas que viveram a Segunda Guerra Mundial, criados em um mundo imerso na Guerra Fria. Os X são pessoas que lutaram, tendo a meritocracia como fundamento basilar de sua conduta. Os primeiros Y não são condicionáveis por bandeiras vazias, mas sim por reais valores compartilhados.

"Mas Alex, o novo mundo é assim."

Não, não é. E as cisões estão cada vez mais claras. Seja no exterior, com conflitos políticos e sociais cada vez mais aparentes, seja no Brasil — um país que enfim, desde o final da ditadura militar e depois de anos governado por progressistas, voltou a eleger um presidente com um viés mais à direita, e que teve chances reais de se reeleger. E isso causa cada vez mais fissuras sociais.

Estamos em choques culturais cada vez mais latentes. E as coisas não tendem a melhorar. Existem algoritmos ditando modas, dando mais ou menos destaque para um ou outro viés no universo digital. Existem conflitos semanais, ou diários, de grupos que se identificam com as bandeiras X ou Y. Tribos trocando pedradas todos os dias. Estamos involuindo em nossa capacidade de discutir seriamente qualquer tema, estamos cada vez mais intolerantes como sociedade.

Encampar bandeiras em uma empresa é adentrar na areia movediça, onde quanto mais você se mexe, mais afunda. Quando mais segue a visão de nossos amigos samurais de chinelinhos, mais você afunda o futuro da sua organização.

Vivemos em um cenário de mediocridade social, o que consiste em um belo momento para você realizar a volta para o clássico, para o firme e fundamental direcionamento de uma gestão sólida, baseado nos pilares que discutimos: Respeito, Inovação e Foco no Cliente.

É aqui que está a base do seu futuro. Deixe a areia movediça para os samurais, prefira tanques de guerra a discursos vazios de "sororidade".

Defina um campo de batalha.

Prepare esse campo de batalha.

Conheça seus inimigos e seus aliados.

Domine esse território.

5.6 SUA EMPRESA PODE FAZER PARTE DE UM MUNDO MELHOR

Já vimos algumas vezes neste livro a questão-chave do marketing 3.0: "Sua empresa participar do processo de fazer do mundo um lugar melhor." É hora de discutirmos o que isso pode significar na sociedade brasileira e como adaptar sua empresa a um posicionamento seguro e atemporal.

Há alguns anos surgiu uma notícia bombástica no mercado internacional: multinacionais de roupas e de artigos esportivos estariam utilizando mão de obra infantil, análoga à mão de obra escrava, em empresas terceirizadas na Ásia. A notícia chocou e impactou as vendas dessas empresas... nos Estados Unidos e na Europa. No Brasil? Nada.

E por quê? Simplesmente o brasileiro médio não está preocupado com essas questões. Vivemos em um país cheio de desigualdades e de problemas, sinceramente a maior parte de nossa população não dá a mínima para o que acontece na África, na Ásia, nos países vizinhos da América Latina... nos preocupamos com a nossa realidade, dura e complexa o suficiente para nos atentarmos ao que acontece no exterior.

Porém, nos últimos anos temos visto uma mudança comportamental, principalmente por parte dos jovens, buscando ações afirmativas das empresas. E isso está presente nos moldes das campanhas publicitárias, em um movimento uníssono e pasteurizado de comunicação. As ações cobradas e implementadas no ambiente brasileiro são tribais e discriminatórias, o que se percebe em ações publicitárias e até no modo como se aplicam certos processos seletivos de colaboradores, nos quais o grupo X ou Y é o favorito para assumir cargos, em detrimento da qualificação e do talento dos demais candidatos.

Os reflexos dessa guerra de bandeiras promovida por certos *marqueteiros e publicitários* terá impactos a longo prazo. Enquanto os "ungidos" dessa *publicidade de impacto,* — os que priorizam a simples reverberação de suas campanhas, com *likes, dislikes,* engajamento e discussões — se animam com essas estratégias, aqueles que trabalham com planejamento de marketing a longo prazo se assustam com tais ações. Afinal, elas representam o DNA da empresa? Representam sua cultura? E mais: representam os seus *clientes?*

Campanhas publicitárias de impacto não procuram fazer um mundo melhor, procuram a imposição de narrativas comuns aos jovens menos ortodoxos — coincidentemente, os mesmos que fazem parte das equipes que formulam tais campanhas. Empresas familiares, com histórico de crescimento por meio do trabalho em sua comunidade, que sempre buscaram fazer a diferença com ações sociais reais, são cooptadas a levantar bandeiras que não as representam, de forma a agradar a parte radical do público "militante" das redes sociais.

Por que estou falando sobre isso? Porque **autenticidade é o fator basilar de qualquer comunicação, de qualquer campanha, de qualquer ação de marketing**. E a mediocridade presente na gestão de marketing e propaganda organizacional em empresas de *grande porte* é algo a se lamentar. Diria mais, encantados pelas repercussões nas mídias sociais e pelo "engajamento" de tais campanhas, gestores de marketing muitas vezes esquecem o que é estratégia de longo prazo, sendo que a **finalidade do marketing é *estreitar as relações entre a empresa, seus parceiros, a sociedade e, principalmente, junto a seus clientes.***

Autenticidade para seus clientes e potenciais clientes. Não minta. Não omita. Não manipule. Não finja ser o que não é. Siga o DNA da sua empresa, siga sua cultura. Se é preciso inovar, faça isso passo a passo, não compre bandeiras que não são suas. Crie fundações sólidas sobre o que é e o que será o papel social da sua organização. Essa é a chave da *Responsabilidade Social Corporativa*.

Fuja de bandeiras pasteurizadas do "que a sociedade deseja". A menos que sua empresa seja uma *startup* totalmente direcionada para um público-alvo específico, o que tornará desde o seu processo de contratação de pessoas até sua comunicação final com seus clientes e seu público em geral algo bastante autêntico, afinal sua empresa *foi construída para trazer soluções para esse público determinado*.

Onde sua empresa pode atuar para *fazer do mundo um lugar melhor?*

- ☑ Meio ambiente.
- ☑ Emprego.
- ☑ Segurança.
- ☑ Causas animais.
- ☑ Educação.
- ☑ Saúde.
- ☑ Bem-estar.
- ☑ Esporte.
- ☑ Outros que impactem positivamente sua comunidade local.

Vou trazer um exemplo prático para você entender a sistemática e seu poder de fogo: Alex Pryor, um argentino, foi um estudante universitário na Califórnia. Em certo momento ele tomava o famoso chimarrão (bebida típica de argentinos, uruguaios e moradores do sul do Brasil) no campus da universidade, e foi abordado por seguranças que acreditavam que a bebida seria algum tipo de entorpecente. A repercussão dessa abordagem criou curiosidade em seus colegas, que quiseram experimentar o chimarrão. Pronto. Estava criada a demanda.

Ele criou a Guayaqui, uma marca de erva-mate que passou a importar do Equador. Com o crescimento do seu negócio, ele resolver vincular um *apelo social* ao seu produto: parte de seus lucros seriam revertidos ao reflorestamento e ao apoio financeiro das famílias equatorianas vinculadas à produção de sua erva-mate.

A criação de demanda por erva-mate na Califórnia trouxe concorrentes ao mercado local, com novos importadores. Questionado sobre o impacto dos concorrentes e da guerra de preços em seus negócios, Alex Pryor posicionou seu produto: "Nosso público compreende que não vendemos simplesmente erva-mate, nós trabalhamos efetivamente para um meio ambiente mais equilibrado e por uma vida melhor para centenas de famílias. Não é o preço que faz diferença, é nosso impacto social."

GESTÃO DA MEDIOCRIDADE

A Guayaqui ataca em dois flancos sociais: meio ambiente e emprego.

Esse caso é realmente valioso para os estudos de marketing 3.0. O preço do produto foi descolado de seus insumos e contextualizado dentro de um ganho social. Universitários californianos compreendem o sentido de *fazer do mundo um lugar melhor* e estão dispostos a pagar um pouco mais por produtos que tenham tal apelo.

E, no Brasil, será possível implementar essa estrutura de marketing social? Claro que sim! Mas é necessário que seja de forma autêntica, genuína, fugindo de bandeiras pasteurizadas. Imagine um lar de idosos em sua cidade, onde você reúne senhoras aposentadas e socialmente inertes para confeccionar cachecóis feitos à mão. Elas costuram, se sentem úteis e se tornam mais felizes. Você ajuda o lar de idosos e remunera o trabalho dessas senhoras. Seu produto se chama "Cachecóis das Vovós" e em sua etiqueta você coloca um código QR que abre um vídeo dessas senhoras rindo, trabalhando juntas, conversando e agradecendo ao seu cliente por comprar esse cachecol. Estamos falando de um cachecol ou de um conceito de mundo melhor? Esse cachecol deve custar o mesmo que um cachecol importado da China e vendido nos camelôs?

Pequenas ações e grandes resultados. Conceitos simples podem ser impactantes. Fuja das bandeiras publicitárias e faça você *realmente* a diferença. Imagine o conceito dos "Cachecóis das Vovós" a nível nacional, com o compartilhamento da ideia e seus resultados nas redes sociais.

Obviamente, você vai ter que aprender a lidar com uma praga do mundo digital: os *haters*, os "odiadores", escondidos atrás de suas telas de computador ou smartphone. Eles são barulhentos e com certeza existiria uma patota dessas pessoas que chamaria sua ação de "trabalho escravo de velhinhas". Mas, ao mesmo tempo, empresas autênticas criam *defensores autênticos,* pessoas que iriam confrontar esses *haters*. Quem é seu público-alvo? Os *haters* das bandeirinhas pasteurizadas ou os defensores de sua iniciativa?

Entramos assim no marketing 4.0. Esse é o desafio dos negócios modernos: ter soluções que influenciem um mundo melhor, enfrentando batalhas virtuais com seu próprio exército de defensores, que de maneira espontânea advogarão para sua marca, pois acreditam em sua *autenticidade*.

O marketing 4.0 trata de fazer do mundo um lugar melhor em um ambiente onicanal, no qual o ambiente virtual e o físico são integrados em todas as suas estratégias.

Agora, a reflexão final deste capítulo: se você deseja investir no papel social da sua organização, desejando autenticamente fazer do mundo um lugar melhor, você precisa contar com colaboradores que acreditem nesse ideal. *Pessoas que acreditam nos ideais sociais de sua empresa são pessoas apaixonadas por trabalhar com você*. Um colaborador *apaixonado* dará muito mais retorno para seu negócio que um funcionário que só foca seu salário no fim do mês.

Não busque currículos e experiências. Busque habilidades e convergência com sua atuação social e tenha aliados com um sorriso no rosto trabalhando ao seu lado. Treine os apaixonados e crie sua própria equipe de agentes sociais. É muito mais difícil de perder esses talentos pois, mais importante que salário e status, eles fazem parte de um mundo melhor e acreditam autenticamente nisso.

Nesses talentos apaixonados você encontrará as pessoas criativas com as quais poderá contar no futuro. Pessoas apaixonadas, mesmo que inexperientes, são as mais brilhantes colaboradoras que você pode contratar.

(Vídeo 10) Responsabilidade social corporativa – marketing 3.0.

5.7 TERRITÓRIOS TRIBAIS

Sim, eu falei para você não encarar a areia movediça. Mas aqui não temos gurus, temos pessoas discutindo estratégias. E, se você quer entrar no território das gangues, o mínimo que posso fazer é lhe aconselhar sobre os melhores passos.

Essa é uma imersão fundamental para o posicionamento em nichos nas gerações mais jovens, que defini anteriormente como "digitais" (nascidos depois de 1990). Entre Custos e Diferenciação, ainda é possível se manter fiel à Organização das Nações Unidas e se comprometer a não entrar em uma guerra. Mas, quando você escolhe algo extremamente segmentado e alinhado aos "digitais", você tem o bônus da baixa concorrência e o ônus das altas expectativas.

Primeiros passos de entrada no universo das tribos:

Problema > Solução > Benefícios para o cliente > *Benefícios para uma causa*

Eu sei que você percebeu a adição dos Benefícios para uma Causa em nossa cadeia lógica comercial. E é simples: você precisa inserir no modelo conceitos do marketing 3.0, fazendo do mundo um lugar melhor. É só assim que você vai se inserir em uma tribo.

Vamos imaginar que você venda ração sem glúten para cachorros. E vegana, obviamente. Então, você acaba de adentrar o terreno dos donos de pets com enfermidades, dos veganos e, ainda que indiretamente, no grupo dos celíacos com pets (um celíaco, em casos mais graves, muitas vezes não pode nem sentir o cheiro de algum produto com glúten, assim como pode acreditar que seu pet merece uma ração mais equilibrada e sem glúten, já que ele mesmo passa por isso).

Cadeia Lógica dos Potenciais Consumidores:

- Donos de cães com enfermidades.
- Veganos.
- Celíacos.
- Pessoas que consideram as dietas sem glúten superiores.

O que eles têm em comum?

O cão e a necessidade/desejo de alimentar seu cão com tal ração.

Mas o dono do cão com enfermidades pode misturar carne com a ração, o que afrontaria diretamente os veganos. Quem acredita na dieta sem glúten apenas deixa de consumir farinhas, tendo os demais hábitos alimentares bastante variados, dependendo do gosto de cada indivíduo. Os públicos que são donos desses pets podem ter interesses dissonantes, assim como visões, sobre o que é fazer do mundo um lugar melhor.

Vamos ampliar sua visão sobre a areia movediça, pois ela não para por aqui.

Fundamentalmente, sua ração só resolve uma necessidade efetiva: a dos animais celíacos. Os demais, teoricamente, poderiam consumir outras rações. Por outro lado, se você só vendesse para cães com enfermidades, iria à falência.

E caso começasse uma discussão entre esses donos de pet na sua página do Instagram? Imagine que algum dos donos de cães com enfermidades se revoltou com a falta de produtos ou com os preços das rações, causados pela alta demanda — afinal, se quem "não precisa comprar" essas rações não as comprasse, os preços seriam mais acessíveis. Assim como em outro cenário, poderiam chamar sua empresa de *felinofóbica*, afinal faz rações só para cães. *Hamsterfóbica*. *Peixinho-douradofóbica*.

Pode parecer inverosímil à primeira vista, mas você está acompanhado os movimentos tribais mais radicais? Eles exigem que você se encaixe às suas demandas, quaisquer que sejam.

Exigem o reconhecimento de novos gêneros infinitos, de novas linguagens. Exigem que você tenha vergonha de nascer com uma cor considerada opressora e, se falar que não tem vergonha de ser quem é, você é racista. Fascista. Fóbico em relação a qualquer coisa que tentem lhe fazer engolir como a "verdade" da tribo X, Y ou XYZ+. Se não defende o direito das chinchilas, você é *chinchilofóbico*.

Caos. Avisei.

> Mas como prevenir o caos lidando com tribos? Crie sua tribo e atraia interessados de outras tribos a se afiliarem ao seu grupo.

Você deve pensar em um produto e seus benefícios, como usamos no exemplo anterior das rações. Mas, fundamentalmente, deve definir *qual é a sua causa social*. Sua causa deve ser algo do tipo "prover dignidade para os cães via alimentação realmente equilibrada e saudável". Separe um percentual de seus lucros para promover a distribuição de rações balanceadas para hospitais veterinários públicos, ajudando as comunidades carentes.

Escolhemos assim bandeiras claras: alimentação digna e saúde para *cachorros*.

Contrate pessoas que acreditam nessas bandeiras em todos seus pontos de toque com seus clientes e sua comunidade, desde quem cuida do e-mail de sugestões ao vendedor, do seu gerente de produção a quem gerencia suas redes sociais. Crie o DNA da sua tribo. Fazendo isso, os casos de atrito que citei anteriormente praticamente serão suplantados. Sua causa é clara, você não está simplesmente desenvolvendo produtos para vender sem se importar para quem. Sua empresa possui preocupações com uma causa legítima.

Este é o segredo: você vende para os pets, não para seus donos. Porque os donos acreditam nisso como um final solidário, uma causa justa. O bem-estar do pet em primeiro lugar. E, sabendo que você ajuda hospitais veterinários filantrópicos, nem vão reclamar (muito) do preço cobrado pela sua ração.

Não existe almoço grátis. A conta das benevolências de uma empresa, em praticamente 100% dos casos, recai sobre o preço que é cobrado dos clientes.

Me permita voltar ao nosso ponto tribalista, já que coloquei um ponto capitalista no meio do discurso do "mundo melhor", e isso não era o intuito inicial do debate.

Afinal, por que as pessoas se reúnem em tribos? Esse é o ponto nevrálgico. É aqui que você vai encontrar seu DNA.

As pessoas se reúnem em tribos porque possuem fraquezas comuns.

Esse é um pensamento de Nietzsche aplicado à nossa análise. Segundo o autor, pessoas fortes e altamente capacitadas normalmente agem isoladamente, porque possuem mais potência em suas ações para moldar a realidade a seu favor. A união, a concentração de pessoas em torno de uma causa, a coletividade, é um comportamento mais típico de pessoas com baixa potência que alinhadas, reunidas, se tornam mais fortes.

Voltemos aos passos iniciais da humanidade: viver coletivamente aumenta a segurança das pessoas. Os homens primitivos se reuniam para defesa e caça. As ameaças do ambiente se tornavam menores quando você vivia em uma tribo. Sozinho você não era páreo para uma alcateia, mas em grupo você era capaz tanto de se defender com mais sucesso quanto de caçar um mamute.

Nos tempos modernos, nós vemos, em um primeiro momento, a "tribo" como sua família, como sua comunidade. Como seu país em tempos de guerra. A unidade era mais concisa onde todos eram relativamente parecidos e tinham objetivos de vida mais definidos, tais como ter um bom trabalho, um bom casamento e prover sustento aos seus filhos. Isso se reflete na geração dos Baby Boomers e na geração X.

A partir da geração Y, os anseios passaram a ser mais focados em qualidade de vida, em desfrutar mais, em esperar mais da existência. Quando chegamos à quebra da era analógica e adentramos a sociedade digital, você já não compara sua vida simplesmente com a do seu vizinho, da sua comunidade, do seu colega de trabalho. Você se compara a vidas de pessoas do mundo inteiro, desfrutando de viagens, de refeições, de prazeres... que muitas vezes são inacessíveis a você como indivíduo. E isso começa a causar frustrações.

Padrões de beleza. Padrões de consumo. Padrões de qualidade de vida. E você está exposto a isso 24h por dia via redes sociais.

Dentro da lógica de Nietzsche, os mais fortes irão se desenvolver para realizar seus desejos e gozar do que a vida lhes oferece. Em uma vida com objetivos, você aprende a desfrutar do caminho e a suportar as dores e os sacrifícios necessários para alcançar o que deseja. Já falamos sobre disciplina e esforço, mas esses são sacrifícios que nem todos estão dispostos a fazer. Normalmente, apenas os mais fortes suplantarão dificuldades e moldarão a realidade a seu favor.

Os mais fracos se atraem diante de sua incapacidade de ter potência para moldar sua própria realidade e se unem em causas e bandeiras que visam mudar a sociedade em si — porque a sociedade está errada, não eles em sua falta de potência.

A falta de potência individual cria a coletividade, a tribo.

As tribos são mecanismos de defesa dos fracos, nos quais as "ameaças" externas são diminuídas diante da força do coletivo. E a "ameaça" hoje é o ambiente, é a sociedade como ela foi constituída desde a primeira cidadela. A energia é voltada para a quebra do "sistema de crenças" de uma sociedade criada por pessoas fortes, poderosas, que empreenderam, que geraram riquezas e que criaram o mundo que hoje está estabelecido... mas que não serve para esses agentes tribais, pois os "oprime".

Opressão nesse sentido está diretamente ligada à frustração. Frustração essa ligada à falta de potência para gerar realizações individuais. E a "culpa" é do mundo, não do indivíduo. Então, o mundo deve ser adaptado à visão das tribos, não os indivíduos que devem se adaptar à realidade.

E cada tribo anseia por um mundo melhor diferente. Cada tribo reúne indivíduos com fraquezas semelhantes, com anseios comuns, mas diferentes das tribos dos outros.

Uma nova síndrome se desenvolveu com o advento das redes sociais: FOMO (*Fear Of Missing Out*), que, traduzida de forma livre para o português, significa *medo de ficar de fora*. Você precisa estar nas redes, precisa aparentar algo, fazer parte de algo. Você precisa fazer parte de um grupo de interesse, parecer um membro desse grupo... ou você será como um solitário homem das cavernas com medo das alcateias e dos predadores.

"Estar de fora" causa desconforto psicológico, principalmente nos mais jovens. Talvez agora você entenda o porquê do fato de simplesmente tirar o celular de jovens por duas horas poder causar gritos e a revolta do rebento. Pense nisso e analise se esse é um comportamento de potência ou de impotência diante da realidade. Tempos modernos, impotência moderna.

Pessoas individualmente podem optar por mudar sua vida, seus hábitos. Um vegano pode naturalmente fazer essa opção e seguir sua vida, com potência e com controle sobre sua realidade. Mas veganos reunidos em tribos têm como objetivo *moldar os hábitos alimentares dos demais* e passam a confrontar outros grupos que divergem de sua visão sobre um mundo melhor à base de uma alimentação com vegetais orgânicos.

Uma tribo é um grupo com interesses peculiares e visões próprias de um mundo melhor.

E tribos, ao mesmo tempo em que reúnem semelhantes, criam conflitos com outras tribos. Até tribos de interesses comuns, como apresentei no início dessa discussão, sobre o caso das hipotéticas rações para cachorros, tenderão a entrar em conflitos em algum momento.

GESTÃO DA MEDIOCRIDADE

Um indivíduo isoladamente pode expressar sua opinião, principalmente com o advento das redes sociais, protegido pela tela do seu celular. E isso é natural. Mas, quando tratamos de tribos, tratamos de grupos altamente engajados e coordenados, sempre prontos para o conflito ou para o reforço de algo que considerem positivo.

E aqui chegamos no papel dos *influencers*, os novos líderes tribais.

Influencers são indivíduos com carisma, com poder de liderança. São atraentes, são comunicativos. São os representantes dos anseios de uma tribo. Normalmente, influenciadores possuem um padrão de vida almejado pelos demais membros da tribo, que o veem como alguém de sucesso que segue e rege os ditames daquele grupo. São ídolos, pessoas ideais para o coletivo da tribo. São a representação do que os demais *gostariam de ser*.

Experimente criar uma desavença com um influenciador e veja sua patota de fãs enraivecidos atacando você ou sua empresa. E esses "seres mágicos", ungidos como líderes tribais, possuem alto poder de persuasão sobre sua tribo.

Agora, se você não trabalha para servir soluções para certa tribo, esse pode ser um contingente mínimo de preocupações. Porém, se a dor da sua conduta for comum a outras tribos, os danos à sua imagem podem ser permanentes. Portanto, se quer se filiar a bandeiras, busque bandeiras comuns ao maior contingente de tribos possíveis. Falar de ração para pets é fácil, difícil é você montar uma sorveteria que vende sorvete de bacon, com uma bandeira em defesa da gordice, que acabe por segregar outras tribos.

Planeje cuidadosamente como sua empresa fará do mundo um lugar melhor. Busque dores comuns a diversas tribos, realize anseios comuns a várias tribos. Ou veja sua empresa envolvida em uma guerra tribal.

Pense sobre fraquezas comuns de pessoas impotentes reunidas em patotas. E faça a vida dessas pessoas menos miserável com seu pequeno e delicado adorno de uma realidade diferente da que elas presenciam todos os dias. E odeiam.

Problema > Solução > Benefício > *Embelezar a feia realidade do mundo dos fracos*

Vou lhe deixar um trecho do livro *O Eu e o Inconsciente*, de C. G. Jung, para reflexão:

> *"[...] É um fato digno de nota que a moralidade da sociedade, como conjunto, está na razão inversa de seu tamanho; quanto maior for o agregado de indivíduos, tanto maior será a obliteração dos fatores individuais e, portanto, da moralidade, uma vez que esta se baseia no sentido moral do indivíduo e na liberdade imprescindível*

para isso. Por conseguinte, todo indivíduo é, inconscientemente, pior em sociedade que quando atua por si só. O motivo é que a sociedade o arrasta e na mesma medida o torna isento de sua responsabilidade individual."

Escolher uma tribo é desagradar outras, como tudo que você fizer para afirmar sua autenticidade, seja pessoal, seja empresarial. E, escolhendo uma tribo, você não poderá falhar em realizar seus anseios mais comuns, ou se tornará um inimigo.

Se quer escolher uma tribo para defender, pense em seu poder aquisitivo. De nada adianta defender os anseios de quem não pode pagar pelas suas soluções. E nunca, nunca mesmo, entre em conflito com os líderes dessas patotas — e perceba que esses influenciadores desejarão o tal "almoço grátis" para seguir guiando os demais às suas entregas.

O jogo das tribos é corrupto, só entre nele se estiver disposto a pagar seu preço.

Faça uma pausa e voltaremos aos jogos tradicionais, longe da areia movediça das tribos.

CAPÍTULO 6

FATORES-CHAVE NO FORNECIMENTO DE SOLUÇÕES

E xistem três fatores básicos para uma tomada de decisão de compras: tempo, customização e preço. Vamos falar sobre eles dentro das possibilidades básicas de diferenciação da sua empresa.

6.1 TEMPO

Se precisa de algo *agora,* você vai pagar um preço mais alto. Quanto mais curto seu prazo de entrega, mais interessante você é para um comprador que não pode esperar. Estamos tratando de vender água no deserto, quem tem sede precisa dela *já.*

Seu *tempo* de entrega ou prestação de serviços pode trazer *diferenciação* para sua empresa. Por exemplo, uma distribuidora: normalmente é mais barato comprar do fabricante, mas o prazo de entrega é maior. Portanto, se uma distribuidora possui estoques de produtos, seus clientes possuem uma solução de curto prazo, o que os faz comprar por um valor mais caro devido ao *tempo de entrega.*

Um exemplo semelhante são os intermediários de compras do exterior. Você pode importar um produto da China, mas os prazos de entrega tendem a ser mais longos. Entre outros fatores, o tempo de entrega faz dos intermediários uma solução interessante. Mas essa intermediação possui um ágio, um sobrepreço. Excluímos desse exemplo empresas que negociam com prazos de entrega longos, já que essas simplesmente dão uma *garantia* de entrega de um produto importado. Estamos falando aqui de *tempo,* não da inépcia dos compradores.

Quanto à prestação de serviços, o exemplo é equivalente. Nem sempre podemos esperar por um agendamento distante, portanto tendemos a estar dispostos a *pagar um preço extra* pelo tempo poupado. É justamente por isso que muitas

FATORES-CHAVE NO FORNECIMENTO DE SOLUÇÕES **109**

clínicas possuem agendamentos em tempo mais curto para consultas particulares, colocando os convênios em uma estrutura restrita de horários de atendimento. Um chaveiro 24h é mais caro que um chaveiro que só poderá lhe atender em horário comercial. A mercearia da sua rua possui produtos mais caros que o supermercado do bairro e você irá comprar dela porque isso poupa seu tempo.

Se sua empresa possui uma sistemática de logística estruturada, pense na velocidade de entrega como um dos fatores diferenciais do seu negócio. Otimizar entregas é uma forma de adquirir diferenciais competitivos. Repense sua estrutura produtiva, sua política de estoques. Vale a pena para seu negócio ter entregas mais rápidas?

Tempo é dinheiro. E diferenciação.

6.2 CUSTOMIZAÇÃO

Seu cliente não quer um produto padronizado, ele quer um produto com características exclusivas: uma logomarca, um acessório, uma solução diferenciada. Um prestador de serviços pode ter uma solução diferenciada, na qual ele dispenderá de mais tempo ou de técnicas alternativas de produção. Quanto mais esforços, sejam físicos, de utilização da estrutura ou mesmo intelectuais, mais diferenciado é o produto ou serviço. Você ou sua empresa está entregando uma solução mais *nichada*, mais específica, que menos concorrentes seriam capazes de entregar.

A customização normalmente envolve um acréscimo de características específicas para o produto/serviço. Fornecedores de soluções customizadas são mais dificilmente encontrados que fornecedores de soluções genéricas. Portanto, caso sua empresa seja capaz de entregar soluções customizadas, ela poderá *cobrar mais por isso*.

Soluções customizadas também podem se tornar contratos de longo prazo. Uma coisa é fornecer uma solução customizada uma única vez, outra é um contrato de fornecimento de médio e longo prazos. Uma empresa pode fazer um rearranjo de sua estrutura fabril para fornecer uma solução customizada para o cliente. Uma entrega única terá um custo alto, pois envolve esforços e tempo. Se for um fornecimento continuado, esse custo será diluído no tempo de fornecimento.

O mesmo exemplo vale para um prestador de serviços que precisa comprar um equipamento para fornecer uma solução desejada. Se for uma única prestação de serviços, o serviço será mais caro, pois será necessário alugar ou adquirir tal equipamento para uma utilização única. Assim como pode envolver um conhecimento e uma habilidade a serem adquiridos, se tornando parte das futuras prestações de serviços.

> **A chave é: essa solução customizada serve para um cliente específico ou pode ser fornecida para mais clientes?**

Este é um erro comum em empresas de softwares: adaptar um produto ou serviço às necessidades de um cliente, envolvendo programadores nessa solução. Caso essa solução seja interessante para mais clientes, ela pode ser um *upgrade* do serviço, constituindo um novo pacote diferenciado. Agora, se não irá gerar melhorias escaláveis em outros clientes, deve ser paga pelo demandante exclusivo da solução. Na área de vendas é comum você ouvir "nosso concorrente tem essa solução específica, se não fizermos vamos perder o cliente". Justo, mas vale a reflexão: o concorrente possui os demais atributos do seu software? Qual é o custo da solução do concorrente? Se seu software é tão básico para seu cliente quanto trocar de fornecedor de telefonia, sua empresa está pecando na diferenciação dos seus serviços e soluções. Agora, se não for o caso, pense na energia e no tempo gastos pela sua equipe.

Vale a pena customizar? Quanto custa? O custo será seu ou do seu cliente?

Agora vincule a customização ao tempo de entrega da solução: o prazo será maior. Vendedores em geral acreditam que a customização é algo corriqueiro, o que é uma inverdade. Pode parecer simples, mas o tempo dispendido pela equipe de produção ou na própria prestação de serviços será maior. Portanto, discipline sua equipe para não prometer o que não será possível cumprir.

Promessas não cumpridas de customização, seja pela qualidade da entrega ou pelo desrespeito ao prazo estipulado, geram profundos desgastes na relação com clientes. E esses desgastes podem ser permanentes — clientes buscarão um novo fornecedor para a solução desejada.

Entenda a customização como uma força motriz da sua diferenciação. Mas saiba seus limites, respeitando sua capacidade de customizar soluções.

6.3 PREÇO

É possível ter um preço mais acessível sem estar posicionado como uma empresa mais barata? Sim, mas com algumas condições específicas.

Perceba que a chave de um preço mais acessível está na sua *ociosidade*. Imagine um psicólogo: quais seus horários mais e menos demandados? Se seus horários mais demandados são das 15h às 19h, você tende a estar mais ocioso no turno da manhã. Vai *alugar* seu tempo mais demandado por um preço menor? Óbvio que não, mas você pode promover um desconto no turno da manhã para aumentar seu faturamento.

FATORES-CHAVE NO FORNECIMENTO DE SOLUÇÕES **III**

O exemplo do psicólogo serve para a maior parte dos prestadores de serviços: horários ou dias menos demandados podem ser a oportunidade de precificar de maneira mais flexível. Um bar com mesa de sinuca pode ter dias ou horários de descontos na hora da sinuca dependendo da demanda.

Uma empresa pode precificar de maneira diferente de acordo com a sazonalidade de seus negócios.

Mas cuidado: há alguns anos o antigo CEO da Coca-Cola perdeu seu cargo ao declarar publicamente que desejava implementar um sistema de identificação da temperatura externa nas suas *vending machines* (máquinas de vendas automáticas), passando a precificar os refrigerantes do grupo de acordo com sua oscilação. Quanto mais quente a temperatura ambiente, maior o valor a ser cobrado. Quanto mais baixas as temperaturas, mais baratos seriam os refrescos.

A lógica é correta: oferta x demanda. No calor, a demanda por refrescos aumenta, assim como no frio diminui. Mas sua declaração não foi bem recebida pelo público, o que fez com que os acionistas pedissem sua cabeça. Guarde esse exemplo: lidamos com reações dos clientes, muitas vezes emocionais.

Evite expressar seus pensamentos sobre oferta x demanda, apenas guarde essa possibilidade para um momento de negociação, quando for solicitado um desconto. Tratei do exemplo do psicólogo, mas lembre-se: nem sempre o cliente que será alocado no turno da manhã pedirá desconto. Portanto, trate essa questão como um diferencial no momento da negociação.

Em empresas, você é capaz de oferecer descontos em situações como uma produção programada, quando está visualizando uma diminuição de demanda em alguma época do ano, sendo possível conceder um desconto pela compra antecipada do cliente.

Um frete com carga completa saindo da fábrica, no qual o custo logístico pode ser reduzido se um cliente, ou um conjunto de clientes locais, garantirem a compra de um caminhão com carga total, é outro exemplo de possibilidade de desconto. Um caminhão com meia carga significa desperdício de espaço, portanto uma carga completa diminui os custos relativos ao deslocamento da mercadoria e, concomitantemente, os custos do frete.

Pense no preço como uma variável de tempo, customização e otimização produtiva e logística. Quanto mais tempo, maior a capacidade de se preparar para entregar o produto ou serviço. Customização envolve custos maiores. Sazonalidade e melhor utilização logística significam variações positivas ou negativas no preço.

Assim como essa lógica de preços influencia no seu fluxo de caixa. Parcelamentos podem ser utilizados como um diferencial para a venda, assim como pagamentos à vista podem ser sinônimos de descontos. Tudo depende da sua capacidade e da sua necessidade de caixa.

Porém, muito cuidado: **uma política de descontos mal estruturada pode impactar na imagem da sua empresa. Fixe um teto, fixe regras claras.** Se você oferece um produto ou serviço por 100, seu cliente exige um desconto e você fecha a negociação por 80 sem esclarecer os motivos, o negociador será visto como um "picareta" que tentou cobrar mais caro na tentativa de obter lucros abusivos sobre tal cliente. É muito diferente você utilizar o tempo, a sazonalidade ou a capacidade de produção e a logística como justificativas para um preço mais acessível do que simplesmente fornecer um desconto relevante em condições normais de mercado.

O preço faz parte dos seus diferenciais. Seja preciso em sua estratégia e não manche sua imagem.

Não seja flexível se não deve ser e não seja inflexível a ponto de perder oportunidades extraordinárias.

(Vídeo 11) Meu vendedor pediu desconto.

CAPÍTULO 7

EXPERIÊNCIA

Depois dos anos 2000, todo e qualquer autor de marketing focará sua argumentação na importância da experiência. E é justo, afinal o que o cliente *sente* na interação com os pontos de toque da sua empresa é parte cada vez mais importante da jornada de compras (ressaltando que a curiosidade sobre suas soluções é parte dessa jornada).

Caso você consiga adaptar o que conversamos até aqui em sua operação, já proporcionará uma experiência diferenciada para seu cliente. Um relógio suíço sempre terá valor no mercado e relevância no que tange as expectativas do seu cliente.

Mas ainda temos um caminho pela frente, justamente utilizando o gancho das *expectativas*. Expectativas estão relacionadas ao que você espera para seu futuro, sendo que pode esperar algo positivo ou negativo (caso a expectativa fosse neutra, não seria uma expectativa). O relógio suíço cria a sensação de que uma interação com sua empresa, desde os primeiros contatos até a entrega da solução, cumprirá a expectativa de estar se relacionando com um excelente fornecedor em seus prazos e em suas soluções, sempre com ótimo custo x benefício. Você possivelmente terá uma equipe bem treinada e responsiva. Você terá processos intuitivos de aquisição de suas soluções. Você cumprirá o que foi contratado. Ótimo.

Porém, podemos adicionar uma vertente moderna em nossa reflexão sobre marketing e interação com seus clientes: o efeito UAU! Você conquistar um UAU por parte do seu cliente significa que as expectativas positivas do seu cliente acabam de ser superadas. Um prazo antecipado. Um bônus inesperado. Um código QR que contém uma mensagem personalizada para seu cliente.

UAU é um "nossa, que surpresa agradável!".

Portanto, a chave aqui é trazer uma sensação positiva inesperada para seu cliente. Ao menos nas primeiras interações, já que seu UAU, em um segundo momento, não passará de um mero cumprimento de expectativas já criadas pela primeira interação.

Um bom sistema de CRM (*Customer Relationship Management*) pode prover diversas informações caras para sua empresa, onde você pode identificar seus melhores clientes e realmente oferecer interações personalizadas e identificação com sua empresa. **Um banco de dados rico sobre clientes é uma base fundamental para experiências personalizadas. Experiências únicas, para cada cliente.**

Vamos pensar de maneira bastante simplificada. Você tem uma padaria e sabe que o seu cliente Alex é bem assíduo, conhece os seus horários de frequência no estabelecimento e os seus produtos favoritos. Certa manhã você envia uma mensagem para o cliente: "Alex, acabou de sair aquela broa de milho que você adora. Posso pedir para nosso entregador levar algumas broas de presente para você aí no escritório?"

O que você espera que Alex pense sobre sua padaria a partir de agora? Vocês acabam de se preocupar em *entregar de presente* as broas que ele tanto adora! Qualquer um ficaria surpreso e feliz com o que você acabou de fazer. Esse é o efeito UAU.

Agora, pense sobre o "presente": se o seu cliente já consome frequentemente em sua padaria, você acaba de criar um novo vínculo emocional com ele, uma relação de "amizade" entre vocês, de gratidão. Muito melhor do que aquelas manjadas cartelinhas nas quais a cada dez cafés consumidos você ganhará um de desconto, não é mesmo?

Será que o cliente Alex vai trocar facilmente de fornecedor de broas a partir de agora? Você acaba de criar um marco em sua relação, algo muito difícil de um concorrente suplantar com suas ofertas. Alex agora é um potencial cliente *leal* à sua padaria, não sendo facilmente convencido a sair de sua nova zona de conforto *emocional* com seu fornecedor.

Trocar de padaria agora causaria uma expectativa irrealizável em sua nova relação. Acabamos de impor um *standard*, uma marcação sólida do que é o mínimo que esse cliente espera em um fornecedor.

Problema > Solução > Benefício > *Efeito UAU*

Essa é a chave para a manutenção de experiências extremamente satisfatórias por parte dos seus melhores clientes. E, me arrisco a dizer, você nunca passou por algo semelhante, certo? Como você se sentiria no lugar do cliente Alex?

Acabamos de conversar sobre uma interação que só é possível com tecnologia. Se não um CRM ou outro sistema que você escolher para armazenar dados sobre seus clientes, que tenha registros organizados e minuciosos mesmo em um caderno. O que o cliente comprou, quando comprou e qual sua frequência de compras. No exemplo eu falei em enviar uma mensagem, em fazer uma entrega no escritório. Isso exigiria saber mais que o nome do seu cliente, exigindo seu telefone

EXPERIÊNCIA **115**

e onde trabalha. Para tanto, seu balconista deveria ser orientado a conversar com seus clientes mais assíduos... e a fazer registros de tal interação.

Em outra hipótese de buscar o efeito UAU sobre esse cliente, nada impediria que Alex fosse comprar suas tradicionais broas de milho e, ao chegar no caixa, o atendente dissesse: "Bom dia, Alex! Que bom que você veio, hoje suas broas são cortesia. Estamos muito felizes com sua preferência, volte sempre!"

Esse exemplo de uma padaria simplifica uma lógica possível em empresas de qualquer porte, pois estamos falando da Gestão de Carteira de Clientes, na qual você deve identificar seus melhores clientes e buscar abordagens cada vez mais personalizadas. Obviamente nos aprofundaremos no tema adiante, mas quero deixar esta semente já plantada: trate seus melhores clientes de forma diferenciada, personalizada, e garanta relações de longo prazo de alta qualidade.

> Você, gestor da padaria ou de uma multinacional, precisa ter em mente que o custo de perder um cliente é muito maior do que estreitar sua relação com ele.

Dados esses exemplos, vamos nos aprofundar em questões mais técnicas sobre experiência.

7.1 EXPERIÊNCIA: APRESENTAÇÃO

Quando se fala em vendas presenciais, é impossível desvincular a imagem da empresa de um vendedor, pois ele representa a organização física e presencialmente. Qual a impressão que você tem de um vendedor maltrapilho e não higienizado?

Bastam meros três segundos para uma pessoa fazer um pré-julgamento da capacidade de um profissional ou de uma empresa. Pense no impacto da primeira experiência de um potencial cliente com sua marca e não perca a chance de causar uma primeira boa impressão.

> Sua empresa será vista, a princípio, pela sua apresentação. Vamos cuidar para que seu potencial cliente já inicie a relação com sua empresa com uma experiência positiva.

Vamos aos passos principais de sua atuação em termos de primeira experiência. Se você atua de maneira analógica, com contatos 100% presenciais, seguem os protocolos de segurança de uma primeira impressão qualificada:

GESTÃO DA MEDIOCRIDADE

☞ **Cuidados com o ambiente:** seu ambiente deve ser planejado para uma boa experiência do cliente. Pense em seu público-alvo, idealize uma *persona*, e reflita sobre como esta se sentiria mais à vontade interagindo em sua estrutura. Higienização, iluminação, cores, apresentação visual dos seus funcionários... tudo faz parte da "degustação" do que você irá oferecer. Expectativas foram criadas. Se forem positivas, você já terá uma venda potencialmente melhor. Se forem negativas, você já foi mentalmente precificado pelo seu cliente... e ele não irá acreditar na validade do seu custo x benefício. Ninguém come um filé em uma lancheria de rodoviária.

☞ **Atendimento:** seus colaboradores devem ser treinados para interagir com seus clientes de forma qualificada e consultiva. Uma boa recepção, com um sorriso e um bom-dia entusiasmado, já quebra o gelo. Nada de usar uma camisa branca com um maço de Marlboro vermelho no bolso, ok? Vamos partir de uma imagem mais alinhada com a sensação de qualidade que você quer transmitir para seu cliente. Serve também para vendas externas, pois seu vendedor representa sua empresa para seus clientes.

☞ **Materiais de apoio:** muitas vezes negligenciados, os materiais informativos são uma excelente forma de aumentar seu valor percebido. Pense em um cardápio bem elaborado visualmente em comparação com um impresso cheio de correções feitas à mão. Você nem sabe qual é a qualidade dos produtos, mas já prejulgou que uma das opções *parece* superior à outra. O mesmo exemplo serve para propostas e apresentações comerciais. Materiais informativos devem ser ricos visualmente, instigantes, interessantes. Trata-se de uma munição diferenciada para que seu vendedor possa perfurar a blindagem do tanque de guerra das objeções dos seus clientes. Se um cliente *percebe* valor em sua apresentação, a negociação é drasticamente facilitada.

☞ **Identidade visual:** reflita com carinho sobre sua logomarca, sobre a padronização visual de seus materiais. Um bom cartão de visitas, com uma logomarca profissional e informações precisas e bem dispostas, abre portas. Pense nos três segundos... estamos tentando abrir os caminhos para sua empresa, tudo que impacte positivamente, na visualização de uma proposta comercial física, faz diferença. Se diferencie.

Aqui tratei de investimentos iniciais em sua imagem. A imagem traz sensações a respeito da sua empresa, portanto é a porta de entrada da experiência. Tais investimentos são pontuais na questão de design, justamente porque não

EXPERIÊNCIA **117**

precisam ser constantes, são contratados apenas quando necessários. Você investe uma vez em design de materiais, em um projeto de arquitetura e na construção de uma redação publicitária de impacto (*copywriting*). Depois os custos são de manutenção, de impressão, de confecção de uniformes etc.

Agora vamos aos pontos da experiência inicial sem presença física:

- **Contato telefônico:** o atendimento necessariamente deve ser cortês e solícito, assim como uma abordagem de televendas deve conter empatia e entusiasmo na voz. Treinar as pessoas para vocalizar de maneira agradável as primeiras palavras em seu atendimento causa uma boa impressão. Mesmo um cliente em seu inferno astral ficará mais relaxado com um primeiro contato cortês. O tom da sua voz e como você dá bom-dia cria a primeira impressão do que esperar. Caso você utilize uma Central de Atendimento, busque o menor tempo possível de espera do seu cliente, assim como a própria gravação com atendimento prévio deve ser feita de forma cortês, não robótica e fria.

- **Atendimento via chat:** hoje estamos cada vez mais acostumados com atendimentos automatizados, seja via chat em um website ou via ferramenta de conversação como o WhatsApp. Atente-se para criar automações com o DNA da sua empresa, modulando frases padronizadas de atendimento com a "cara da sua empresa". Quanto mais jovem seu público, mais informal é a programação. E, quando o cliente finalmente chegar ao seu atendimento humano, que se dê um: "Olá, Fulano, meu nome é João e estou começando nosso atendimento. Que bom ter você aqui!" Sequencialmente, óbvio, trabalhe a necessidade do seu cliente: "Vamos lá, vi que você está buscando X. Fulano, preciso de mais algumas informações para lhe ajudar, ok? Etc." E assim você iniciou um atendimento cortês e proativo, dando uma boa ideia do que seu cliente pode esperar da sua empresa.

- **Website:** essa é certamente a apresentação mais importante da interação não pessoal. Um website qualificado é seu cartão de visitas e uma apresentação relevante dos seus materiais de vendas. Um bom conteúdo irá ranquear seu website em mecanismos de busca (primeira impressão dos algoritmos a seu respeito) e trará uma experiência de imersão em suas soluções por parte do seu potencial cliente. Sempre busque trazer seu potencial cliente para seu website... e lembre-se: a primeira impressão dele será determinante em sua opção de compra.

- **Redes sociais:** cuide do seu layout e do tipo de postagem. Seja autêntico, represente o DNA da sua empresa. Nada de postagens genéricas e repetitivas. As pessoas estão nas redes para entretenimento e para buscar informações... não para ver sua propaganda ou imagens genéricas de bichinhos. Quer falar de suas soluções, trabalhe com *dor > solução > benefício*, apresente pontos de vista, conteúdos. Busque ser um local onde potenciais interessados encontrem informações de valor. Se não vai criar conteúdos interativos, crie conteúdos estáticos da sua empresa no formato de um catálogo. Cada post fala sobre uma de suas soluções e serão uma forma de o cliente ter um primeiro contato com sua empresa, mas não de interagir com ela. Pessoalmente, prefiro conteúdos estáticos e informativos do que genéricos e que não criam nenhum valor e experiência.

Falamos aqui da primeira experiência dos seus potenciais clientes com a sua empresa, tanto online quanto offline. É apenas o começo da formação da experiência, e é justamente o que os marqueteiros de coque samurai vendem como "a grande solução" no *marketês* moderno. Essa é a ponta do iceberg, sua estratégia é mais de 90% desse trabalho. Tudo é a aplicação da sua estratégia, não o contrário.

O gerenciamento da sua marca, conhecido como *branding*, é um trabalho com foco em longo prazo. O que ressalto é a importância de ser um relógio suíço *antes de se parecer com um*. Aparências são destruídas nos primeiros contatos e o dano em sua credibilidade é irreversível.

(Vídeo 12) O iceberg do marketing digital.

Sigamos com a experiência de seu cliente.

7.2 EXPERIÊNCIA: INTERAÇÃO

Interagir com seus clientes de forma qualificada é uma das forças de atração para a permanência deles em seu ecossistema. Nesta seção, analisaremos experiências via *website*, SAC, Vendas, Pós-vendas e Redes Sociais.

7.2.1 Interação Passiva: plataformas online

Estamos em um mundo cada vez mais digital, sendo praticamente impossível uma empresa não possuir conteúdos informativos online. E, preferencialmente, esses conteúdos devem estar organizados dentro de seu ambiente principal: o website.

Por que estou colocando o website como uma interação passiva? Justamente porque sua estrutura já está pronta e o potencial cliente irá consumir seu conteúdo *independentemente* de estar interagindo com uma pessoa ou mesmo um *bot* (diminutivo de *robot*, aplicação pré-programada para desempenhar ações predeterminadas, sejam ativas ou, neste caso, *passivas — atendimento*).

Portanto, seu site deve ser desenvolvido na forma de uma apresentação comercial consultiva, com informações, imagens, gráficos e vídeos que subsidiem a tomada de decisões por parte dos seus clientes. Trata-se de uma *interação passiva*. E a qualidade dessa interação irá determinar a *experiência do cliente* em sua plataforma.

Essa é a parte mais cara de um website: *sua estratégia comunicacional e sua redação*. Mostre suas soluções. Explique-as ao máximo, elucide dúvidas. Apresente dicas e melhores práticas, surpreenda seu cliente com informações que lhe despertem curiosidade.

Faça com que a *jornada do cliente* dentro do seu website seja rica e instrutiva. Quanto mais tempo o cliente passar em seu website, melhor. Ele está consumindo *o seu conteúdo*, não o de seu concorrente. Portanto, aqui você tem a chance de criar uma experiência agradável, informativa e atraente a ponto de ser *recomendada* por seu potencial cliente a outras pessoas, transformando-o em seu *influenciador*, em um *advogado da sua marca*.

Você já indicou um site para um amigo? O que esse site tinha de interessante?

Vamos a um exemplo: uma loja de roupas formais para homens. O que essa loja pode ter além dos produtos e acessórios óbvios? Educação.

Quando falo em educação, falo em informações que eduquem o seu cliente. Quais as diferenças entre tecidos como o algodão egípcio e o algodão peruano? O que significa "camisa fio 100"? Quais os cortes de ternos? Que tal apresentar exemplos de pessoas públicas que utilizam cada um dos modelos? O que é tradicional e o que é moda? Como criar combinações entre camisa, gravata, sapatos e lenço de bolso? Quais os tipos de botões, abotoaduras e prendedores de gravatas adequados para cada ocasião? Como montar combinações de cores?

Olhe a experiência rica que um cliente pode ter em um website de roupas! Essa é a parte educacional, de conhecimentos agregados, mas ainda temos uma

GESTÃO DA MEDIOCRIDADE

experiência extra, baseada em tecnologia, para oferecer: que tal você escolher uma camisa de seu agrado e nossa Inteligência Artificial montará três visuais para três tipos de ocasiões com essa camisa?

Uma experiência rica, que você possivelmente indicaria para amigos.

Quantos sites você conhece nesse desenho?

São raros. Justamente porque o foco dos jovens prodígios de coque samurai está apenas nas aparências, não na interação em si. Isso é um jogo para adultos. Mas não coloco a culpa apenas nos marqueteiros, você precisa enxergar que esse tipo de estratégia envolve investimentos consideráveis... que nem sempre quem assina a decisão financeira tem disposição para pagar.

Mentalidade. Visão. Por isso falo tanto em DNA e inovação: ou você está disposto a fazer apostas e a criar estratégias inovadoras no mercado ou simplesmente se satisfaz em reagir ao que seus concorrentes farão. Simples assim. Essa é a diferença entre uma visão audaciosa e uma visão medíocre.

7.2.2 Interação Passiva: estruturas de atendimento

Sequencialmente, sua preocupação deve ser voltada ao atendimento de clientes em seus canais diretos de contato: formulários online, e-mail, telefone e chats. O atendimento solícito e individualizado, no qual seu cliente realmente tem suas dúvidas ou mesmo reclamações bem recebidas e respondidas, faz parte de um negócio de sucesso.

As áreas mais acionadas nessa questão são os serviços de Atendimento ao Consumidor (SAC), Vendas e Pós-vendas. E, normalmente, são áreas com poucos recursos humanos ou tecnológicos para fornecer soluções realmente relevantes. Basta verificar o volume de registros em sites como o Reclame Aqui, onde clientes que não alcançam soluções nos meios de contatos tradicionais das empresas criam reclamações públicas, buscando nesses sites soluções para problemas que poderiam facilmente ter sido resolvidos previamente.

Uma observação pertinente: um SAC normalmente recebe demandas referentes a problemas. Portanto, se você trabalhar os três pilares básicos apresentados anteriormente (Respeito ao cliente, Inovação e Foco no cliente), a demanda de seu SAC naturalmente será muito inferior à de empresas medíocres.

Ainda sobre o SAC: muitas vezes enfrentamos dificuldades em processos operacionais. A base de informações e o poder de solucionar as dificuldades dos clientes por parte dos atendentes normalmente são bastante restritos nessas áreas. Atendentes sem autonomia para criar soluções se tornam meros *despachantes*, intermediários entre o cliente com dificuldades e quem *efetivamente* trará uma solução para a questão. Isso gera ansiedade no cliente e uma *experiência insatisfatória*, mesmo que a solução venha em breve.

Vivemos em um mundo de ansiedade, onde tudo está a distância de um clique. Se seu cliente pode comprar algo rapidamente da sua organização, entende-se que um possível problema também deva ser rapidamente resolvido.

Um bom SAC deve possuir:

  I. *Informações detalhadas.*

 II. *Autonomia para solução de problemas básicos.*

Justo?

Passamos então à experiência em um atendimento de vendas.

Por que atendimento de vendas? Porque você sempre deve ter um foco de curto prazo em uma interação, que é vender uma solução. Sei que existem curiosos, que vão entrar em sua loja, ver os produtos e sair. Mas uma mentalidade de vendas é buscar as necessidades e os desejos de seus clientes e, se tiver tais soluções, apresentá-las. Caso não tenha uma solução viável, que se busque indicar aonde o cliente irá encontrá-la. Facilite a vida de seu cliente, mas busque atraí-lo para seu ecossistema. Se não está comprando nada de você agora, deixe um gancho para que ele lhe procure no futuro. Plante a semente do bom atendimento.

No atendimento, você deve exercitar a etapa de *Sondagem de Vendas* com maestria (no fim deste livro, temos um compêndio de artigos para lhe ajudar. Um deles é o "Manual de Vendas Externas", no qual você encontrará o detalhamento da etapa de Sondagem).

Lembre-se de que nem sempre seu cliente *sabe efetivamente* o que está procurando e quais são as suas opções. *O que esse potencial cliente está buscando? Qual é a sua necessidade real? Quais desejos estão envolvidos nessa busca?*

Compartilhe dessa jornada com seu cliente. Entenda efetivamente sua necessidade e apresente as soluções possíveis. Foque *seus benefícios* oferecidos. Seus atendentes devem efetivamente conhecer o máximo possível sobre as *suas soluções*, assim como devem conhecer os diferenciais das suas soluções em relação às da concorrência.

Problema > Solução > Benefício> Benefícios Comparados.

A poucos momentos você leu sobre um website com informações educacionais e Inteligência Artificial aplicada. Dê ao seu cliente essa experiência de forma analógica. Transforme seus vendedores em sua inteligência aplicada em uma apresentação.

Uma das coisas mais irritantes do varejo é o desconhecimento geral das equipes de vendas sobre os próprios produtos que vendem. Não entendem absolutamente nada de nada, só sabem ler etiquetas de preços e falar de itens em promoção. Em um website você nem sempre encontra informações completas, somente fichas técnicas desenhadas para que apenas engenheiros da NASA compreendam tais especificações.

A experiência é horrível, com atendimentos genéricos em todas as frentes. A mediocridade no atendimento transforma empresas em revendas de sacas de soja. Soja é soja e você e todos os seus concorrentes vendem soja — ao menos é isso que transparece uma empresa na qual seus atendentes são medíocres.

Experiências medíocres em vendas são o padrão que o consumidor brasileiro está acostumado... até que um dos *players* do mercado resolva criar uma experiência que agregue valor. Se essa experiência der certo, outros seguirão seu exemplo e o nível medíocre subirá. Mas isso dificilmente ocorrerá, pois exige gastar em treinar e desenvolver pessoas, o que é visto como custo e não como *investimento*.

Lembre-se: até a chegada da Amazon no Brasil, os consumidores estavam acostumados com prazos longos de entrega de suas encomendas online. Hoje as empresas batalham para afinar sua logística e competir com a gigante norte-americana ou mesmo superá-la, com destaque para o Mercado Livre.

Se pensarmos na crise mundial causada pela Covid-19, veremos facilmente os sintomas do péssimo padrão tradicional de atendimento brasileiro. Diversas empresas, até então prostradas em suas políticas analógicas, precisaram investir em novas formas de atender a seus clientes, principalmente no formato online. Hipoteticamente, saímos dos anos 1990 da realidade brasileira de negócios e chegamos aos anos 2000, digitalizando uma ampla gama de empresas que eram até então 100% analógicas.

A reatividade custa caro e muitos faliram nesse processo.

Vou inserir aqui um artigo que escrevi em meio à pandemia para contextualizar nossa análise:

EXCELÊNCIA NO ATENDIMENTO OU MORTE

(Artigo de 2020)

Estamos passando por uma época de crise, onde aos poucos estão sendo reabertas algumas atividades econômicas, dentre elas lojas, bares e restaurantes. E precisamos conversar sobre excelência no atendimento aos clientes.

Se, em um primeiro momento, os negócios foram fechados em diversas cidades brasileiras, estamos dando os primeiros passos para sua reabertura. Mas a reabertura parcial dos negócios.

Como exemplo, em Porto Alegre foi autorizada a reabertura parcial de estabelecimentos comerciais, com redução de 50% de sua capacidade. E esse é um cenário que perdurará por meses.

Portanto, ponto 1:

A capacidade dos estabelecimentos comerciais em receber clientes está reduzida e assim se manterá por prazo indefinido.

Em uma análise superficial, somos impulsionados a acreditar que aumentar os preços pode ser uma alternativa.

Mas não é.

A população em geral perdeu poder aquisitivo. Estamos diante de um cenário de demissões, reduções salariais e suspensões de contratos. Os próprios funcionários públicos estaduais estão sofrendo com parcelamento de salários em diversas unidades federativas.

Temos menor demanda, portanto a oferta, mesmo que reduzida, está em patamares aceitáveis. E ainda passaremos por uma guerra de preços antes da prestação de serviços voltar aos patamares pré-crise.

Perceba: estávamos apenas iniciando nosso processo de sair da recessão dos últimos anos. Poucos puderam desenvolver liquidez e caixas mais robustos. Portanto, uma ampla gama das empresas que ainda não quebrou pode quebrar a qualquer momento.

Ponto 2:

A guerra entre sua empresa e seus concorrentes será ainda mais feroz agora. Trata-se de uma guerra pela sobrevivência financeira.

Estamos diante de um cenário de demanda reduzida e do início de uma guerra comercial, com concorrentes queimando estoques, vendendo inclusive com prejuízo, para fazer caixa.

Travar uma guerra de preços, queimando custos, é se aproximar perigosamente do precipício dos negócios. Quanto tempo um empresário, sem caixa, aguenta abrir mão de suas margens?

A única saída é cativar os melhores clientes.

GESTÃO DA MEDIOCRIDADE

Melhores clientes são aqueles que ainda possuem margens para gastos e investimentos. Não estão preocupados necessariamente com o preço ou o custo, estão preocupados com a qualidade e com a experiência proporcionada.

Pense em um café. Se o cliente troca o seu café pelo do concorrente por uma diferença de cinquenta centavos, é porque ele não vê diferença entre os dois estabelecimentos ou porque cinquenta centavos são preciosos demais para serem gastos em um café.

Sinceramente, se cinquenta centavos são preciosos, esse cliente nem deveria tomar café na rua.

Mas você compreendeu o ponto: **ou você oferece uma qualidade de atendimento e de serviços que cativem seus clientes ou eles irão para seu concorrente.**

Seus colaboradores não podem ser "tiradores de pedidos". Eles são a alma da sua empresa, são responsáveis diretos pela experiência do cliente em seu estabelecimento.

Proatividade, gentileza, zelo e a busca por identificar reais necessidades e desejos do seu cliente ANTES de tentar vender um produto qualquer são fundamentais para gerar vínculos.

Precisamos pensar como os gestores dos parques temáticos da Disney, onde até o rapaz com uma fantasia do Mickey, sofrendo com um calor de cinquenta graus, faz seu melhor para arrancar sorrisos. Essa é a cultura Disney, um lugar de sonhos. Não um parque de diversões cheio de brinquedos e lojinhas para arrancar o dinheiro de turistas (teoricamente).

O que se percebe em muitos negócios é que os colaboradores, assim como os gestores, acreditam em seus produtos, mas se esquecem da EXPERIÊNCIA oferecida.

Você pode ter as melhores camisas. O melhor café. O melhor filé da cidade. Mas, se não oferecer um atendimento de excelência, você nunca será a Disney na cabeça do seu cliente. Talvez um Beto Carreiro ou mesmo o parquinho itinerante que é montado na cidade a cada dois anos por paraguaios em excursão no Brasil.

Reforço: ou você é o Cirque du Soleil no atendimento ou está fadado a ser um mágico de rua em seu negócio, fazendo alguns truques e mendigando a preferência dos clientes.

Vamos em frente, é hora de buscar a excelência no atendimento. Não existem mais margens para erros a partir de agora.

- *Crie em seus colaboradores o senso de urgência. Eles precisam estar 100% atentos aos clientes.*

- *Bom humor, tom de voz amigável. Em tempos em que o atendimento é feito por pessoas mascaradas, a gentileza é fundamental.*

- *Proatividade, busque compreender as necessidades do cliente. Ofereça opções que irão complementar a experiência. Exemplo: o cliente pediu um* café. Que tal experimentar uma fatia de bolo com uma calda especial da casa? Ou um pão de queijo quentinho que acabou de sair do forno?

- Reorganize seus produtos. Enxugue o que for possível e mantenha os mais rentáveis. Isso diminui custos com fornecedores e com a produção, estocagem ou venda.

- Pacotes com preços diferenciados, nos quais existem produtos correlacionados com uma vantagem explícita para o cliente, tendo em vista a experiência. Exemplo: cerveja + amendoins pelo preço da cerveja.

- Adapte seu atendimento presencial e online. Você precisa cativar clientes. Se está fazendo entregas, mesmo que por meio de aplicativos, busque inserir na embalagem algo que faça o cliente se surpreender positivamente.

- Trabalhe experiências nas redes sociais, não a venda de produtos diretamente. Roupas? Fale de moda e correlacione com produtos que você tem em estoque. Comida? Mostre uma receita, alguém da equipe fazendo algo com verdadeira paixão. Aulas? Conte histórias, mostre benefícios. Encante.

- Possui contatos de clientes? WhatsApp? Que tal mandar mensagens personalizadas? "Oi, Alex, que tal passar aqui para um café? Estamos fazendo um bolo de laranja, vai ficar pronto em uma hora. Está convidado!" Ou: "Oi, Alex, sabe aquela camisa que você comprou da última vez? Chegou uma calça que ia ficar ótima com ela e lembrei de você. Vem experimentar, te aguardamos com um café! (foto da calça)."

Experiência é a chave.

Busque a excelência em seu atendimento. Venda experiências e seja muito mais competitivo a partir de agora.

Fonte: https://www.aulasdenegocios.com.br

Espero que tenha gostado do artigo, faz parte do nosso processo de aprendizagem contextualizar algumas de nossas questões de forma prática.

7.3 INTERAÇÃO: PÓS-VENDAS

Essa é outra fonte de interação com seus clientes que normalmente é trabalhada de forma reativa ou bastante acanhada.

Despertou o Moisés dentro de mim neste momento, então vou colocar aqui uma questão escrita em pedra, na forma de *MANDAMENTO*: **PÓS-VENDAS NÃO SE RESUME A ENVIAR PESQUISAS DE SATISFAÇÃO!**

Você teve muito trabalho até seu cliente optar pela sua solução. Agora é a hora de analisar como ele se sente, mas, *principalmente,* buscar com que ele se torne um advogado da sua marca. Queremos vender para esse cliente futuramente, assim como desejamos que *ele nos indique novos clientes.*

E o que a ampla maioria das empresas faz? Manda um formulário de pesquisa de satisfação. *Que na maioria das vezes não serve para absolutamente nada.* Ao menos para o cliente.

O cliente é mero fornecedor de dados sobre seus pontos de interação? E se ele se queixar de algo, o que você faz? Em outra vertente o cliente avalia seu produto/serviço: *o que ele ganha com isso*?

Seja grato ao seu cliente. Interaja com seu cliente. Essa pode ser sua última comunicação com ele ou o início de uma longa e saudável relação. Garanta que a experiência com você seja lembrada, e cuide dos interesses dele a partir de agora. Envie novas informações, novas ideias de utilização da solução, convide-o para aprender e educar outros clientes em portais cocriativos — com trocas sobre utilização, ideias, acessórios, customizações e, principalmente, interação.

Se você tem uma clínica médica estética e seu cliente fez um procedimento, envie ideias de dieta ou mesmo exercícios recomendados e não recomendados durante as primeiras semanas. Se vendeu um projeto de energia solar, envie dicas de manutenção e melhores práticas com seus produtos. Se vendeu uma máquina, garanta o treinamento do cliente ou dos colaboradores na utilização dessa. Vendeu um carro, envie um vídeo de instruções básicas, intermediárias e avançadas — ou você acha mesmo que alguém lê manuais de instruções?

Seja solícito. Converse, interaja. Siga com dicas, com informações. Opções de combinações. Caso tenha produtos correlatos ao já adquirido, envie um acessório gratuitamente ou por um preço promocional.

Que tal enviar um brinde com um código QR e uma mensagem personalizada? Crie estratégias, crie interações.

O cliente se hospedou em seu hotel? Envie fotos gratuitas de sua estadia, de algum passeio que ele fez. Ninguém espera por isso, garanta um efeito UAU.

Caso opte por montar um portal de conteúdos e de interações entre clientes, crie-o dentro de uma multiplataforma que possua vídeos, artigos e ferramentas de comunicação, de forma que você e seus clientes criem conteúdos, estimulando ao máximo a interação.

Fugindo dos meios tecnológicos, temos experiências em grupos de clientes, tais como o HOG (Harley Owners Group), que reúne proprietários de motos Harley Davidson para viagens e eventos exclusivos. É uma ótima ideia reunir pessoas com perfis semelhantes para usufruir de experiências com a marca e seus novos parceiros de estrada.

O pós-vendas é um gatilho importante para uma venda futura, assim como uma das influências que fará seu cliente indicar sua solução para outras pessoas. Existem diversas maneiras, sejam analógicas, digitais ou onicanais de criar esse sentimento de pertencimento a um grupo exclusivo de clientes.

E por que as estruturas possíveis de pós-vendas normalmente são tão mal utilizadas?

Você já conhece a resposta: mediocridade.

7.4 INTERAÇÃO: REDES SOCIAIS

Estávamos falando sobre as experiências via mecanismos de pós-vendas. Que tal ligar isso à *influência social* da sua marca?

Um cliente feliz com sua solução pode *compartilhar nas redes sociais* sua experiência. Um pós-vendas bem elaborado pode ser a chave para que esse cliente *influencie outras pessoas* a comprar com você. E por quê? Porque sua experiência foi fantástica!

Influencie potenciais clientes a fazer parte de seus mecanismos de interação social e eles garantirão *mais engajamento*, isso é, mais *interação* em suas redes sociais. Quanto mais interagirem com você, mais os *algoritmos das redes sociais* considerarão sua página relevante.

A Netflix é um grande exemplo de utilização de redes sociais. Sua interação é humana e segue o DNA da empresa, trazendo entretenimento de forma descontraída. As pessoas gostam de seguir as redes sociais da Netflix, pois não se trata apenas de depositórios de informações sobre lançamentos, mas sim de diversão em grupo — entre a marca, clientes e potenciais clientes, todos integrados. Você interage com a empresa, assim como com outras pessoas nas postagens.

> Esta é uma chave extremamente importante da gestão estratégica de Redes Sociais: fazer com que clientes e potenciais clientes interajam entre si.

Por isso que a experiência nas redes sociais foi o último ponto dessa abordagem sobre interação e experiência: sua estratégia nas redes sociais *é reflexo das abordagens anteriores*.

O foco aqui é manter a lembrança da sua marca ativa, assim como criar *advogados da sua marca, pessoas que interajam com outras pessoas e falem bem de você*.

Perceba: onde eu falei de postagens e chamarizes até aqui? Essa é a parte fácil, a difícil é orientar postagens antevendo a interação dentro da sua *Estratégia Comercial*:

- ☑ Qual é o seu DNA?
- ☑ Se sua empresa fosse uma pessoa, como ela conversaria com as demais?
- ☑ Como você pode atrair e reter a atenção das pessoas?
- ☑ Como você vai fazê-las interagir com a sua empresa?
- ☑ *Como você vai fazê-las interagir entre si?*
- ☑ *Qual é a experiência que isso criará?*

Essa é a base de qualquer estratégia nas redes sociais. Gestão de Redes Sociais não passa por contratar o sobrinho do seu amigo que faz imagens bacanas e sim por criar mecanismos de *interação*.

Ou você concebe estratégias de interação ou segue o exemplo de diversas empresas que utilizam as redes de maneira estritamente institucional e informativa. Produtos, serviços, novidades... que interessam a alguns clientes mais motivados na sua jornada de busca por opções.

Você possui duas opções: ou interage e cria experiências, ou segue o caminho institucional.

Se optar por interagir, formule estratégias que potencializem a experiência dos clientes na construção de sentimentos positivos. Se optar por informações institucionais, o faça com design de excelência, via imagens, gráficos e informações relevantes sobre seu negócio, de forma a apresentar uma experiência visual agradável.

7.5 SENSAÇÕES

Neuromarketing, simplificadamente, pode ser visto como a utilização de técnicas de indução dentro do marketing. E precisamos conversar um pouco sobre isso neste tópico. Pessoas têm diversas formas de sentir o ambiente e isso pode estimular comportamentos. Lembre-se dos sentidos básicos: olfato, tato, visão, audição e paladar. Como estimular esses sentidos pode influenciar na experiência do seu cliente?

Vamos partir do exemplo da Coca-Cola: sabor único de refrigerante, o que estimula seu paladar. Visualmente, temos a logomarca dentro de suas cores tradicionais, vermelho e branco, além da própria fonte de sua escrita. E, de olhos fechados, você reconhece uma garrafa de Coca-Cola? Sim, pelo *tato*. Justamente por isso a embalagem de vidro da Coca-Cola é patenteada. Por fim, temos o aroma da Coca-Cola e o som característico do gás ao abrirmos a embalagem.

Você já tinha pensado na Coca-Cola como uma experiência sensorial? Os estrategistas de marketing da empresa sim.

Vamos listar os sentidos e o que você precisa refletir a respeito:

- **Visão:** você tem uma identidade visual única? Sua logomarca, suas instalações, as cores que utiliza na apresentação de sua estrutura e os materiais de apoio — tudo isso importa.

- **Audição:** quais os sons presentes em seu ambiente físico? Quais as trilhas sonoras que você coloca em seus vídeos? Em sua loja? Tudo faz parte da experiência.

- **Olfato:** um dos sentidos que mais influenciam as pessoas. Pense no aroma de café em uma cafeteria, isso muda a experiência. Empresas dos mais diversos ramos hoje investem no *branding olfativo*, isso é, no estímulo de sensações via fragrâncias personalizadas. Ao sentir certo aroma, o cliente automaticamente pensa em você.

- **Tato:** pense em conforto, na sensação de segurar um tecido. Tudo faz parte de como as pessoas sentem seu ambiente. O papel do seu cartão de visitas, dos seus materiais de apresentação. Da textura ao peso, o tato transmite impressões sobre o que você está manipulando e, consequentemente, sua qualidade percebida.

- **Paladar:** vamos sair do ramo da alimentação, pois seria óbvio demais. Você sabia que o doce é um forte estimulante cerebral? Se um cliente come um doce, ele tende *a gastar mais* em sua loja.

Vou deixar um vídeo explicando essas questões para você, com o papel dos sentidos na indução de clientes. Será muito mais prático para nós que façamos esse exercício juntos, onde aumentaremos sua experiência.

Acabo de lhe trazer, na prática, como influenciar a experiência de um leitor via QR Code.

Boa aula!

(Vídeo 13) Neuromarketing na prática.

EXPERIÊNCIA **131**

REFLEXÕES ACERCA DO QUE VIMOS NO SEGUNDO ATO DESTE LIVRO:

- Pensemos sobre seu posicionamento genérico: custos, diferenciação ou enfoque (nichos). Onde você se encaixa? Liste as características principais do seu negócio e as analise: onde estão seus diferenciais competitivos?

- Sobre quais necessidades e desejos seus produtos/serviços atuam? Quem são seus concorrentes? Faça um comparativo entre sua empresa e os demais jogadores do seu mercado. Finalmente, *identifique seus benefícios*.

- Para quem são seus produtos? Quem é o público-alvo? Você consegue contar uma história sobre seu cliente fictício (*persona*)? Faça um parágrafo falando sobre o seu cliente, o que ele faz, do que ele gosta e o porquê de ele gostar de você.

- Sua empresa é Analógica, Digital ou um modelo Misto? Suas soluções são direcionadas para que gerações? Identifique produtos/serviços e gerações que mais se enquadram por segmento de atuação.

- Já definiu uma bandeira genérica social, dentro do marketing 3.0 — *fazer do mundo um lugar melhor* —, ou você optou pelos territórios tribais? Identifique o DNA da sua empresa novamente, refletindo sobre essas questões sociais e como aplicá-las em seu negócio.

- Como melhorar sua máquina de fornecimento de soluções: reflita sobre o tempo, a customização e o preço. O que você pode fazer para melhorar seu poder de fechamento de negócios?

- Analise todos os pontos de toque da sua empresa com seu cliente: qual experiência está oferecendo? Como melhorar a experiência do seu cliente?

- Quais novas tecnologias podem ajudar a melhorar a experiência do seu cliente? Pense em alternativas e tenha uma convicção: você vai encontrar fornecedores.

Fonte: O Autor.

(Ilustração 3) Homem-máquina.

Os negócios estão mudando radicalmente.

No segundo ato deste livro, nós adentramos o Tártaro da Mediocridade e compreendemos como quebrar sua lógica, lidando com os desafios que o mercado já nos apresenta.

A partir deste momento precisamos encontrar nossa saída do Tártaro Medíocre, preparando nossa empresa para processos de inovação e dominação de mercado, abandonando de vez conceitos e crendices que não permitem a evolução de nossos negócios.

Molde a realidade a seu favor.

ATO

TRÊS

ESTRUTURAÇÃO DE NOVOS MODELOS COMERCIAIS

"Se queres paz, prepara a guerra. Se não queres a guerra, não empreendas no Brasil. Seja funcionário público."

Provérbio romano aplicado aos negócios nacionais pelo Autor

CAPÍTULO 8

PREPARE SUA EMPRESA PARA A GUERRA

Uma empresa sempre está em guerra com seus concorrentes. E não adianta você dar ouvidos a balelas como "temos uma solução única no mercado" ou "existe espaço para todos no mercado". Essas são visões de neófitos no campo de batalha empresarial.

Primeiramente, vamos destrinchar a tal "solução única": essa solução é um produto/serviço que não possui substituto direto. Mas, se você já aprendeu algo até aqui, percebeu que independentemente do produto/serviço o mais importante são os *benefícios* almejados por seus clientes. Problemas, todos temos. Soluções para esses problemas existem inúmeras, você nunca terá o "produto mágico e acessível para todos". Se seu cliente não pode comprar picanha, comprará maminha. Se não pode comprar carne de gado, optará por porco, por peixe, por frango. Se não pode comprar carnes em geral, comprará ovos. Todos são fontes de proteínas. Deixe esse sonho infantil de "solução única" para os jovens dinâmicos *startupeiros*.

E não. Não existe espaço para todos. Só existe espaço para aqueles que oferecem *benefícios* diferenciados de maneira competitiva. E vamos ao óbvio: *de maneira competitiva* está relacionado diretamente a competir com seus concorrentes, a brigar por clientes, medir forças em um ambiente de negócios extremamente competitivo e belicoso. Não vá a uma guerra munido de pedras enquanto os demais concorrentes possuem tanques de guerra.

Empreender no Brasil é entrar em uma luta muitas vezes injusta, lutando contra um Estado que já lhe tributa antes mesmo de você abrir sua empresa, contra fiscais corruptos e contra concorrentes de diversos portes que não renunciarão a nem um palmo de sua carteira de clientes sem desferir contra-ataques ferozes — ao menos os capazes de analisar o mercado, afinal temos empresários e gestores medíocres espalhados por qualquer segmento. Mas, mesmo diante de concorrentes medíocres, os danos que você causar a seus faturamentos gerarão retaliações cedo ou tarde — com isso você pode contar.

135

GESTÃO DA MEDIOCRIDADE

Então, esteja preparado e avance rápido o suficiente para não ser brecado nos primeiros empecilhos. Qualquer passo que você der, seja qual for o tamanho de sua organização, será alvo de contragolpes.

Você prefere entrar treinado em um ringue de MMA ou como um novato que nem é capaz de levantar a guarda e se proteger de alguns golpes? O mesmo vale para o ambiente de negócios.

8.1 PREPARE SUAS ESTRUTURAS DEFENSIVAS

Antes de partir para o ataque no mercado, prepare suas estruturas. Você *necessariamente* precisa conhecer o ambiente em que iniciará seu combate por clientes.

Portanto, vamos ao passo a passo lógico:

PROBLEMA > SOLUÇÃO > BENEFÍCIOS

Quais problemas sua empresa resolve com seus produtos e serviços?

Quais são os benefícios e os diferenciais das suas soluções?

Para que camada do público?

Tendo em mãos seu público-alvo, é fundamental mapear seu ambiente e descobrir se esse público-alvo está na região que você deseja atuar.

8.2 MAPEAMENTO DO CAMPO DE BATALHA

Onde seu público-alvo está?

Você pode me dizer que suas soluções são vendidas online e, portanto, seus clientes estão em todo lugar. Mas temos custos envolvidos aqui, tanto logísticos (caso dos produtos físicos) quanto em investimentos digitais. Vamos a um exemplo estúpido, mas com certeza real: você está em Rondônia vendendo canecas com estampas de super-heróis e acredita que existem clientes potenciais em todo o território nacional. Porém, em certo ponto, seu frete se torna mais caro que o próprio produto e, quanto mais você se aproxima de centros urbanos em outros estados em suas promoções virtuais, maiores e mais competitivos são seus concorrentes. Vale a pena você investir nesses campos distantes de sua base? Já pensou no porquê de um "concorrente" do Rio Grande do Sul não anunciar canecas na sua região? A resposta é óbvia: competitividade.

Quanto a serviços, até onde você pode atender sendo competitivo? Por que alguém se deslocaria distâncias além da comodidade para ser atendido pela sua empresa? Caso seus serviços possam ser prestados remotamente, vale a pena investir em todo o Brasil em uma campanha ou seria melhor investir *em locais onde seus clientes possivelmente estão?*

PREPARE SUA EMPRESA PARA A GUERRA **137**

Apenas essa lógica já é um divisor de águas poderoso, pois *otimiza* seus investimentos bélicos. Lute onde você tem potencial de crescimento, onde seus benefícios podem ser cada vez mais interessantes.

Apenas um tolo acredita que pode agradar a todos, em todas as praças. E você não é um tolo, você é um general preparando sua empresa para a guerra. Enfatizo o *preparando*, pois estamos apenas nos estágios iniciais do seu planejamento bélico.

8.3 PREPARE-SE ONLINE E OFFLINE

É muito difícil iniciar batalhas baseado em modelos do século XX. Vivemos em uma sociedade integrada, online e offline. O brasileiro comum passa horas em seu smartphone, então é complicado você simplesmente abrir mão dessa oportunidade de interação, independentemente do seu negócio. Assim como a estratégia de ser dependente, exclusivamente, de mecanismos online para fazer negócios carrega a fragilidade de estruturas virtuais e de softwares. Sua empresa pode parar pelo simples fato de haver uma instabilidade no seu servidor de internet, no próprio software ou até mesmo sofrer uma parada por falta de energia elétrica (comum, mesmo em grandes centros urbanos no país).

Seu cliente potencial precisa ter mecanismos de toque com seu negócio 24h por dia. Utilizar meios online e offline mesclados sempre será uma opção de fornecer *algum* índice de resposta em qualquer situação.

Portanto, você precisa ter em mente duas estratégias básicas:

I. Sua empresa deve fornecer informações 24h.

II. Seus benefícios devem ser aparentes e reais.

A apresentação virtual da sua empresa é o modo de informar seu cliente. E a base de informações deve ser seu website.

Um bom website apresenta suas soluções e seus benefícios de maneira clara, sempre focada em diferenciais. Uma página estática e meramente institucional não tem validade maior que a caneta da empresa com a qual você presenteia seus clientes.

Imagine o website de um restaurante: de maneira institucional, são apresentados dados de contato, ano da fundação, meia dúzia de imagens e a localização. Se seu cliente quer efetivamente conhecer o SEU restaurante, irá digitar seu nome no Google e o local será apresentado no Google Maps. Lá já constarão informações básicas e superficiais. Se, mesmo assim, ele quer saber mais sobre sua empresa, ele acessa o seu website. No caso de um website medíocre, nenhuma informação relevante será apresentada, frustrando suas expectativas. Talvez ele

GESTÃO DA MEDIOCRIDADE

ainda busque informações em portais de avaliação, como o TripAdvisor. O que existe de certo é que, se seu cliente seguir procurando informações, fatalmente encontrará um concorrente que lhe despertará o interesse.

E, no caso acima, falamos de um cliente que *quer conhecer o seu restaurante*. Que tal inserir seu cardápio recheado de imagens? Seu chef falando da preparação dos pratos em vídeo? A apresentação do ambiente e da vista do local? Facilidades para estacionar nas redondezas? Quais vinhos ou bebidas combinam mais com cada prato? E se for disponibilizada uma ferramenta de reserva imediata, escolhendo o dia e o horário, os pratos e os acompanhamentos, com desconto para o pagamento antecipado?

Você percebeu benefícios no que eu expus agora? Com esse caminho completo, o cliente tenderá a fechar negócio com você já nessa etapa de busca de informações ou será impulsionado a buscar opções entre seus concorrentes? No mínimo você conquistou a atenção e a lembrança de um potencial cliente.

Esse pequeno exemplo de um restaurante, que muito bem poderia ter sua atuação exclusiva no ambiente offline, representa bem as possibilidades para uma ampla gama de empresas dos mais diversos portes.

No mercado é comum você se deparar com websites medíocres. Você tem certeza que é razoável perder potenciais clientes por não criar uma experiência primária de excelência? Isso é parte da estratégia comercial, não simplesmente fazer algo bonito e meramente institucional.

Vamos ampliar essa visão para empresas de médio porte: com quantos sites institucionais você se depara todos os dias? O que esses sites possuem de atrativos? Por que alguém voltaria a esses websites? Agora, principalmente, reflita sobre como essas empresas estão captando (ou não) potenciais clientes a partir dessa experiência online?

Eu trabalho com consultoria e treinamento. Em mais de 17 anos de atuação, sempre fui até meus potenciais clientes para realizar minhas negociações, nunca recebi um empresário em minhas instalações. Quando a distância é um impeditivo para efetivar uma visita de alinhamento presencial, fazemos uma conversa online via videoconferência. De que adiantaria eu investir centenas de milhares de reais em uma estrutura de atendimento física? Meus esforços de imagem e de experiência são online, via website, via artigos publicados, via vídeos de aulas. Mesmo que 90% dos meus projetos sejam executados presencialmente, minhas estruturas de contato 24h são online.

Não vivemos mais no tempo das "páginas amarelas", das listas telefônicas. Você precisa começar a vender suas soluções no exato momento em que o cliente está buscando informações sobre uma necessidade e se depara com sua empresa.

Obviamente, se você recebe seus clientes na sua estrutura física, ela precisa ser condizente com a sua apresentação online. Volte ao restaurante e me diga: um excelente website e um restaurante real muito aquém das expectativas irão criar uma péssima experiência em seu cliente. Mais uma vez, esse exemplo serve para qualquer empresa.

IMAGEM VERSUS ENTREGA DE EXPECTATIVAS = AUTENTICIDADE

Ninguém deve prometer soluções que é incapaz de entregar. Seja leal em seus benefícios. Nunca minta para seus clientes, nunca tente parecer o que não é. Só assim sua empresa irá conquistar as bases para competir a médio e longo prazos, de maneira digna e eficiente.

Se você parecer pior do que sua capacidade de entrega, já está queimando uma boa parcela da base de potenciais clientes. Se parecer melhor, irá frustrar esses clientes com sua entrega, o que irá gerar reações negativas. Você precisa de porta-vozes da sua empresa, de *advogados* da sua marca, não de detratores e ex-clientes insatisfeitos.

Já no que tange as iniciativas offline, monte materiais de apoio autênticos, de preferência com códigos QR para suprir seu cliente de maiores informações em seu próprio smartphone.

Quanto mais você unir ferramentas e facilidades online e offline, mais diferenciadas serão suas soluções e benefícios e, concomitantemente, melhor será a experiência do cliente com sua empresa.

8.4 PESSOAS E POSIÇÕES-CHAVE

Organizações são conjuntos de pessoas com um propósito comum. E escolher bem as pessoas que estarão ao seu lado em posições-chave é um dos seus pilares organizacionais mais firmes — lembrando que qualquer pilar que possa ser comprometido se transforma em uma fraqueza da sua estrutura.

Quando são desenhados seus processos, você precisa escolher pessoas comprometidas e competentes para processos-chave. E essa escolha não está vinculada a aspectos emocionais e de amizade, está vinculada a padrões de lealdade e à capacidade de entrega de resultados.

A divisão de tarefas é fundamental para que o gestor tenha mais tempo de qualidade para agregar valor à sua atuação. Você se lembra da Matriz Eisenhower, da qual falamos no primeiro ato deste livro? Foque sua atuação no que é realmente importante para o negócio. Atividades secundárias e terciárias de gestão devem ser distribuídas entre seus comandados.

GESTÃO DA MEDIOCRIDADE

A importância das decisões diminui a cada escala hierárquica, mas nem por isso as atividades secundárias ou terciárias devem ser negligenciadas. Todos os membros da organização possuem atividades e níveis decisórios correlatos à sua atuação, sendo que um pequeno deslize não detectado de nível primário pode se transformar em um grande transtorno nos níveis gerenciais.

Se alguma atividade não tem valor, não deveria ser feita. Portanto, as atividades de cada membro da organização devem possuir sentido e estar devidamente mapeadas dentro da estrutura de processos, prevendo seus impactos diretos e indiretos.

O que quero dizer com isso é: cada membro da sua organização possui responsabilidades imbuídas em seu cargo. E, quanto maior o nível desse colaborador, maior o impacto de suas ações no negócio. É justamente por isso que temos níveis hierárquicos de supervisão, uma forma de analisar e de corrigir possíveis erros iniciais.

Contudo, essas estruturas rígidas podem fomentar a desídia, com colaboradores de escalas menores percebendo o supervisor como o responsável único pelas entregas — o que formata o trabalho de níveis básicos à mera execução e remete a responsabilidade total por acertos e erros ao superior. Essa mentalidade forma uma cadeia de entregas displicentes, na qual o problema será sempre de quem ocupa um cargo de "responsabilidade" envolto em tais entregas. E, quando você percebe, a semente do "problema não é meu" se tornou uma árvore de problemas impedindo a correta atuação da sua empresa.

Uma das bases de negócios em que insisti veementemente nas etapas preliminares deste livro foi a cultura da Inovação. E, para manter um ciclo virtuoso de melhorias contínuas, sua empresa deve ter colaboradores que percebam problemas e trabalhem pela sua solução, criando melhorias constantes nas formas de executar suas atividades.

Pois bem, estamos diante de uma lacuna comum em organizações dos mais diversos portes — a formação de equipes autogerenciáveis, com capacidades de compreensão e de execução das suas atividades, *de forma a buscar constantemente melhorias*.

Eu sei, o nome deste livro é *Gestão da Mediocridade* e agora estou falando em pessoas capazes de criar soluções. Mas essa é a mentalidade inerente à montagem de uma equipe independente. Se todos dependem de superiores para a tomada de decisões e aprimoramentos, tais mudanças podem se tornar obsoletas antes mesmo de colocadas em prática.

Portanto, para efetivar uma cultura de inovação você precisa formar pessoas capazes de liderar processos de inovação. E esses líderes precisam repassar esse sentido de inovação constante aos demais, até o ponto em que a senhora que

PREPARE SUA EMPRESA PARA A GUERRA **141**

faz o café pela manhã no escritório encontre formas melhores de fazer e de servir tal café.

Líderes formando líderes. O poder do exemplo.

Se formos trazer os Métodos Ágeis da Gestão de Projetos para a gestão de equipes em geral, vemos como foco dessa estrutura metodológica a capacidade de entregas rápidas. Se dividem os processos em tarefas, nas quais as pessoas executam, independentemente, pedaços de uma grande estrutura. É como montar um prédio de Lego onde, ao mesmo tempo, e de maneira separada, pessoas estão montando o prédio todo em compartimentos que, depois de preparados, serão encaixados e formarão o prédio completo.

Utilizar essa técnica de projetos é possível na gestão de qualquer equipe, mesmo que na prática isso seja muito mais complexo que o exemplo do prédio de Lego. Perceba: para dividir um projeto ou um conjunto de ações entre uma equipe, você precisa considerar a capacidade individual de entregas de cada um dos membros.

Agora, em um modelo de gestão com a formação contínua de pessoas, você pode optar por preparar pessoas capazes de executar todas as tarefas das suas áreas. Um assistente de marketing deve conhecer todos os processos básicos de marketing e os sistemas utilizados, assim como seus pares. Na falta de um, outro executará as tarefas de ambos sem perdas significativas de qualidade. Um gerente comercial precisa entender todos os procedimentos e os passos das vendas para que não ocorram falhas em negociações ou em operações na falta do colaborador que seria responsável pela entrega, assim delegando para um novo responsável, ou mesmo executando a tarefa, caso seja de alta relevância e urgência.

Discuto isso com você porque muitas empresas são dependentes de alguns de seus colaboradores, quando não do próprio empresário/dono/CEO/empreendedor.

Ainda estamos na fase da montagem das defesas estruturais de guerra, portanto não irei me aprofundar nessa questão neste momento. Apenas quis demonstrar, brevemente, uma brecha comum nas defesas de uma empresa — colaboradores engessados em suas funções e seus conhecimentos.

Perder um colaborador-chave em empresas de estrutura rígida e hierárquica pode ser um duro golpe, de solução apenas a médio prazo. No caso de equipes em formação contínua, a solução vem a curto prazo.

E nem sempre o mercado e seus concorrentes lhe darão o tempo necessário para reestruturar seu negócio. Acredite: se um concorrente identificar uma peça-chave do seu negócio, um profissional valoroso, esse colaborador será aliciado pelo seu inimigo.

Para sua reflexão, segue um artigo que escrevi sobre o tema:

QUEM É INSUBSTITUÍVEL EM SUA EMPRESA?

Muitas vezes nos deparamos com gestores falando de colaboradores insubstituíveis em uma empresa. Pois gostaria de lhe desafiar neste momento a refletir sobre seu planejamento e sobre sua gestão de recursos humanos. Será verdade que existem profissionais insubstituíveis em uma empresa?

Inicio nossa reflexão com uma frase atribuída a Napoleão Bonaparte: "O cemitério está repleto de insubstituíveis." Portanto, podemos depreender duas hipóteses para sua organização, sendo que a primeira é que não existem insubstituíveis em uma empresa e a segunda — tétrica, mas justa — é que sua empresa será enterrada no futuro com seus insubstituíveis.

Dependência sempre é um erro. Depender de fornecedores, clientes ou colaboradores é um dos caminhos mais curtos para o fracasso empresarial.

É óbvio que devemos valorizar nossos talentos. Não estamos tratando disso e sim de nos prepararmos para suas saídas. Mesmo um talento alçado a sócio pode desejar sair da empresa e seguir outro caminho. Não existe garantia de que ele permanecerá com você. Mantê-lo deve ser prioritário, mas e se não for possível? E se seu talentoso colaborador ficar doente, tendo que se afastar do trabalho?

A empresa para? Quebra?

A gestão de recursos humanos deve ter como uma de suas premissas sempre preparar substitutos. E a premissa dos estrategistas da empresa é preparar uma organização para a ausência de qualquer um de seus membros, inclusive do próprio estrategista.

Para que uma empresa não seja dependente de pessoas-chave, é necessário um processo decisório mais horizontal, no qual mais pessoas sejam capazes de tomar decisões independentes. E isso reflete justamente em retirar poderes de alguns e delegá-los.

Quando treino pessoas para trabalhar comigo ou em uma organização, busco torná-las independentes. Quero que se acostumem a tomar decisões sem precisar necessariamente do meu aval. E isso começa com decisões simples, se tornando mais complexas com o passar do tempo, o que envolve riscos.

Aqui está a chave: mapeamento de riscos e dos impactos de decisões erradas.

O primeiro ponto é compartilhar com a equipe a visão estratégica do que está sendo almejado com as ações que serão tomadas, assim como os riscos possíveis. Com uma equipe consciente do que se almeja com um plano de ações, menores serão os erros. Quanto mais conscientes do impacto de suas ações perante o todo, mais as pessoas envolvidas tendem a refletir nos impactos do seu trabalho sobre o todo do projeto.

PREPARE SUA EMPRESA PARA A GUERRA **143**

Sequencialmente, você deve delegar tarefas de acordo com os perfis e as habilidades do time. E dar autonomia para que indivíduos ou grupos tomem certas decisões. O que um gestor de projetos precisa é de indicadores, não de longos relatórios e reuniões intermináveis. Você precisa ter um time no qual pode confiar ou então prepará-lo para ser confiável.

Dois pontos-chave até aqui: mapeamento de riscos e indicadores. Nunca entre em um voo cego.

Grupos ou indivíduos não são infalíveis, tenha consciência disso. E tenha consciência de que, quando você delega, assume que erros irão acontecer. E erros significam tempo e orçamento perdidos.

Comumente analiso indicadores e percebo problemas, me reunindo então com a equipe ou com o indivíduo responsável para compreender o que está acontecendo. E os erros aparecem, sendo corrigidos em tempo hábil, pois busco prever isso em cronogramas de projetos.

Agora você pode se perguntar: se sei que a equipe vai errar, por que por vezes assimilo o erro e trabalho em sua correção em vez de determinar tarefas restritas e ações, onde todos irão executar o que planejei e da forma que eu faria?

Porque não quero equipes dependentes e meramente executoras de tarefas.

Vamos aos pontos de aprendizagem expostos:

1. As pessoas aprendem com seus erros. E é importante que façam testes, o que gera uma curva de aprendizado impossível para simples executores de tarefas.

2. Pessoas que aprendem com seus erros se tornam mais experientes e capacitadas a tomar decisões no futuro. Este é um dos papéis mais importantes de um gestor: preparar as pessoas para a tomada de decisões embasadas.

3. Muitas vezes as soluções encontradas por indivíduos ou equipes são inovações em procedimentos e táticas. Então, você está aprendendo com sua equipe e identificando reais talentos.

Perceba a importância do mapeamento de riscos e a gestão de indicadores. Um bom gestor é como um piloto de avião, sempre atento ao painel de indicadores do voo. Se o voo vai bem, em velocidade de cruzeiro, o gestor de tempos em tempos toma um café com os indivíduos para saber como eles estão buscando soluções e as lições aprendidas. Se o voo apresenta problemas, o piloto do projeto busca identificar as falhas no painel e corrigi-las.

Depois de algumas centenas de horas de voo solo, os colaboradores passam a se sentir mais confiantes e estão preparados para ações cada vez mais complexas, até passarem a dividir a cabine de comando com você.

> *O importante desse processo é mapear as virtudes e as fraquezas dos indivíduos da equipe e trabalhar para um processo de melhoria contínua.*
>
> *Agora voltamos à questão inicial do artigo: existem insubstituíveis na empresa ou está faltando uma gestão mais dinâmica? Quem está sendo preparado para substituir os "insubstituíveis"? Quem está sendo testado e tendo suas habilidades colocadas em xeque, de maneira a ser cada vez melhor e mais experiente?*
>
> *Gestores medíocres têm medo de equipes qualificadas pois, a qualquer momento, um de seus membros pode vir a substituí-los. Gestores estrategistas possuem a visão de que, quanto mais qualificada e competente for sua equipe, mais ele pode voltar sua atuação à definição de estratégias e aos estudos de inovação que trarão impactos reais sobre o desempenho da empresa.*
>
> *Medíocres sempre acreditam que são insubstituíveis em uma empresa. Lembre-se disso.*
>
> Artigo publicado pelo autor no site https://www.aulasdenegocios.com.br

8.5 PROVISÕES DE GUERRA

Manter bases financeiras sólidas é fundamental para qualquer estrutura de negócios.

Em diversos projetos de reestruturação me deparei com empresas sem caixa para maiores investimentos devido ao valor expressivo da divisão de lucros entre seus sócios durante os anos. E, quando foi necessário reestruturar o negócio, o caixa da empresa era mínimo.

Quando pensamos em empresas iniciantes, é fato que muitos empreendedores acreditam que obterão lucros que pagarão seus investimentos iniciais, ou mesmo as parcelas dos empréstimos que contraíram para abrir suas empresas. E muitas empresas vão à falência ainda em seus estágios iniciais por não possuírem capital de giro.

Vamos a uma obviedade: uma empresa precisa de saúde financeira, seja para se manter, seja para reinvestir em melhorias contínuas, seja para lançar novas soluções, ou mesmo avançar sobre novos mercados.

Sobre empresas iniciantes, o ideal é um capital de giro que comporte de seis a oito meses sem faturamento. Mesmo que você almeje começar seu negócio com a entrada de clientes imediata, precisa se precaver de maneira bastante conservadora.

Sobre negócios mais estruturados, um bom plano de investimentos em melhorias contemplará o percentual estimado necessário que deve ficar na organização antes da divisão de lucros.

PREPARE SUA EMPRESA PARA A GUERRA **145**

Porém, se você é um empresário médio e fica reticente sobre a real necessidade de capital, pense nessa divisão como um sócio adicional. Se você tem mais dois sócios, em vez de dividir os lucros entre três pessoas, divida em quatro partes... sendo que esse quarto agente é um investimento em renda fixa com alta liquidez.

Estou colocando aqui alguns parâmetros para sua reflexão, não existem números mágicos. Existe a realidade de cada negócio. Mas apenas uma certeza: se você não implementar uma estrutura lógica de gestão de caixa em sua empresa, inclusive no contrato social, terá que buscar empréstimos para processos de inovação, o que não é recomendável, já que nunca provêm uma garantia de sucesso e consequente aumento de lucratividade. Trata-se de um risco, porém muito inferior ao risco de estagnar seu negócio.

Sempre existe uma maneira melhor de fazer algo. E, com os avanços tecnológicos constantes, uma nova tecnologia nunca chega "barata" ao mercado. Estime que uma nova tecnologia pode custar milhares, dezenas de milhares, centenas de milhares ou até milhões de reais. E possuir caixa é fundamental para implementar melhorias.

Além da inovação, temos os movimentos da concorrência. Guerras de preços são comuns e geralmente a empresa sobrevivente é a que tem mais caixa para resistir o tempo que for preciso até quebrar seu concorrente.

Um exemplo claro dos perigos apresentados pela concorrência é o da Netflix, uma empresa que criou um nicho de mercado, com filmes e séries em *streaming*, que viu a entrada de gigantes como a Amazon, a Disney e a HBO/Warner no mesmo mercado... com preços muito mais agressivos de entrada, o que, em 2022, representou a queda de usuários da empresa, quando ela previa crescimento. O mercado está sendo dividido e a Netflix está perdendo competitividade. A empresa também não partiu para inovação de seu modelo, adicionando conteúdos ao vivo (tais como esportivos) ao seu hall de opções. Talvez venha a entrar no mundo do *streaming* de games, mas já está atrasada em relação às outras empresas como a Microsoft e o próprio Google. Ter uma ampla capacidade de servidores é fundamental para diversos usuários jogando de maneira cooperativa, o que diminui ainda mais as chances da Netflix nesse mercado.

A Netflix é uma empresa inovadora que não se manteve inovando e perdeu aderência em um mercado que agora também é disputado por gigantes do entretenimento. E, para piorar a situação, ainda é o serviço de assinatura mais caro do segmento. Tempos difíceis para a empresa, que tende a ser adquirida por outro grupo com maior poder de caixa e soluções tecnológicas mais avançadas.

Todos conhecem os castelos medievais, verdadeiras fortalezas feitas para resistir a grandes ameaças. Mas você sabia que a maior parte das tomadas de castelos se dava por cercos militares? O invasor tentava deixar o castelo sem recursos para a subsistência das pessoas. Sim, a principal técnica era um exército cercar o castelo e impor a fome das pessoas protegidas dentro dele. Porém, se um castelo estava bem abastecido de alimentos e com bastante água disponível (ou cerveja, em muitos casos), os invasores precisavam se preocupar com a manutenção de suas próprias tropas de cerco... e, se não tivessem mantimentos suficientes para manter milhares de soldados e serviçais por mais tempo que os defensores, iniciavam um ataque direto.

Defender um castelo medieval certamente era mais fácil que invadi-lo. Obviamente, existiam diversas formas de defender ou de invadir um castelo, mas esse não é o ponto.

O ponto é: o lado mais preparado vencia.

Essa é uma analogia válida no mundo dos negócios.

Cortar linhas de fornecedores de concorrentes, contratar seus melhores funcionários, ter amigos entre fiscais ou políticos locais (Brasil, lembre-se sempre disso), iniciar guerras de preços, atacar clientes da carteira adversária com propostas absurdamente baratas — tudo isso faz parte do jogo.

Previna-se. Crie suas muralhas, escave seu poço. Coloque armadilhas no trajeto dos seus inimigos. Treine arqueiros, busque tecnologias de defesa. Forme uma defesa sólida ao redor da sua empresa, pois nosso país traz um ambiente de negócios bastante volátil e concorrentes hostis — nem sempre preocupados com a ética nos negócios.

Cuide de seus suprimentos, de seus estoques. Se seus produtos não são perecíveis, pense nas oscilações do dólar, na inflação, na oferta desses materiais e na vantagem de ter ou não investimentos em estoque.

O modelo *Just in time*, com estoques mínimos e uma rede de fornecedores confiáveis ao redor da empresa, é virtuoso no Japão. Aqui é perigoso. Coloque isso na sua balança antes de tomar uma decisão baseada nas ideias do sobrinho do seu amigo que voltou de um MBA em Harvard na área financeira.

O Brasil não é para amadores.

8.6 SEJA ALIADO DE BONS FORNECEDORES

Nenhuma empresa é 100% independente, mesmo que atue 100% online.

No caso de produtos, você precisa de insumos e precisa garantir que o produto chegue aos seus clientes. Depender de apenas um fornecedor pode se tornar um grande problema, mesmo que sua empresa esteja protegida por um contrato rígido de fornecimento. Tenha opções, mescle fornecedores que possuam tempo de entrega interessantes, qualidade dos produtos padronizada e preços interessantes. Nem sempre você consegue rapidez na entrega, isso tem um preço. Mas o fornecedor que cobra mais caro em algo que pode lhe entregar rapidamente deve, necessariamente, estar cadastrado entre seus fornecedores. Emergências devem ser previstas.

Na prestação de serviços, seus equipamentos ou insumos devem possuir um nível de qualidade mínimo para que isso não interfira na própria qualidade da entrega. O preço não deve ser seu critério primário de escolha, mas sim fazer parte de questões relevantes à execução e à entrega da sua solução. O que é mais caro: a incapacidade de entrega de uma solução que satisfaça seu cliente plenamente ou um custo maior em sua operação? Se esse custo pode ser assimilado ao seu preço, reflita a respeito, isso impacta diretamente na sua capacidade de prover soluções.

O que é caro ou barato?

(Vídeo 14) O que é caro ou barato?

Uma questão muito importante para sua reflexão são os contratos de fornecimento. Leia os contratos, discuta-os quando possível. Se sua empresa for dependente de uma única solução, como um software, é muito importante prever *como exportar* os dados desse sistema para que sejam incorporados por um segundo sistema de outro fornecedor.

Caso receba insumos, ou mesmo produtos, *qual é a penalidade imposta ao fornecedor pela não entrega dos produtos certos no prazo certo*? Como comentei anteriormente, você precisa de fornecedores cadastrados que tenham o prazo enxuto como diferencial, e terá que pagar o preço dessa entrega a jato em caso de falhas de outros fornecedores. Isso precisa estar previsto, caso seja impossível em seus contratos de fornecimento ou em seu fluxo de caixa.

8.7 GESTÃO DE RISCOS

Riscos devem ser tabulados e necessitam de reservas financeiras exclusivas para seu contorno. Sempre tenha uma reserva financeira para eventualidades. Coloque essa reserva em um investimento de renda fixa e de resgate imediato. Confie em mim, em algum momento você terá uma emergência, desde um notebook que precisa ir para a manutenção até uma carga de insumos que virá com problemas.

Arquivos podem ser corrompidos. Celulares e equipamentos podem ser roubados ou extraviados. Tenha cópias das suas operações na *nuvem* e em HDs externos, ou mesmo em pendrives, de preferência criptografados. Mas nunca se exponha a riscos desnecessários.

Pensar em riscos é pensar em segurança. Você precisa estar seguro de que suas operações não irão parar em casos como falta de energia elétrica, alagamentos e outros sinistros em geral. Você precisa ter a segurança da capacidade de entrega de suas próprias soluções aos seus clientes. Quem não pensa em problemas possíveis é um temerário, acreditando que o azar só existe na vida dos outros.

Se um funcionário ficar doente, como você acessará suas negociações e suas operações?

Planos de redundância — nos quais existe mais de uma forma de fazer algo, mais de uma cópia de arquivos, mais de uma ferramenta para efetivar uma operação — são muito importantes.

Isso se tratando de fatores tradicionais de negócios, sem contar a possibilidade de um fiscal corrupto invadir sua empresa com uma ordem judicial e levar seus computadores, de um funcionário roubar seu banco de dados e ir trabalhar em um concorrente. Estamos no Brasil, não na Finlândia. As mazelas que podem acometer nossos negócios devem ser previstas e camadas de segurança devem ser aplicadas.

Pense sobre movimentos dos seus potenciais concorrentes: guerras de preços, promoções desatinadas... inclua o desespero dos seus rivais em suas análises.

Se você é um gestor, é hora de tomar um café e escrever todos os problemas graves que podem explodir em sua empresa. Quando começar a escrever, irá se deparar com a realidade de que muitos dos riscos não foram englobados em seu planejamento atual.

Dica: insira em seus rascunhos riscos sobre possíveis novas pandemias, conflitos militares, mudanças na estrutura política e na legislação, assim como, obviamente, recessões econômicas.

REFLEXÕES DO CAPÍTULO:

- ▱ Qual é o seu mercado? Qual é o seu domínio sobre ele?
- ▱ Como você está protegido de infiltrações de concorrentes?
- ▱ A imagem de sua empresa (online e offline) está de acordo com suas soluções?
- ▱ Faça um mapeamento dos seus Recursos Humanos: de quem você é dependente hoje?
- ▱ Como preparar pessoas para novos desafios, diminuindo suas vulnerabilidades humanas? Que tal iniciar processos de delegação de tarefas?
- ▱ Você está fazendo provisões financeiras e de estoque?
- ▱ Sua empresa é dependente de quais fornecedores? É possível buscar alternativas para eventuais problemas de fornecimento? Faça um mapeamento.
- ▱ Mapeie seus riscos, suas fragilidades e suas fraquezas. Quando e como podem surgir problemas?
- ▱ O que pode mudar nos ambientes econômicos global e local? Como você pode se proteger?

CAPÍTULO 9

PREPARE SUAS ESTRUTURAS OFENSIVAS

Se estamos em um ambiente mercadológico de conflitos, precisamos estar preparados para aproveitar as oportunidades abertas por nossos concorrentes. Estamos em um mercado de gestores medíocres, portanto erros estratégicos são comuns.

> "Se um inimigo deixa
> uma porta aberta,
> precipitemo-nos por ela."
>
> Sun Tzu – *A Arte da Guerra*

Um bom planejamento de curto, médio e longo prazos é bastante importante. Porém, as oportunidades deixadas por brechas na atuação de concorrentes normalmente se consolidam na aquisição dos seus clientes de forma facilitada.

Neste livro, já tratamos da lógica de tornar sua própria empresa um "relógio suíço". E são justamente as falhas nessa lógica que abrem nossos clientes para nossos rivais. Não é fácil manter a qualidade dos produtos, na prestação de serviços e no tempo de entrega. Nem todos os clientes têm como única métrica em seu processo de compras o preço — confiança também é muito importante.

Vamos abrir sua estratégia de ataque por camadas, de forma a criar uma lógica em sua estrutura comercial de ataque:

9.1 OS 4 Ps DO MARKETING – PRODUTO E PREÇO

Sim, voltamos a esse tópico. E justamente porque é fundamental em seu raciocínio estratégico de mercado. Vamos abrir algumas análises e depois mesclá-las em estruturas lógicas. Vale a pena rever o assunto com o que debatemos até aqui.

Imagine-se com a ideia de uma nova frente de negócios, com um produto diferenciado. Antes de partir para a produção em massa desse produto (que pode se tornar um verdadeiro fracasso de vendas, já que 80% dos produtos lançados mundialmente fracassam — segundo o professor Christensen, de Harvard), precisamos entender primeiramente os clientes que almejam essa solução.

Pesquise por problemas relacionados à sua solução na internet, busque entender como os clientes solucionam esse problema hoje. Feita essa pesquisa inicial, abra grupos de estudo com clientes que poderiam utilizar sua solução e questione sobre os benefícios atuais e futuros de uma possível solução (seu produto). Se as respostas a seu favor forem promissoras, crie um protótipo e teste-o junto ao público-alvo. Colha as impressões de suas cobaias (quero dizer, clientes potenciais) e faça os ajustes necessários.

Se seu produto parecer promissor depois dessas etapas, os indícios de que pode ser viável estão se consolidando. **Chegamos à versão beta do seu produto.**

Agora, é hora de uma análise de custos e de preço. Levante todas as formas possíveis de reduzir custos, analise escala, fornecedores de insumos, capacidade produtiva e o *custo de oportunidade* (afinal, para produzir seu novo produto você terá que deslocar recursos de outra área ou mesmo de outro produto da sua empresa, além de recursos humanos).

Tendo os custos calculados em três versões (pequena, média e grande escalas), você vai partir para a análise de preços. Compare as soluções atuais para o problema em voga com a sua solução. Qual a diferença entre custo x benefício das soluções atuais e da sua solução? Vale a pena a migração? Os benefícios realmente condizem com essa possível precificação?

Volte ao mercado e faça testes com seu produto na prática, junto a potenciais clientes, então discuta a precificação final com eles. O que acham? Qual o *payback* (tempo de pagamento do investimento) dessa solução? Crie cenários a curto, médio e longo prazos com a sua solução. Compare-a com as soluções disponíveis no mercado. **Chegamos à versão beta de seu preço a curto, médio e longo prazos — escala x custos envolvidos x o preço que o cliente se dispõe a pagar.**

Vamos abrir essa questão em um comparativo:

ATRIBUTOS	SEU PRODUTO	SOLUÇÃO 2	SOLUÇÃO 3	SOLUÇÃO 4	SOLUÇÃO 5
PREÇO					
PAYBACK					
BENEFÍCIO 1					
BENEFÍCIO 2					
BENEFÍCIO 3					
BENEFÍCIO ...					
VANTAGEM A CURTO PRAZO					
VANTAGEM A MÉDIO PRAZO					
VANTAGEM A LONGO PRAZO					

(Quadro 1) Comparativo comercial.

Seja honesto. Esse é um comparativo interno, fundamental para a análise de Marketing. Muitos profissionais que trabalham no desenvolvimento de produtos "se apaixonam" pela ideia e deixam a lógica de lado, "vendendo" seu produto em vez de analisar friamente seu potencial de mercado.

A mesma lógica vale para serviços. Entender por que as pessoas optariam pela sua solução é fundamental.

Você pode se perguntar: por que falei em preços sem tratar descontos promocionais nessa etapa? Porque precisamos analisar a viabilidade final da solução. Muitas empresas lançam produtos com preços promocionais, e depois de entrarem no mercado não conseguem reajustar os preços, simplesmente porque *os benefícios não valem a pena para o cliente*. Novos produtos lançados sem essa análise fria podem causar *prejuízos* para a organização, tanto em termos de custos de produção *versus* precificação final quanto ao *custo de oportunidade*. Trazer soluções inovadoras é uma frente importante, mas isso não pode aleijar sua empresa em sua capacidade financeira.

Isso responde a uma questão básica: muitas empresas não lançam mais inovações porque, *financeiramente*, isso pode causar impactos desastrosos.

Uma solução tem um ciclo de vida, desde seu lançamento até sua obsolescência. E essa solução precisa ser autofinanciável ou constituirá um prejuízo para a organização. Lembre-se: falamos dos custos do produto, de sua precificação...

mas nem entramos ainda nas verbas de promoção e na venda de tal solução. Um novo produto precisa ser incentivado de forma maciça, despertando o interesse dos potenciais clientes. **Optar pela sua nova solução exige do cliente renunciar à sua solução atual**. Nem sempre essa é uma decisão fácil, exigindo pressão. E pressão exige verbas para convencimento.

Neste momento, é importante você considerar toda sua gama de soluções. Falamos aqui de produtos inovadores, mas a lógica dento de *Produto* e *Preço* exige analisar o que você já possui dentro de sua estrutura.

A melhor maneira de avaliar seus produtos é a clássica Matriz BCG, do *Boston Consulting Group*, criada em meados dos anos 1970:

(**Imagem 3**) A Matriz BCG.
Fonte: O Autor.

- Os novos produtos são um "ponto de interrogação".
- Os produtos "estrela" são produtos que ainda estão em crescimento no seu ciclo de vida, mantendo potencial de expansão no mercado.
- As "vacas leiteiras" são produtos que já estão consolidados no mercado, sem maiores chances de crescimento, pois já atingiram sua maturidade e seu público-alvo potencial.

☠ Os "abacaxis" já não valem a pena serem produzidos, estão presentes em sua cartela de soluções apenas porque alguns clientes ainda demandam essa solução decadente e você não quer abrir mão desses clientes.

Ao lançar um produto ou serviço, ou uma linha de soluções, você possuirá dúvidas se será bem-sucedido, investindo para que a solução se torne uma "estrela" em seu portfólio, com potencial maduro de crescimento. Uma solução que se torna um sucesso comercial atingirá sua maturidade, se tornando uma "vaca leiteira" e um dia se tornará obsoleta, virando um "abacaxi". **Essa é a representação gráfica do "Ciclo de Vida" de produtos**:

(Imagem 4) A Matriz BCG representando o ciclo de vida dos produtos.
Fonte: O Autor.

Reflita: de onde virão os investimentos para inovação? Produtos "estrela" ainda exigem investimentos, portanto seus recursos de guerra proverão do seu *fundo para investimentos* ou da "vaca leiteira" e dos "abacaxis". Você abriria mão agora de capacidade de produção e promoção de produtos "vaca leiteira" para realocar esforços na produção de inovações? Irá retirar recursos dos abacaxis, desagradando clientes que podem ser relevantes para sua organização?

Se não deseja enfraquecer suas "vacas leiteiras", de onde virão novos recursos?

Está explicitada assim a importância de manter reservas de caixa na empresa, sem pulverizar os lucros entre sócios, acionistas ou mesmo na participação nos lucros para colaboradores. Tudo tem uma medida certa e errar nisso é criar um "cobertor curto" na sua capacidade de investimentos, lhe obrigando a realocar recursos em vez de investir na expansão dos negócios.

Recursos são a base dos investimentos de guerra.

Se você deseja se aprofundar um pouco mais na lógica da Matriz BCG, segue uma aula sobre o tema:

(Vídeo 15) A Matriz BCG.

Vistas as características preliminares dos dois primeiros Ps — *Produtos e Preços*, seguimos para a Praça, a péssima tradução abrasileirada de *Placement (Colocação)*:

Com um público-alvo definido, você precisa entender *onde está* esse público: no seu bairro? Na sua cidade? No seu estado? No país? No mundo? Essa aferição é muito importante para definir os recursos que serão empregados em sua estratégia de invasão.

Pense na sua capacidade de entrega: até onde sua solução é competitiva? No caso de produtos, analise seus custos logísticos. No caso de serviços, a viabilidade do seu cliente vir até você. Já em produtos ou serviços digitais, pense nos custos da competição em leilões online por cliques em anúncios patrocinados: vale a pena atuar em um grande território ou é melhor focar seus recursos escassos em algumas regiões com clientes mais propícios a fechar negócios com você?

Essa lógica define onde você vai atacar e, portanto, onde vai vender. Suas vendas são totalmente online ou sua empresa conta com vendedores/representantes? Vendedores são como a infantaria do seu exército, não tendo apenas custos de armas comerciais, tais como materiais de apresentação, mas também de suprimentos básicos como alimentação, combustível, telefone, aplicativo para efetivar pedidos, hospedagem, entre outros custos aleatórios. Portanto, sempre reflita sobre a escassez de seus recursos, já que eles não são ilimitados. Você deve, necessariamente, definir prioridades. Isso é uma escala, não uma trava. No momento em que você penetra o mercado de um concorrente e se estabelece, nada impede novas conquistas baseadas nesses espólios de guerra por mais territórios.

GESTÃO DA MEDIOCRIDADE

Riscos *versus* retornos.

Agora vamos às bases da formação da sua Estratégia de Colocação (*Placement*):

9.2 OS 4 Ps DO MARKETING – CANAIS DE VENDAS (COLOCAÇÃO/PRAÇA)

Canais de vendas podem ser curtos, médios ou longos. Sua definição se dá sobre o nível de *controle* que você deseja sobre informações e relacionamento com seu cliente.

Canais de Vendas Diretas: em um canal de vendas diretas, sua relação com seus clientes é estreita. Você vende diretamente para o cliente final e potencialmente cria um relacionamento com ele.

- Vantagem: controle total sobre as relações com seus clientes.
- Desvantagem: baixa capilaridade — seu produto será vendido estritamente em áreas onde sua empresa possui atuação.

Canais Médios de Vendas: sua empresa vende para lojistas ou revendedores de soluções, que serão responsáveis pela captação e pela venda para os clientes finais.

- Vantagem: sua empresa possui mais frentes de vendas, difundindo seus produtos em mais mercados.
- Desvantagem: o nível de informações sobre seus clientes diminui consideravelmente, exigindo investimentos em relacionamentos mais sólidos com os revendedores.

Canais Longos de Vendas: você vende para agentes comerciais de alto poder de revenda, tais como Distribuidores. Esses agentes irão revender seus produtos (possivelmente com exclusividade em suas regiões) para terceiros que, enfim, venderão seu produto para o cliente final.

- Vantagem: capilaridade via grandes distribuidores, que possuem equipes próprias de revendedores e uma extensa carteira de clientes.
- Desvantagem: o distribuidor terá controle total sobre revendedores e dificilmente lhe fornecerá informações de mercado.

Segue uma visão gráfica dos modelos de canais:

PREPARE SUAS ESTRUTURAS OFENSIVAS 157

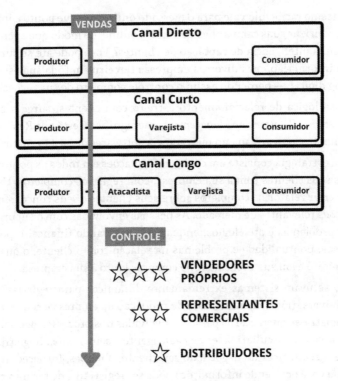

(Imagem 5) Canais de vendas e controle comercial.
Fonte: O Autor.

    Essas são as visões primárias sobre Canais de Vendas. Não irei estendê-los, pois cada segmento possui uma realidade própria e peculiaridades. Mas você já pode perceber que essas questões influenciam diretamente em sua Estratégia de Marketing e de Vendas. Se gerenciar as informações sobre seus clientes pode vir a ser um diferencial competitivo, você precisa refletir sobre os impactos de abrir mão dessas informações em nome de outro diferencial competitivo — uma maior capilaridade.

    Quanto mais complexa sua solução, mais informações de mercado e de clientes você deve ter. Imagine um sabonete de glicerina básico: você não precisa se relacionar de maneira próxima com seus clientes. Mas, se você vende soluções para empresas, não gostaria de ter mais informações sobre seus clientes? Tendo a dizer que informações são fundamentais para a viabilidade do seu negócio em vendas B2B (*business to business* — vendas entre empresas) a médio e longo prazos.

GESTÃO DA MEDIOCRIDADE

O mesmo raciocínio vale para o mercado online: até que ponto é interessante você terceirizar suas campanhas de vendas online, de modo que apenas terceiros tenham a inteligência de captação de clientes? Você pode até se surpreender com essa informação, mas diversas empresas terceirizam toda sua estrutura de marketing digital — perdendo assim o controle completo de suas ações digitais.

Nessa lógica de relacionamento estreito com clientes, surge a estratégia *CRM – Customer Relationship Management*, que significa Gestão de Relacionamento com Clientes, pulverizada no mercado via softwares de gestão customizados.

Essa estratégia consiste em captar informações em todos os pontos de interação dos seus clientes com a sua empresa, com registros completos. Um vendedor pode criar relatórios completos sobre seus clientes e seus concorrentes, com informações relevantes de mercado. As pessoas envolvidas com o suporte podem registrar problemas e até elogios, enquanto o pessoal do financeiro pode registrar atrasos, pontualidade e problemas na relação com o cliente, o que impacta em seu crédito e em sua capacidade de compras junto à sua empresa.

Não se usam sistemas extremamente dinâmicos para registrar apenas a data de aniversário do cliente, a data de fundação da empresa e seus últimos pedidos. Registra-se quem são as pessoas envolvidas nos processos decisórios, suas características, as peculiaridades de cada agente e seus gostos. Registram-se informações estratégicas do negócio do seu cliente, objeções, fornecedores atuais. Tudo o que você obtiver de informações pode ser registrado, de forma a criar uma relação totalmente customizada com seus clientes.

Caso você seja um iniciante em estratégias envolvendo o CRM, segue um artigo que publiquei explicando sua aplicação em empresas de pequeno e médio portes:

CRM PARA PEQUENAS E MÉDIAS EMPRESAS

Muito se fala em CRM, mas é interessante perceber que pouco conhecimento é aprofundado a respeito do termo. Não confunda CRM com um sistema de informações ou mesmo om uma ferramenta. **CRM é uma estratégia organizacional** *e sua empresa pode ser preparada para ela.*

Qual é o futuro das relações da sua empresa com seus clientes?

Em um mercado cada vez mais competitivo, é impressionante visualizar o número de empresas que ainda não trabalham com diferenciais na qualidade do relacionamento com seus clientes, tais como o CRM. Será que o cliente brasileiro ainda não é tão exigente quanto o cliente norte-americano ou europeu? Quem partir dessa premissa está com seu negócio fadado ao fracasso.

O desenvolvimento do e-commerce trouxe mais um fator de complexidade às relações empresa-cliente: hoje as pessoas podem comprar de empresas do mundo inteiro. Sua empresa não concorre mais com as demais em sua região, concorre com empresas globalizadas.

É possível fidelizar clientes nesse cenário? Não. Mas é possível desenvolver um relacionamento tão interessante para o cliente que mudar de fornecedor se torne algo desagradável. O custo de mudança é alto quando uma relação com uma empresa é alinhada exatamente com as necessidades do cliente.

Reflita: quantas vezes você já pagou mais caro por um produto ou serviço porque você gosta do atendimento que lhe é prestado? Ou porque você confia mais no fornecedor escolhido? Lembra-se da dificuldade que foi para você o fato do gerente de sua conta no banco — aquele de quem você gostava tanto que até passava lá só para tomar um cafezinho — ter sido promovido e mudado de agência?

Isso é relacionamento. E perder um bom relacionamento é desagradável. Esse é o custo de mudança.

Todos nós buscamos diferenciais no atendimento que nos é prestado. O que diferencia as diversas empresas que competem no mesmo segmento, com produtos e preços semelhantes? Relacionamento. E relacionamento se baseia em qualidade no atendimento, cumprimento de prazos, tratamento personalizado e conhecimento do fornecedor sobre nossas necessidades.

CRM: Customer Relationship Management, ou Gestão de Relacionamento com o Cliente, é uma estratégia organizacional. Parte do princípio da personalização do atendimento de seus melhores clientes, de agregar ao seu relacionamento o custo de mudança.

Quando o termo "melhores clientes" foi grifado no parágrafo acima, não foi por acaso. É praticamente impossível investir em relacionamentos com todos os seus clientes, assim como é imprescindível investir nessa sistemática com os melhores.

Qual é o custo de prospectar um bom cliente? E se você perder os melhores comprado-res de seus produtos ou serviços, como isso irá influir em seu faturamento?

Tão ou mais importante que a consciência de que é importantíssimo desenvolver relacionamentos ótimos com os melhores clientes de sua empresa é ter muito clara esta definição: o cliente deve ter relacionamento com a sua empresa, não apenas com o vendedor que lhe atende.

Vamos abrir um pouco essa colocação: quando o cliente possui um relacionamen-to sólido com uma empresa, ele sabe que será muito bem atendido sempre que neces-sitar de informações ou que tiver novas necessidades. É a empresa que é competente, a empresa que lhe atende de maneira diferenciada. Personificar o atendimento é buscar a fidelização, é basear uma negociação no carisma e na competência de uma pessoa — o vendedor. E se o vendedor for trabalhar para um concorrente? Reflita: é fundamental que seu vendedor ou gestor do contrato seja um excelente profissional, mas a sua empresa também deve ter refletidos seus diferenciais, suas qualidades e seus benefícios na relação comercial.

O termo-chave é custo de mudança. Os concorrentes conseguem ter tantas in-formações sobre o seu cliente como sua empresa? Eles possuem procedimentos adap-tados às demandas específicas do cliente à pronta-entrega? Quais as dificuldades que seu cliente encontrará buscando um novo fornecedor?

É interessante refletir também quanto ao tratamento "seu cliente". Ele não é seu e nunca será. Ele se relaciona com você, assim como se relaciona com diversos fornecedores de outros segmentos.

Mais uma conclusão surge desse raciocínio: quanto menos fornecedores seu cliente tiver, melhor será seu relacionamento com ele. O que o seu cliente precisa hoje que você não fornece? É muito importante conhecer as necessidades de seus clientes. Algumas são fáceis de atender, outras exigem maior esforço. Mas é certo que, quanto mais soluções você proporcionar, maior será o custo de mudança de deixar de com-prar de sua empresa.

O que é necessário para implementar um CRM? Comprometimento de todos os membros da organização. Lembre-se, CRM não é uma ferramenta e sim uma estratégia. E estratégias dependem fundamentalmente de pessoas para serem bem-sucedidas.

Em geral, o primeiro passo para a implementação de uma sistemática de CRM é dado na área comercial, já que são as pessoas que se relacionam diretamente com os clientes. Mas esse esforço será em vão se não forem geradas informações rele-vantes que sejam distribuídas em todas as áreas da organização. A logística precisa conhecer seu cliente, a área financeira precisa conhecer o seu cliente, o BackOffice precisa conhecer seu cliente, a secretária deve conhecer o seu cliente. Enfim, todos os membros da empresa devem conhecer o seu cliente. E isso se reflete também na área comercial, onde os envolvidos terão informações completas sobre seus clientes,

PREPARE SUAS ESTRUTURAS OFENSIVAS · **161**

geradas por todas as áreas da empresa. E para isso todos devem estar dispostos a trocar informações, a gerá-las e compartilhá-las.

Conheça os seus clientes.

Quando se fala em melhores clientes, estamos falando daqueles com melhor rentabilidade. Pense em margem de lucro: custo para atender o cliente x receita gerada. Não raras vezes, os melhores clientes não são os maiores compradores e sim os compradores que geram maior margem de lucro.

Faça um levantamento e ordene seus clientes por margem de lucro. Não se surpreenda se encontrar um grande cliente que gera um lucro líquido menor que um cliente de menor porte, assim como clientes que geram margem próxima a zero.

Posteriormente, gere um subgrupo de clientes estratégicos e potenciais. Pequenos clientes em seu faturamento podem ser possíveis grandes compradores. Alguns inclusive geram indicações de outros clientes. Qual a importância de um relacionamento customizado com cada cliente?

Finalmente, faça sua lista de clientes a perder. Isso mesmo, identifique os clientes mais problemáticos e com menor participação nos resultados efetivos e estratégicos de sua empresa. Não quer dizer que você não irá mais atendê-los, mas sim que não irá gerar condições diferenciadas de atendimento e custeio da relação. Cobre o preço de tabela, sem desconto algum. A concorrência irá tirá-lo de sua carteira de clientes mais cedo ou mais tarde.

Planejamento da implementação do CRM em conjunto com todos os envolvidos

Todos devem estar cientes da necessidade de implementação de um CRM. É fundamental que todos compreendam as vantagens dessa estratégia e estejam dispostos a enfrentar as dificuldades iniciais para o ganho a médio e longo prazos.

Definidas as métricas a serem implementadas e as informações que deverão ser geradas dentro de todos os níveis, selecione algumas opções de sistemas informatizados no mercado e envolva o grupo na definição da melhor opção. Cada área conhece suas necessidades específicas e vai saber elencar vantagens e desvantagens de cada alternativa.

Enfim, optar ou não por um CRM?

Antes de tomar uma decisão do porte da implantação de uma sistemática CRM em sua empresa, reflita: existem condições para uma mudança cultural dessa magnitude? As pessoas de sua organização estão preparadas para compartilhar informações, para migrar o "seu poder" sobre os clientes para a empresa?

O CRM é uma estratégia fantástica a ser implementada, mas um processo mal elaborado — sem o comprometimento das pessoas de sua organização, sem uma análise precisa de processos — pode transformar uma excelente proposta em um fracasso de alto custo, difícil de ser amenizado.

Artigo publicado no site www.aulasdenegocios.com.br

Segue uma aula complementar sobre o tema:

(Vídeo 16) CRM: Customer Relationship Management.

Se voltarmos ao raciocínio da Matriz BCG, o CRM é a base estratégica de informações que você irá utilizar para transformar clientes "Estrelas" em "Vacas Leiteiras" em sua gestão comercial.

Observe a relação entre *Canais de Vendas* e *Controle de Informações* em um CRM:

CONTROLE: EFICÁCIA DO CRM

VENDA / CANAL	DIRETO ☆☆☆	CURTO ☆☆	LONGO ☆
VENDEDORES PRÓPRIOS	**100%**	30 a 60%	5 a 10%
REPRESENTANTES COMERCIAIS	50 a 70%	15 a 30%	0 a 5%
DISTRIBUIDORES	-	5 a 15%	**0%**

(Imagem 6) Canais de vendas *versus* eficácia do CRM.
Fonte: O Autor.

A dúvida que deixo para você neste momento é: **o mais importante para sua empresa é Controle sobre o Relacionamento com Clientes ou Capilaridade de Vendas das suas soluções?** Ressaltando que diversas empresas utilizam modelos mistos, dependendo dos seus interesses estratégicos em cada região.

Vamos nos aprofundar um pouco mais no conceito de *Colocação* (Praça — 4 Ps).

9.2.1 Ciclos de Vendas

Algumas batalhas são mais demoradas do que o previsto para a área de vendas. Vendedores, além de visitar potenciais clientes, precisam persuadi-los, o que pode ser um processo de médio prazo. Potenciais clientes que já se consideram bem atendidos exigem paciência, sendo que muitas vezes a entrada de nossos produtos depende do erro do concorrente — o que abre a tão esperada lacuna de oportunidade comercial.

Um processo de expansão de negócios parte por:

1. Dominar sua própria região e protegê-la, expandindo gradativamente para outras regiões.

Ou

2. Partir para o ataque total em um estado ou país, o que exige grandes verbas para marketing e vendas, além de uma capacidade de entrega primorosa.

Vamos a um exemplo do mercado digital, para constatar que essa realidade se refere inclusive ao mercado de cursos online. Há alguns anos eu fiz a análise de um lançamento digital (um curso online) de alto vulto, com faturamento na casa das dezenas de milhões de reais.

Os responsáveis pelo lançamento do curso não haviam previsto o volume de interessados, muito maior que a estimativa inicial, o que simplesmente derrubou os servidores e o sistema online contratados, fazendo com que se perdesse todo seu histórico. A situação criou desentendimentos com os clientes e um alto volume de devoluções das taxas de inscrição.

Se os responsáveis pelo lançamento tivessem uma visão mais aprimorada do alcance e do potencial de demanda do produto, teriam contratado um dos diversos serviços de larga escala de hospedagem de cursos disponível no país, mas estavam reticentes quanto às taxas envolvidas, optando então por uma solução própria, o que garantiria mais lucros sobre cada inscrição.

O velho erro da avareza, que comprometeu os resultados de maneira fulminante.

Já em uma fábrica onde desenvolvi uma reestruturação comercial, insisti na substituição de alguns representantes comerciais por vendedores próprios, mesmo que em poucas regiões, na forma de teste de mercado. Os gestores só respondiam que "era muito caro" manter um vendedor. Depois de longas discussões, foi contratado um vendedor para atuar em uma região no interior do Nordeste brasileiro, substituindo assim parte da área de um Representante Comercial.

GESTÃO DA MEDIOCRIDADE

Esse vendedor próprio aumentou a lucratividade em 400% naquela região, pagando com folga seus custos e aumentando a lucratividade da empresa.

Obviamente, existem representantes comerciais de excelência. Mas esses são uma exceção na terra dos medíocres, assim como todo colaborador de excelência será precioso e raro.

Optar por um vendedor próprio é ter um funcionário atuando exclusivamente na colocação dos seus produtos no mercado. Quando você escolhe um representante, está escolhendo um aliado que tem como missão colocar os produtos de várias empresas no mercado e, portanto, várias frentes de combate.

Perceba que também existem soluções que exigem treinamento dos colaboradores do cliente, em processos chamados de *implementações das soluções.* Mesmo que o treinamento seja remoto, você precisa de uma equipe capaz de capacitar essas pessoas, portanto seus recursos humanos para o treinamento de novos clientes são escassos. Se é sua realidade, pense urgentemente em elaborar treinamentos estruturados via videoaulas para sanar dúvidas e capacitar essas pessoas. Essa é uma forma de aumentar sua capacidade de expansão. Quanto mais complexa sua solução, mais investimentos em soluções de suporte e treinamento serão requeridos.

Questões sutis, mas que devem ser muito bem planejadas antes de iniciar um processo de expansão territorial. Falhar nessas sistemáticas é fácil, portanto estabeleça métricas robustas para a tomada de decisões sobre a colocação de suas soluções na "praça".

9.2.2 Reflexões sobre a Contratação de Representantes Comerciais

Vamos partir do pressuposto que você analisou seu campo de batalha e resolveu optar por representantes comerciais em algumas regiões. Ou já trabalha com esses agentes comerciais.

Representantes comerciais são mercenários, não fazendo parte diretamente do seu exército. Eles são independentes da sua gestão de dia a dia e possuem missões a serem executadas, não estando ao seu alcance conhecer em detalhes como eles chegaram (ou não) aos seus resultados.

Pode parecer incrível à primeira vista, mas a maioria das empresas, dos mais diversos portes, erra na formulação de Contratos de Representação. O desconhecimento da legislação brasileira e das práticas mais modernas de mercado comumente rendem uma enorme dor de cabeça para os gestores comerciais.

Então, vamos ao básico das regras na contratação de representantes, explicadas de maneira didática:

PREPARE SUAS ESTRUTURAS OFENSIVAS **165**

1. O representante comercial não é seu funcionário. Portanto, as cobranças sobre sua atuação são estritamente ligadas ao que foi definido em contrato.

2. Defina em contrato o fornecimento de relatórios sobre mercado e sobre as negociações com clientes, que devem ser fornecidos ao menos a cada quinze dias. Estruture no próprio contrato as informações que deverão ser repassadas pelo representante nesses relatórios.

3. Nunca assine contratos *por prazo indeterminado*. Os contratos devem ser anuais ou bianuais, renováveis apenas sob o interesse da empresa contratante.

4. Defina metas e objetivos factíveis a cada renovação anual de contrato, registrados como *adendos contratuais*.

5. Cuidado ao ceder a exclusividade sobre certos territórios. Se sua empresa resolver vender soluções online, terá que remunerar o representante à cada venda em sua região se essa possibilidade não estiver pactuada no contrato. Dê exclusividade apenas sobre os clientes que o representante efetivamente captar, desde que esses clientes tenham uma rotina de compras. Caso o cliente exceda o prazo estipulado sem compras, defina que o representante perderá a exclusividade sobre ele.

6. Não permita, contratualmente, que o representante atue com a representação de soluções concorrentes às suas. Óbvio, mas um erro bastante comum.

7. Um representante, para não buscar vínculo trabalhista judicialmente, deve, no mínimo, representar outras duas empresas.

8. O representante deve ter uma conduta ética condizente com a sua empresa. Coloque esse modelo de conduta no contrato.

Para os menos experientes, explicarei essas questões:

Se você tratar um representante como vendedor, ele pode acionar judicialmente sua empresa, buscando um vínculo trabalhista. Porém, com regras claras em contrato, o representante deve fornecer informações sobre suas atividades. O ideal é registrar essas regras em contrato, aumentando seu controle sobre suas atividades sem que isso demonstre vínculo.

A multa de rescisão *sem justa causa* de um representante é 1/12 sobre o total de suas vendas. Se o contrato é por prazo indeterminado, essa multa é sobre todo o período. Se um novo contrato é assinado anualmente (ou por período acordado a seu critério) a multa fica restrita a esse período. Muitos representantes passam

GESTÃO DA MEDIOCRIDADE

anos trabalhando para uma empresa, sendo que a rescisão contratual nesses casos pode ser milionária.

Demitir um representante pode proporcionar uma grande dor de cabeça, sendo que muitos representantes *forçam* a demissão, pois seus contratos não preveem produtividade e metas, e eles estão interessados justamente no valor da rescisão contratual para receber a multa.

Territórios exclusivos ou mesmo clientes exclusivos podem ser problemáticos. Se sua empresa definir abrir novas linhas de produtos com vendedores independentes, o representante pode não aceitar, recebendo comissões sobre vendas que não serão feitas por ele. Grandes territórios são impossíveis para representantes autônomos, sendo que o ideal é dividir regiões, ainda que dentro de uma mesma cidade, como por exemplo a cidade de São Paulo.

É comum a desatenção de gerentes comerciais medíocres. Quando eles menos esperam, percebem que certo representante também está atuando com empresas ou produtos concorrentes aos seus. Não permita que um representante sequer pense nessa possibilidade absurda.

Se você não colocar questões éticas no contrato, um representante pode tender a atuar de maneira sórdida na busca de seus interesses, sendo que, se ele for pego em suas práticas antiéticas, é a sua empresa que será penalizada pelo cliente.

> Se você acha difícil conviver
> com colaboradores medíocres,
> o que dizer de representantes medíocres?

Em meus projetos de reestruturação, muitas vezes reviso contratos e preciso atuar fortemente no convencimento dos representantes a assinar os novos acertos, renunciando aos direitos sobre os contratos antigos. E isso é uma atividade árdua, sendo que muitas vezes eles não aceitam as novas regras e ameaçam judicializar a questão. Quando essa situação não pode ser solucionada, os contratos são mantidos sem alterações maiores ou rompidos com o pagamento de pesadas multas. Um enorme problema que não deveria nem estar sendo resolvido depois de longos anos de atuação sob regras benéficas apenas para uma das partes por erro na elaboração de um contrato. Tente tirar "direitos" de alguém e sempre haverá guerra antes da solução do problema.

Esses foram os 3 primeiros Ps: Produto, Preço e Praça. Como você pôde constatar aqui, não são tão simplórios quanto se apresentam nos manuais de marketing.

PREPARE SUAS ESTRUTURAS OFENSIVAS **167**

9.3 OS 4 Ps DO MARKETING – PROMOÇÃO: AS ARMAS DE ATAQUE MASSIFICADO

Dentre os 4 Ps, *Promoção* é a menina dos olhos de ampla gama dos analistas de mercado da área de marketing, o que inclusive gerou o curso de Publicidade e Propaganda, que analisa técnicas de promoção de soluções de maneira massificada, com técnicas de promoção espontânea ou patrocinada (publicidade ou propaganda).

A clara fraqueza de olhar para a promoção simplesmente como um conjunto de ações de impacto em curto prazo é a manutenção de estratégias organizacionais de médio e longo prazos. Você precisa de bases sólidas e o que vende hoje não necessariamente venderá amanhã. A imagem de sua empresa não pode oscilar como uma pandorga que muda de direção de acordo com os ventos que a influenciam.

É importante ressaltar: promover uma solução não é criar uma "promoção de preços". É torná-la mais conhecida e desejada pelos potenciais clientes.

Portanto, estruture suas estratégias de ataque massificado da seguinte maneira:

I. **Institucional:** valores de longo prazo, o que representa o DNA da sua empresa e como vocês percebem sua relação com os clientes. Esse tipo de comunicação possui um planejamento mínimo de cinco anos.

II. **Linhas de Soluções:** seus produtos A, B e C são direcionados para que público-alvo? E as soluções D, E e F? Cada linha de soluções possui um público-alvo diferente, portanto a promoção deve ser direcionada a eles, sem perverter os valores institucionais.

III. **Solução:** essa é uma estratégia mais customizada, na qual se comunicam *benefícios* especificamente para um público com uma dor comum. Exemplo: xampu antiqueda.

IV. **Solução Segmentada:** segmente o público-alvo de uma solução em padrões comuns e fale especificamente com esse público. Exemplo: exaustor para frigoríficos com mais de 2 mil m².

Vamos abrir o raciocínio:

A **Promoção Institucional** trata da lembrança da marca, de estar presente no inconsciente do seu cliente com uma emoção positiva vinculada. Você vê diversas peças publicitárias em outdoors, revistas, novelas ou mesmo online que apenas reforçam a imagem de uma marca, não necessariamente vendendo um produto.

GESTÃO DA MEDIOCRIDADE

Como exemplo podemos analisar as propagandas natalinas da Coca-Cola, nas quais são contadas histórias natalinas de fundo emocional. Família, festas, reuniões com pessoas queridas. É ali que a Coca-Cola gosta de alojar a lembrança da sua marca — relacionada a momentos felizes. Quando planeja suas festas de fim de ano, você se lembra de comprar refrigerante. E o refrigerante mais lembrado é a Coca-Cola.

Em 2003, o neurologista Pendleton Read Montague promoveu os famosos testes cegos Pepsi x Coca-Cola nos EUA, nos quais as pessoas diziam qual o refrigerante de sua preferência, sem apresentar qualquer marca. Dentre as duas opções, o refrigerante preferido foi a Pepsi. Quando apresentadas as mesmas opções, mas com a marca presente, o refrigerante preferido foi a Coca-Cola.

Com ferramentas de *Ressonância Magnética por Imagem*, onde foi analisado o estímulo das áreas do cérebro, se pôde verificar que as áreas de prazer foram efetivamente mais estimuladas quando as pessoas viam a marca Coca-Cola.

Esse é o poder da marca.

Apenas por curiosidade: a Pepsi foi a preferida no teste cego possivelmente pela maior quantidade de açúcar presente em sua fórmula, o que estimula nossa percepção de prazer.

Você pode perceber que uma marca lembrada e relacionada às emoções positivas tem alto impacto nas decisões dos seus clientes. Por isso, a Gestão de Marca deve ser criteriosamente administrada e planejada, fugindo assim de modismos e possíveis quebras de autenticidade.

Agora, vamos começar a segmentar a promoção, analisando as **Linhas de Soluções**; tenha como exemplo as montadoras de veículos. Seus produtos são direcionados em segmentos, com veículos de entrada, médios e alto padrão. A comunicação é diferente dentro de cada segmento.

No caso de serviços, uma rede de academias de ginástica pode possuir planos diferentes, desde opções básicas, com o uso simples de equipamentos, a planos personalizados, com outras atividades complementares, tais como aulas de dança e grupos de corrida, e até mesmo com o acompanhamento de profissionais de educação física e nutricionistas. São opções diferentes fornecidas pela mesma empresa para públicos diferenciados.

Esses são segmentos de mercado e estratégias massificadas, tendo a marca como respaldo à qualidade das opções apresentadas.

Agora, quando tratamos de uma **única solução**, partimos para a promoção de problemas > soluções > benefícios, focando esforços na comunicação de *por que* essa é a solução ideal para seu problema. A marca pode vir a ser um diferencial,

PREPARE SUAS ESTRUTURAS OFENSIVAS **169**

mas não será mais o critério principal. Nesse caso, o respaldo principal para a solução está em *referências sociais,* em pessoas que utilizaram seu produto/serviço e que estão dispostas a advogar a seu favor.

Essa questão está ligada à *influência social* dos utilizadores, o que nos remete quase que automaticamente ao papel dos *influenciadores digitais.* Agora você entende qual é o ganha pão desses personagens online, assim como o dos "garotos propaganda". Obviamente, não nos esqueçamos da validade de opinião de pessoas comuns fazerem boas referências sobre tais produtos e, quanto mais próximas essas pessoas estão de nós, mais atraentes se tornam essas recomendações.

No caso de produtos para empresas, temos que chegar ao último ponto de segmentação, a **Solução Segmentada**. Por exemplo, você possui um equipamento ou serviço que serve para indústrias. Sua comunicação pode ser generalista? Pode. Deve ser generalista? Óbvio que não.

Justifico: seu equipamento consiste em uma solução para uma ampla gama de clientes industriais, mas um negociador de uma fábrica deseja informações exatas sobre a utilização *em sua fábrica, em fábricas que produzem produtos semelhantes.* Quanto mais específica é a sua apresentação de soluções e quanto mais direcionados são seus benefícios, mais persuasiva é sua comunicação.

Apresente soluções direcionadas, benefícios direcionados, comparativos de utilização *em modelos fabris semelhantes,* cálculos de *payback* e vantagens específicas para a realidade do setor que você está atacando. Se puder, trabalhe com referências dentro do próprio setor, conquistando a *validade social* da utilização da sua solução. Seu míssil é teleguiado nesse momento, com um alvo único e customizado. O impacto de sua apresentação será muito maior que promoções genéricas de soluções.

Vamos abrir a lógica da promoção em um quadro sintetizado:

PROMOÇÃO	PÚBLICO	OBJETIVO
INSTITUCIONAL	Amplo	Inconsciente: Lembrança da Marca
POR LINHA	Segmentado	Conhecimento de Soluções da Marca
POR SOLUÇÃO (produto/serviço)	Nichado	Diferenciação: Benefícios da Solução
POR SOLUÇÃO SEGMENTADA	Customizado	Apoio à Conversão de Vendas

(Quadro 2) Tipos de promoção e seus objetivos estratégicos.

9.4 ESFORÇOS DE GUERRA COMERCIAL EM SUA PRÓPRIA CARTEIRA DE CLIENTES

Existem basicamente duas lógicas de aplicação de recursos para vendas:

    I. Prospecção de novos clientes, aumentando o tamanho da carteira.

    II. Aumento de participação nos próprios clientes.

As duas vertentes nem sempre são possíveis de maneira concomitante. Recursos são escassos, tempo é escasso. É praticamente impossível executar as duas frentes de batalha sem reforços financeiros e de equipe. Portanto, nesse primeiro momento, vamos focar nossa análise na segunda lógica: aumento de participação nos próprios clientes.

Quando tratamos do aumento de participação em clientes, temos como objetivos aumentar o *ticket médio*, isso é, o investimento médio dos pedidos dos clientes, e aumentar nossa participação em soluções, incluindo mais produtos/serviços nos pedidos desses clientes.

Para tanto, é fundamental conhecermos nossos clientes, de forma a adequarmos nossa estratégia de expansão ao próprio planejamento deles. Informação é poder nessa situação, portanto precisamos conhecer efetivamente os planos desses clientes.

Um relatório analítico sobre seus clientes (individualmente) deve conter:

- O que produzem/fornecem?
- Para quem? Qual público-alvo?
- Quais soluções fornecemos?
- Quais soluções os nossos concorrentes fornecem (direta e indiretamente)?
- Qual a perspectiva estratégica do cliente? Quais os próximos passos?
- Como poderemos ajudar nosso cliente em seu planejamento?
- Qual é a nossa possibilidade de crescimento nesse cliente?

Obviamente, se você possui uma grande carteira de clientes, é muito difícil mapear todos. Porém, empiricamente, com as noções do seu vendedor sobre seus clientes, é possível estruturá-los em: Clientes Valiosos, Potenciais, Transacionais e Lucro Zero.

E essa estruturação de clientes por potencial de relacionamento e compras é vital para adequar nosso planejamento de expansão de negócios:

> Clientes Valiosos

Esses são clientes que já contam com boa parcela das nossas soluções e não temos mais como aumentar substancialmente a nossa participação em seus negócios. São parceiros, que contam com nossas soluções e que possuem uma relação de fidelidade com a nossa empresa.

O foco aqui é manter o fornecimento nos moldes suíços, sem erros e sem lacunas, evitando desagrados que criem oportunidades para nossos concorrentes.

> Clientes Potenciais

Estamos entrando aos poucos nesses clientes com nossas soluções, mas eles possuem relações com nossos concorrentes, que também lhes fornecem soluções. Nossa expansão nesses clientes deve ser prevista e trabalhada com esmero, pois um dia eles podem se tornar Clientes Valiosos.

O foco aqui é buscar formas de substituir gradativamente nossos concorrentes no fornecimento de soluções, aumentando nossa participação em seus negócios.

> Clientes Transacionais

Típicos clientes que apenas cotam preços, ocasionalmente comprando, sem uma relação regular. Normalmente, esses clientes têm como principal critério de aquisições o preço que lhes é cobrado, sendo que apenas vêm a fazer negócios conosco quando seus fornecedores prioritários (mais baratos) não conseguem lhes atender.

Nosso foco aqui é o lucro, sem concessões de descontos ou promoções. Esses clientes não estão interessados em relações mais estruturadas, apenas comprarão de você porque outros falharam. Então, nada de relacionamentos, use sua tabela de preços e faça uma transação, não uma relação mais estruturada com visão de médio e longo prazos.

> Clientes Lucro Zero

Existem clientes que exigem esforços demasiados na relação com a sua empresa, causando custos de oportunidade — ou mesmo financeiros. Como exemplo de prestação de serviços, se você tem uma empresa de Publicidade e Propaganda, calcule o tempo de atendimento médio de cada cliente. E, se esse cliente extrapola o *custo x retorno* desse cálculo, ele está tirando tempo de outros clientes, o que prejudica sua operação. No caso de venda de produtos, por vezes optamos por trabalhar com preços abaixo da tabela para termos esse cliente como referência em um mercado local. Porém, em ambos os casos, estamos tratando de clientes que reduzem radicalmente o *custo x benefício* de se trabalhar com eles.

GESTÃO DA MEDIOCRIDADE

Existem diversas situações em que esses clientes demandam tempo em demasia, assim como apresentam obrigações contratuais que podem se transformar em relações deficitárias, gerando prejuízos para sua empresa.

O foco do trabalho com esses clientes é utilizar a referência que proporcionam por tempo limitado, buscando atrair novos e melhores clientes para substituí-los. Com o passar do tempo, ou você aumenta os preços ou reduz o tempo disponibilizado a esses clientes, o que os transformará em transacionais — deixando de interagir constantemente com sua empresa.

Vamos seguir. Estruturados os clientes, devemos pensar no **Princípio de Pareto: 80% dos resultados provêm de 20% de nossos esforços**. Portanto, 80% dos seus lucros provêm de 20% dos seus clientes. E 20% do seu tempo investido corresponde a 80% do seu faturamento.

De maneira primária, tendemos a acreditar que precisamos trabalhar todos os clientes de maneira homogênea. "Todo cliente é importante", alguns dizem. Mas desafio você a refletir sobre o potencial dos clientes e tipos de relações que você está construindo. Sua conclusão óbvia será a de que *alguns* clientes são mais importantes que outros.

Então, o que proponho é que você busque utilizar 80% do seu tempo com negócios que valem a pena (Valiosos e Potenciais) e 20% do seu tempo com clientes transacionais e clientes lucro zero. Isso aumentará radicalmente o tempo de qualidade utilizado, melhorando exponencialmente seus resultados diante dos *custos de oportunidade*.

Vamos estratificar essa visão sobre a Gestão de Carteira de Clientes:

Carteira de Clientes	Tempo Investido
Clientes Valiosos	80%
Clientes Potenciais	80%
Clientes Transacionais	20%
Clientes Lucro Zero	20%

(Quadro 3) Gestão de tempo da carteira de clientes.

Se, em moldes normais, 20% dos nossos esforços correspondem a 80% dos resultados, que tal começarmos a implementar um molde *incomum*, com mais esforços em ações que *realmente valham a pena*? Você não precisa ser um gestor experiente para perceber que seus resultados de vendas aumentarão exponencialmente.

Seguindo, precisamos de informações. Portanto, vamos definir o que desejamos saber sobre nossos clientes da carteira e estimar a relevância de necessidades de investimentos (tempo, materiais, bonificações, promoções de produtos e verbas em geral) por grupo de clientes:

Carteira de Clientes	SWOT	4 Ps	Planos e Metas	Investimento
Clientes Valiosos	Relatório Completo	Relatório Completo	Relatório Completo	Baixo
Clientes Potenciais	Relatório Completo	Relatório Completo	Relatório Completo	Alto
Clientes Transacionais	Zero	Zero	Zero	Zero
Clientes Lucro Zero	Relatório Parcial	Relatório Parcial	Relatório Generalista	Baixo

(Quadro 4) Estruturas generalistas de dados de clientes e de investimentos.

Nesse quadro é apresentada a necessidade de conhecer profundamente seus principais clientes. Já o grau de investimento está ligado à pressão que você precisa exercer para expandir seus negócios dentro de sua carteira de clientes. Se um cliente é *Potencial*, você necessariamente precisará investir em aumentar sua participação dentro das suas atividades, o que envolverá maior tempo de vendedores, oferecimento de soluções, comparativos, materiais segmentados e até promoções de preços para que experimentem suas novas soluções em possibilidades hoje atendidas por concorrentes em seus negócios.

Se você conhece os Planos e as Metas dos seus clientes, conhece seus objetivos e entende *como sua empresa irá ajudar seu cliente a alcançá-los*. **Essa é uma das bases da definição de metas da sua própria organização: Clientes Atuais x Potencial de Mercado.**

A Gestão de Vendas passa muito por essas práticas, mas raramente você vê essa visão aplicada no mercado. Esse é um modelo que eu criei há alguns anos, sendo que outros gestores normalmente optam por trabalhar com base na Curva ABC de seus clientes — mas, como a Curva ABC é uma curva financeira e quantitativa, eu prefiro trabalhar de maneira qualitativa, com ênfase em planejamento de ações e de soluções. Se você utiliza a Curva ABC, aplique esse modelo de maneira complementar. Vai melhorar drasticamente sua visão estratégica.

Você ainda pode segmentar seu planejamento via Produtos "Vaca Leiteira", "Estrela", "Incógnita" e "Abacaxi" dentro da mesma lógica. Assim, saberá quais produtos irá impulsionar, em quais clientes e quais seus resultados estimados.

Agora, para aprofundar sua compreensão sobre esses conceitos, recomendo assistir a essa aula sobre a formulação de um Planejamento de Vendas Profissional:

(**Vídeo 17**) Como elaborar um planejamento de vendas profissional?

9.5 O PREÇO DA GUERRA: MARKETING E VENDAS INTEGRADOS

Vamos adentrar a questão de planejamento de recursos com uma obviedade pouco retratada em estudos de administração: Marketing e Vendas estão dentro da mesma vertente estratégica, portanto devem ser planejados em conjunto.

Se você tem alguma experiência prática no mercado, sabe que a ampla maioria das empresas setoriza separadamente marketing e vendas. E, como já exposto neste livro, ambas são áreas correlatas, não distintas.

Mas como pensar em marketing e vendas de forma correlacionada? Analise os impactos de ações e de tempo:

Ações Comerciais Integradas	Objetivos Genéricos
Curto Prazo	Aumentar Vendas e Fatia de Mercado
Médio Prazo	Interação com Consumidores
Longo Prazo	*Branding* (Fixação da Marca)

(**Quadro 5**) Ações de marketing e vendas integradas.

> **Ações Comerciais de Curto Prazo**

Quando analisamos questões de curto prazo, nos deparamos com a necessidade de fazer investimentos com rápido retorno. Em análises de marketing, estamos discutindo o *ROMI* (Retorno sobre o Investimento em Marketing).

PREPARE SUAS ESTRUTURAS OFENSIVAS **175**

Cada real investido em modalidades de curto prazo deve ser aferido pelo retorno em vendas. Pense no exemplo básico de panfletos, no qual você irá distribuí-los por regiões da cidade. Como saber onde esses panfletos foram mais efetivos? Colocando numerais de séries que permitam seu rastreio. Obviamente, a apresentação de tais panfletos por parte dos clientes deve ser estimulada no momento da abertura da negociação. Sabendo a procedência dos panfletos, saberemos onde sua distribuição gerou mais resultados, portanto você irá reforçar as entregas nas regiões com maiores retornos. O foco aqui é o retorno sobre o valor investido.

Nessa mesma lógica simplificada podemos analisar o mercado online, no qual temos os rastreios sobre os resultados das campanhas. Se estamos jogando em uma estratégia de retorno rápido, precisamos medir as conversões, onde os clientes fazem uma compra, uma reserva ou entram em contato para maiores esclarecimentos. Esses interessados são os *leads qualificados*.

Já tratando de vendas externas, temos investimentos em materiais de apresentação de produtos e vendas, além dos próprios custos dos vendedores. E queremos munir nossos vendedores com artifícios que aumentem seu poder de persuasão e de conversão de visitas em vendas.

Na realidade de consultoria, tratando de projetos de reestruturação, damos grande ênfase às ações de curto prazo, já que precisamos retroalimentar o caixa da empresa. E todo real investido deve ter medições de conversão, sendo que sem essas medições você estará em um voo cego.

Portanto, o foco de curto prazo é atrair conversões e vendas, de maneira eficaz e impactante, independentemente de questões estéticas mais refinadas. Faça o que funciona e faça bem-feito. Ações focadas em conversões, em ROMI. Seu caixa depende disso.

> Ações Comerciais de Médio Prazo

A interação com seus clientes é fundamental para estabelecer vínculos. Mídias sociais e um website bem apresentado, com conteúdos relevantes que trarão destaque à sua empresa, nunca se esquecendo de estruturar formas de suporte qualificadas para sanar dúvidas e discutir soluções.

Com o tempo, você percebe que clientes leais se tornam defensores da marca, advogando a seu favor. Muitas das dúvidas comuns são respondidas pelos próprios usuários, assim como eles irão impulsionar seus conteúdos de forma gratuita, recomendando-o a terceiros.

Apresente conteúdos com temáticas interessantes, tais como a maneira que sua solução é executada, quais os passos e os processos envolvidos e possíveis aplicações da sua solução (dentro da lógica dos benefícios gerados), estudos de caso, opiniões de especialistas e opiniões de usuários. Comunique-se de forma que sua empresa interaja com clientes e potenciais clientes, ao mesmo tempo em que os próprios clientes estarão à vontade para discutir entre si assuntos correlacionados ao seu negócio.

Aqui cabem as causas sociais, as campanhas que trarão mais engajamento. Afinal, o novo marketing é focado nas pessoas e nas suas relações sociais. Faça você também parte desse universo cocriativo, incentive seus clientes a gerar conteúdos relevantes.

Vamos a um exemplo prático: Festivais da Heineken na Europa.

(Vídeo 18) Utilizando o QR Code para gerar interação: o caso da Heineken.

Nesse caso apresentado em vídeo, você percebe a Heineken promovendo festivais de bandas com ferramentas interativas para o público, possibilitando às pessoas se conhecerem mais facilmente e expandirem a experiência para o universo na web, levando a marca para o ambiente social online dos participantes.

O exemplo é sensacional, uma verdadeira aula de utilização da tecnologia em ações de marketing. O foco não era vender mais bebidas naquele momento, mas ativar um novo nível de interação entre o público e a marca, algo alcançado com maestria nessa ação.

Com a pandemia, diversos profissionais promoveram *lives* nas redes sociais, os podcasts se tornaram uma febre no Brasil, a forma como as marcas interagiram com seu público foi bastante voltada ao uso de tecnologias... de interação. Interagir com o público mantém sua marca viva e pulsante, estabelecendo-a como uma das preferências dos seus potenciais clientes.

Também podemos ver alto impacto em processos cocriativos, nos quais as marcas podem alcançar engajamento somado a vantagens competitivas. Essa é uma nova visão de médio prazo de marketing e sua empresa precisa se organizar para conquistar vantagens nessa sistemática.

Maket + Ing, Mercado + Ação. Fazer, interagir, moldar soluções... *junto aos seus clientes*.

Vamos a um vídeo sobre cocriação, uma das mais modernas e poderosas vertentes do novo marketing:

(**Vídeo 19**) Cocriação e seus impactos nos negócios hoje e amanhã.

Eu me utilizo do recurso do vídeo seguidamente neste livro, e essa não deixa de ser uma maneira de interagir com você, aumentando sua imersão nos conhecimentos discutidos aqui. Lembre-se de que você pode se inscrever no nosso canal do YouTube e enviar suas dúvidas ou opiniões, o que aumenta ainda mais nossa conexão.

Interação é fundamental para negócios. E, por que não, para um livro?

Quebre paradigmas e invista em estratégias de alto impacto.

> **Ações Comerciais de Longo Prazo**

Muito se fala no mercado sobre *branding* como se fosse uma vertente inovadora de estratégias de marketing, o que é uma grande bobagem. *Branding* é fazer a gestão da marca e seus impactos na mente do consumidor, algo tão "novo" quanto os estudos de marketing dos anos 1970 e 1980.

Estratégias de longo prazo precisam ser muito bem estruturadas, principalmente sobre seus valores organizacionais. Autenticidade é o princípio basilar que insisto tanto no decorrer do livro e que a maioria dos marqueteiros de coque samurai insistem em ignorar.

Como sua empresa pretende estar posicionada em cinco anos, em dez anos? Você precisa se planejar e investir de maneira praticamente inflexível nessa questão. Sua empresa tem valores sólidos? Como vocês pretendem fazer do mundo um lugar melhor? Sem modismos. A bandeirola social de hoje não pode entrar em seu conjunto de valores só porque está em voga. Pense a longo prazo e construa os pilares do futuro da sua marca de maneira bastante conservadora.

Investir em *branding* vai aumentar suas vendas hoje? Não. Mas terá impactos em seu futuro.

Considere seriamente pensar o futuro. Como será o mercado? Como serão os consumidores? Você pretende trabalhar de forma inovadora ou reativa? O que sua marca representa? Como ela deve vir a ser lembrada pelos seus potenciais clientes?

É fundamental você ter essas respostas antes de investir na fixação da sua marca no imaginário dos seus potenciais clientes.

Vamos retomar os pontos principais de reflexão:

Se você está em dúvidas de que percentuais de sua verba comercial devem ser investidos em curto, médio e longo prazos, pense na velocidade de expansão que deseja para seus negócios. Pense nas prioridades. Vender agora é fundamental para qualquer empresa. Mas interagir irá diminuir os custos de forma expressiva em conteúdos patrocinados em breve. E ter uma marca lembrada carinhosamente pelos seus clientes é uma porta para novos mercados e públicos no futuro.

Pense na regra 20-80 de Pareto para tomar sua decisão. De forma genérica, recomendo a aplicação de 80% dos recursos em curto e médio prazos, com 20% utilizados para longo prazo.

Ressaltando que interagir consumirá muitos recursos em inovação e conteúdo — mas não deixe de vender sempre que possível.

Vamos a mais uma aula para fixar essas questões:

(Vídeo 20) Como elaborar um orçamento integrado de marketing e vendas.

Finalmente, para aumentar sua percepção de aplicabilidade dessas questões, segue um artigo que escrevi sobre o tema, envolvendo a aplicação do *Business Model Canvas* em um Planejamento Comercial. Vamos considerar a aplicação desse modelo com as reflexões deste capítulo:

COMO MONTAR UM PLANEJAMENTO COMERCIAL EM CANVAS

Dentro das organizações ou mesmo dos pequenos empreendimentos, uma das questões-chave de qualquer negócio é o Planejamento Comercial.

Existem diversas maneiras de formatar planos comerciais, mas neste artigo vou orientar você a montar seu Planejamento Comercial no formato Canvas.

O Business Model Canvas é uma estratégia de estrutura de projetos bastante versátil, o que é ótimo em comparação a outras ferramentas e técnicas, tais como o próprio PMBOK, do PMI, voltados a projetos bastante complexos, principalmente utilizado nas estruturas de TI e de Engenharia.

Vamos entender um pouco mais sobre o Canvas e como aplicar os conhecimentos adquiridos em seu Plano Comercial.

O Business Model Canvas

Na modelagem Canvas nós utilizamos nove centros de informações:

(Imagem 7) O Business Model Canvas.
Fonte: O Autor.

Perceba que temos uma lógica sendo desenvolvida aqui: esses são nove pontos críticos da estratégia de negócios estruturados em cinco grupos analíticos.

O painel central é a Proposição de Valor: quais são as soluções que sua empresa está oferecendo para seus clientes?

À esquerda você tem o conjunto de atividades que subsidiam esse valor nas atividades e nos processos: como você está estruturado para oferecer essa solução? Parceiros, Atividades e Recursos Principais.

À direita do quadro central de valor, você tem as atividades que agregam qualidade ao seu produto ou serviço: Relacionamento, Canais, Soluções Segmentadas.

Finalmente, nos quadros inferiores, você tem a análise do lastro financeiro: Estrutura de Custos e Fluxos de Receitas.

Que tal ampliar sua percepção, alinhando o Canvas aos 4 Ps do Marketing?
Vamos lá:

(Quadro 6) Os 4 Ps no Business Model Canvas.

Nesse quadro você percebe a convergência entre a modelagem Canvas e os 4 Ps, assim como a abrangência de algumas frentes de visão inter-relacionadas, para a análise comercial. Se desafie: onde mais você vê Proposição de Valor, Atividades-chave, Parceiros-chave, Recursos-chave, Estrutura de Custos, Fluxos de Receitas, Relacionamento com Clientes e Segmentação de Clientes nos 4 Ps?

Tudo depende necessariamente do seu negócio. Negócios não são organizados na mesma base de recursos humanos, materiais, centros de custos e tecnologias. Portanto, é possível adaptar todos os nove pilares do Canvas aos 4 Ps, talvez com exceção de Canais, que tratam de uma análise típica alinhada ao P de Praça (Placement). Talvez, já que você pode ter visto algo totalmente único do seu negócio nessa estrutura.

Sei que nesse momento posso ter complicado um pouco sua visão sobre a estrutura de um plano comercial, mas estou buscando abrir sua visão: todas as metodologias de estrutura estratégica podem ser adaptadas à sua realidade. Você pode fazer seu plano baseado em 4 Ps, SWOT, BSC, BCG, PMBOK, entre outros. Basta identificar a melhor sistemática para você pensar seu negócio e seu planejamento/projeto. Tendo essa visão, chegou a hora de descomplicar e partir para a prática. Vamos desenhar um Plano Comercial em Canvas:

Plano Comercial em Canvas

Partindo do pressuposto de que sua empresa está alinhada nas demais áreas, temos pela frente o desafio de criar um plano comercial de marketing e vendas interligados.

PREPARE SUAS ESTRUTURAS OFENSIVAS **181**

> **> ETAPA 1: O que você oferece?**

Proposição de Valor

Quais são as suas soluções?

Quais são os seus diferenciais?

Como sua empresa faz do mundo um lugar melhor?

> **> ETAPA 2: Para quem você oferece?**

Segmentação de Clientes

Abra sua carteira de clientes (se já possui um negócio ativo) e analise seus clientes. Divida-os entre Clientes Valiosos, Clientes com Potencial de Crescimento, Clientes Transacionais (compram em transações aleatórias, sem relacionamento) e Clientes Lucro Zero — os que você não deseja na carteira (dão muito trabalho e pouco retorno sobre o investimento de energia e de tempo).

Financeiramente, você pode fazer uma curva ABC para analisar os clientes. Mas a curva financeira simples não irá lhe dizer se os clientes ainda possuem potencial de crescimento para a aquisição de suas soluções.

Se não possui esses dados para análise de carteira, simplifique:

Relacione suas soluções e os clientes segmentados que podem usufruir delas.

Quem são?

Onde estão?

Já possuem fornecedores de soluções semelhantes às suas?

Como você pode tocá-los e influenciá-los a optar pelas suas soluções?

Por que esses clientes precisam de você?

Faça uma escala de 1 a 5, sendo que 1 são clientes com pouco interesse e 5 com total interesse.

> **> ETAPA 3: Como você entregará suas soluções?**

Canais

Um canal curto significa que você vende diretamente ao cliente.

Um canal médio envolve revendedores.

Um canal longo envolve atacadistas e distribuidores, revendedores ou marketplaces.

Quais os modelos de canais que você irá utilizar?

Recursos-chave

Que recursos humanos, físicos, materiais, financeiros, eletrônicos, tecnológicos, entre outros significativos para sua operação, você precisa para ser capaz de divulgar e para vender e entregar suas soluções?

Parceiros-chave

Você possui fornecedores? Parceiros logísticos? Parceiros tecnológicos? Quais os prazos envolvidos? Quais os valores? Como você estará apto a cumprir o que promete no tempo em que promete? Existem riscos desses parceiros falharem

GESTÃO DA MEDIOCRIDADE

com você? E, se falharem, o que você fará? Depois de listar essas questões, abra um novo campo de RISCOS e defina seu plano de contingência caso um parceiro-chave falhe com você.

<u>Atividades-chave</u>

Pense. Quais são as atividades principais da área comercial?

Pré-vendas:

- *Controle de qualidade.*
- *Mapeamento de regiões e de clientes.*
- *Roteiros de visitas semanais e mensais.*
- *Desenvolvimento de materiais de apresentação.*
- *Treinamento de pessoas.*
- *Análise de oportunidades online e offline.*
- *Mapeamento de influenciadores.*
- *Desenvolvimento de presença virtual.*
- *Rotinas e processos virtuais e analógicos.*

Vendas:

- *Responsabilidades.*
- *Regras comerciais.*
- *Processos de pedidos.*
- *Processos de pagamento.*
- *Contratos.*
- *Interação com potenciais clientes.*
- *Funis de vendas.*
- *Sistemáticas de registros de informações comerciais.*

Pós-vendas:

- *Disponibilização de informações para clientes.*
- *Acompanhamento de pedidos e de entregas.*
- *Atendimento e informações.*
- *Solução de possíveis problemas.*

> ETAPA 4: BackOffice

<u>Relacionamento com clientes</u>

Como será seu relacionamento com os clientes? Como fará o registro das informações? Lembre-se: quanto mais longo o canal escolhido, menor será sua interação com o consumidor final. Mesmo assim, você precisará interagir com seu cliente direto, mesmo que seja um distribuidor. Históricos são muito importantes. Pense na validade de aplicar uma estratégia de CRM.

Planejar a interação e o caminho do seu cliente em conjunto com sua empresa é vital. Você estará nas mídias sociais? Apenas utilizará e-mails? Telefone? WhatsApp? Qual(is) a(s) forma(s) que você escolheu para interagir?

PREPARE SUAS ESTRUTURAS OFENSIVAS **183**

Não escolha nenhuma forma de interação que você não tenha preparo para fazer um trabalho de excelência. Opte apenas por formas de relacionamento reais e efetivas.

Estrutura de Custos

Alinhe todos os seus custos. Marketing e Vendas. Lembre-se dos objetivos:

Curto prazo: Vendas

Médio prazo: Interação

Longo prazo: Branding (marca)

Fluxos de Receitas

Finalmente, monte seu fluxo de caixa. Quais as saídas e quais as entradas financeiras envolvidas estimadas. Como você fará o parcelamento das suas vendas? Descontos? Toda e qualquer simulação financeira deve envolver receitas médias, parcelamento médio de recebíveis e descontos médios.

O alinhamento entre Marketing, Vendas e Finanças é parte fundamental de um plano comercial, pois pode prevenir graves problemas para sua empresa.

Considerações e Instruções

- *Abra uma caixa nova para um Plano de Contingência em cada uma das etapas. Mapeie os riscos envolvidos. Se algo der errado, qual seu plano para resolver a questão? Conheça seus riscos e diminua drasticamente o potencial nocivo dos imprevistos.*

- *Se você está abrindo um negócio, se previna. O ideal é possuir capital de giro suficiente para suportar ao menos seis meses de prejuízos iniciais. Considere esse cenário quando fizer sua análise financeira. Prepare-se para não tomar novos empréstimos e transformar sua dívida em um problema insolúvel.*

- *Não seja reativo. Mapeie possíveis movimentações da sua concorrência e faça seu plano baseado também nessas questões. Surpresas nunca são agradáveis na área comercial. Esteja sempre na frente dos seus concorrentes.*

- *Se tiver problemas, consulte especialistas. O investimento em uma consultoria prévia é muito menos traumático do que a necessidade de reverter um projeto em situação falimentar.*

- *É recomendável estar sempre atualizado e possuir conhecimentos de ponta sobre marketing e vendas. Precisa de uma base mais robusta? Conheça o nosso curso Estratégias Comerciais Avançadas, disponível em nosso site (www.idati.com.br)*

- *Nunca acredite em fórmulas mágicas de sucesso. Nenhum negócio de ponta foi baseado em formulismos e "gurus" de negócios virtuais.*

Artigo publicado no site https://www.aulasdenegocios.com.br

GESTÃO DA MEDIOCRIDADE

Espero que as discussões deste capítulo tenham sido proveitosas para você. Guerras comerciais normalmente envolvem planos bem estruturados e uma capacidade de execução acima da média das outras frentes de negócios.

Recomendo que você inicie seu planejamento utilizando o modelo Canvas que apresentei aqui, assim como dê atenção especial aos pontos da aula em vídeo sobre Como Elaborar um Planejamento Comercial Profissional.

CAPÍTULO 10

GUIANDO REBANHOS
DE MEDÍOCRES

"86% dos jovens norte-americanos desejam
se tornar influenciadores digitais"

Pesquisa da Morning Consult (2019)

Este talvez seja o campo de análise mais polêmico deste livro. Mas é fundamental perceber que nem todas as pessoas desejam mais a segurança e um trabalho que simplesmente pague suas contas, que sustente suas famílias. E, quando tratamos de pessoas mais jovens, percebemos a necessidade de novas realizações sociais, o desejo constante por uma idealização de qualidade de vida.

O próprio conceito de "jovem" está em mutação. Há algumas décadas era comum que um rapaz de 18 anos saísse de casa e buscasse o próprio sustento para adentrar o mais rápido possível no universo das responsabilidades adultas. Modernamente, ainda temos "jovens" de 30 anos morando na casa dos pais, quando não totalmente sustentados por eles.

Nenhum trabalho está à altura dos *adolescentes adultos* modernos. Todo salário é baixo, sendo que o desejo de galgar postos cada vez mais elevados, preferencialmente de forma rápida, é uma *obviedade* diante de seus "talentos inatos".

Já os "adultos tradicionais" estabelecidos nas empresas, muitas vezes não parecem ter desejo de aprender, de buscar o crescimento, já estando satisfeitos com seus rendimentos e suas posições. A resistência às mudanças muitas vezes é fator principal do encerramento precoce de projetos de inovação.

Portanto, podemos dizer que temos dois tipos genéricos de medíocres atuando nas organizações — os "Jovens Insatisfeitos" e os "Adultos Obsoletos".

GESTÃO DA MEDIOCRIDADE

Existem exceções? Óbvio que sim. Mas é interessante como essa análise superficial converge com a Matriz BCG sobre a qual conversamos, em que existem Vacas Leiteiras, Produtos Estrelas, Produtos Incógnitas e Abacaxis. Os mais sólidos profissionais são as Vacas Leiteiras da sua empresa; os jovens gestores são as Estrelas; os entrantes são as Incógnitas; e os medíocres se demonstram verdadeiros Abacaxis em seu time.

Vamos subir alguns níveis de análise e abrir essas estruturas em camadas, de forma que você possa identificar perfis e trabalhá-los de maneira correta e estratégica. Nenhuma empresa conta apenas com pessoas criativas e de alta performance. Para todo profissional brilhante existe um burocrata que cuida de questões operacionais. E precisamos estudar esses tipos antes de partir para substituições de pessoas diante da singela ideia de que pessoas mais criativas e talentosas necessariamente fazem uma organização melhor, o que não é verdade.

10.1 A CONCEPÇÃO DE EQUIPES DIANTE DO POSICIONAMENTO MERCADOLÓGICO

Michael Porter, famoso professor e consultor norte-americano, foi um dos pioneiros a escrever sobre estratégias organizacionais. O conhecimento fundamentado no autor que quero discutir com você são os três posicionamentos genéricos para competição empresarial (*Custos, Diferenciação e Enfoque*), cruzando-os com a modelagem de uma equipe multigeracional, criando assim uma visão estratégica sobre as estruturas de equipes capazes de manter sua competitividade no mercado.

Revendo os três posicionamentos competitivos genéricos de Porter, temos:

I. **Custos:** sua empresa sempre compete para ter o produto mais barato para o seu consumidor. Se a diferença for de centavos, você perde a competição para o seu concorrente, portanto a otimização de processos é fundamental.

II. **Diferenciação:** sua organização possui diferenciais perante sua concorrência, tais como *design, desempenho, tempo de entrega, qualidade, variedade, funcionalidades, valores sociais etc.* Portanto, seu cliente irá comprar de você *porque você é diferenciado* — seus benefícios são mais interessantes.

III. **Enfoque:** você trabalha com um nicho de mercado muito específico, e suas soluções são quase exclusivas. Pense em produtos colecionáveis, em produtos ou serviços para grupos de consumidores com muitas restrições e que não interessam à grande massa de empresas de um mercado. No "administrês", autores modernos chamam esse posicionamento de ponta da *Cauda Longa* ou de *Oceano Azul,* ambientes quase exclusivos de clientes com pouca ou nenhuma concorrência.

Para trabalhar com um posicionamento de Custos, sua empresa precisa funcionar como um relógio. Pessoas criativas são raras e mais interessantes no ambiente produtivo, otimizando recursos e encontrando soluções que *reduzam seus custos* de alguma maneira. Os demais colaboradores precisam ser adaptados às rotinas e aos trabalhos repetitivos.

Será que jovens talentosos se adaptam a essa realidade? Talvez, mas em funções de criação de soluções e de inovação — seja na produção, em TI ou na área comercial. Nas demais posições você terá *medíocres,* que irão trabalhar com você pelo simples sustento de seus custos de vida, já que esses não são competitivos no mercado e dificilmente receberiam salários melhores em outra empresa. Afinal, todos precisam sobreviver e pagar suas contas, mesmo que sejam infelizes no trabalho — a realidade da ampla gama de funcionários sem diferenciais competitivos.

Agora, para trabalhar com um posicionamento de Diferenciação, você obrigatoriamente precisa inovar para se manter competitivo. Se seus diferenciais forem facilmente igualados pela concorrência, você não terá mais diferenciais. Portanto, seja melhor todos os dias (qualquer referência ao primeiro capítulo do livro *não é mera coincidência*).

Para manter sua organização diferenciada, você precisa ter pessoas pensantes em todas as áreas da sua empresa. Não se trata simplesmente de uma questão *marqueteira,* trata-se de uma cultura de inovação. E, para tanto, você precisa agregar talentos aos seus quadros, diminuindo ao máximo o número de medíocres. Se você quiser liderar seu mercado, a necessidade de investimentos em qualificação da mão de obra e em soluções tecnológicas se refletirão em custos significativos para sua empresa.

Já escolhendo o posicionamento de Enfoque, você precisará compreender o porquê de ser único e como manter sua exclusividade nesse mercado. Se você é um prestador de serviços muito qualificado e com formações raras, dificilmente alguém será seu concorrente direto. Se possui uma empresa com soluções quase exclusivas e de baixa tecnologia, pode se manter conservador em suas ações. Mas atente-se ao fato de que sempre existe alguém ou alguma empresa que pode fazer sombra em seu negócio.

Portanto, equilibre sua equipe interna, *possivelmente mais experiente e confiável,* com um ou mais profissionais, ou mesmo uma consultoria, focados em analisar o mercado constantemente, buscando potenciais concorrentes ou potenciais soluções para agregar aos seus produtos/serviços. Ninguém é único no mercado para sempre. Quando buscar jovens talentos, coloque um colaborador mais

GESTÃO DA MEDIOCRIDADE

antigo para ser o tutor em seu desenvolvimento profissional (esse é o coaching em seu formato original).

Perceba: quanto mais inovadora sua equipe, com maiores habilidades, mais cara ela é. Portanto, é importante equilibrar seu orçamento com uma mediocridade tolerável em sua organização. Um colaborador talentoso pode trazer excelentes diferenciais para sua empresa, mas esses diferenciais podem levar algum tempo para serem percebidos.

John D. Rockefeller não se tornou o maior nome do petróleo mundial em seu tempo por acaso, ele contratava os melhores do mercado. Sempre. Para demonstrar a validade dessa verdadeira obsessão pelos melhores colaboradores, vou relatar um dos obstáculos mais clássicos da história dos negócios e a saída encontrada pelo gigante da indústria norte-americana:

A ligação entre poços, refinarias, centros de distribuição e a própria entrega dos produtos da Standard Oil era basicamente estruturada via ferrovias. O crescimento de Rockefeller, que chegou a dominar mais de 80% de todo o mercado norte-americano, fez com que os proprietários das ferrovias enxergassem uma oportunidade de aumentar seus lucros pelo aumento dos preços cobrados ao empresário. Insaciáveis, em uma jogada possível apenas pela cartelização do mercado ferroviário, esses empresários se reuniram e definiram uma atuação conjunta para que Rockefeller fosse pressionado a aumentar ainda mais seus custos com transporte.

Percebendo que essa seria uma situação constante e que se tratava apenas dos passos iniciais de uma *chantagem* exercida pelos proprietários das grandes ferrovias, Rockefeller teria três opções:

I. Simplesmente ceder e pagar cada vez mais pelo transporte, diminuindo radicalmente a lucratividade de sua operação.

II. Desenvolver suas próprias ferrovias, opção que levaria anos e que sofreria com entraves burocráticos e legais, já que os demais gigantes fariam tudo a seu alcance para impedir sua iniciativa.

III. Criar uma solução alternativa, com uma disrupção tecnológica.

Rockefeller chamou alguns de seus melhores engenheiros e propôs o desafio de que o óleo deveria ser escoado por *debaixo da terra*. Após meses de pesquisa e desenvolvimento, seus engenheiros criaram o *oleoduto*, uma inovação radical para o transporte do composto.

Essa inovação rompeu totalmente a dependência da Standard Oil do transporte ferroviário para a entrega de seus produtos e ainda diminuiu radicalmente seus custos de distribuição. Uma vitória avassaladora do empresário e do seu império do petróleo.

Esse exemplo demonstra a importância de talentos criativos para qualquer empresa. No caso relatado, tratamos de uma ação *reativa* ao mercado, forçada pelo comportamento de fornecedores de serviços de transporte.

Imagine-se dependente de uma empresa, de um software, de uma máquina ou mesmo de pessoas que lhe fornecem soluções. O que acontece se algum desses agentes optar por mudanças em suas políticas, aumentando os seus preços ou mesmo sendo adquiridos por outras empresas que não desejam mais seguir o fornecimento das soluções para sua empresa? E se uma das pessoas-chave da sua organização resolver sair? Essas são situações que exigem uma reação imediata e você terá que buscar alternativas internas ou externas para se manter competitivo no mercado, assim como precisou Rockefeller, um dos gigantes da indústria norte-americana.

Manter-se competitivo exige um processo de inovação constante e, portanto, um comportamento *proativo*. Esperar que problemas aconteçam possivelmente vai colocar sua empresa em situações críticas. E, para inovar e buscar sempre melhores maneiras de otimizar processos, produtos e serviços, você necessariamente precisa de colaboradores com a capacidade de inovar constantemente.

10.2 AS PESSOAS CERTAS NOS LUGARES CERTOS

Iniciaremos nossa análise de pessoas e de seus papéis nas camadas organizacionais comparando as vertentes da Capacidade Criativa dos indivíduos com a Capacidade de Execução de tarefas:

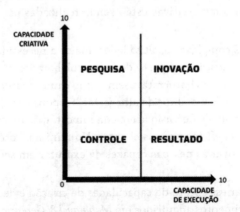

(Imagem 8) Atividades ideais relacionadas às capacidades de criação e de execução.
Fonte: O Autor.

GESTÃO DA MEDIOCRIDADE

Vamos dividir o trabalho de nossas equipes diante dos quadrantes apresentados:

▸ Atividades de **Controle**

Constituem tarefas operacionais, de rotina. Esse é o jogo comum das pessoas pouco criativas e mais apegadas a processos. A Contabilidade da sua empresa é um caso clássico.

▸ Atividades de **Resultado**

Impactam diretamente nos resultados operacionais e nos lucros da empresa. Garantir resultados é a premissa básica desse quadrante. A área de vendas é um bom exemplo.

▸ Atividades de **Pesquisa**

O desenvolvimento de novas soluções passa, necessariamente, por Pesquisa e Desenvolvimento. Buscar ideias e elaborar testagens — seja de produtos, de novas tecnologias ou de meios de produção — são suas responsabilidades principais. Em grandes organizações, estamos falando de setores de Pesquisa e Desenvolvimento.

▸ Atividades de **Inovação**

Questões diretamente ligadas à sensibilidade de mercado, onde você trabalha diretamente na lógica dos *benefícios gerados para seus clientes* com novas soluções que ampliem a capacidade competitiva de sua empresa. Essas atividades podem estar presentes em todas as áreas, desde que incentivadas pela alta direção da organização.

Analisando o contingente de colaboradores da sua empresa, você verá sua dispersão dentro desses quadrantes. E, muitas vezes, irá perceber que tarefas elencadas aqui como criativas estão sendo realizadas por medíocres na sua prática.

Quanto mais complexas as atividades, maior a necessidade de capacidade de criação ou de execução por parte dos seus colaboradores. Seria um absurdo cobrar criatividade de um burocrata, assim como é um absurdo não ter como critério para promoção de membros da alta gestão, responsáveis por decisões estratégicas e pela capacidade de visão acerca da importância da criação de soluções com impacto em benefícios para os clientes. No mínimo, você precisa unir pessoas capazes de inovar às pessoas capazes de executar em seus níveis médios e altos de gestão.

Para adentrar essa seara de capacidades de criação e de execução, vou me utilizar de conhecimentos adquiridos em *Maquiavel & Gerência de Empresas*, livro de 1974, do excelente autor Antony Jay, moldando-os à nossa análise atual.

10.2.1 O Iogue, o Comissário e o Líder Criador

Segundo Antony Jay, **Iogues são pessoas extremamente criativas**, mas com baixa capacidade de execução. Não imponha a um artista os resultados desejados sobre sua arte, apenas permita-o testar e criar. Os Iogues entendem sobre a experiência de um cliente com sua solução, e melhorar essa experiência é a sua arte.

Nas empresas vemos Iogues normalmente em posições de Design e UX (*User Experience — experiência do usuário*), bastante vinculadas a gestores de marketing e ao desenvolvimento de soluções. Um profissional renomado dessa área é Jonathan Ive, que foi o responsável principal pelo desenvolvimento do design dos produtos da Apple na era de Steve Jobs, seu clássico gestor. Todos os materiais envolvidos na concepção dos produtos da Apple e sua usabilidade, seu conforto e suas experiências sensoriais eram de responsabilidade de Ive e da sua equipe de design.

Outros exemplos de Iogues podem ser encontrados até em pesquisas técnicas de compostos. Um químico pode ter sua arte expressada na testagem de compostos, de forma a encontrar e criar soluções inovadoras. Um profissional de RH pode ser um Iogue, buscando formas de melhorar o trabalho das equipes, tendo sua arte expressa nos sorrisos de contentamento de colaboradores e clientes.

Vistos os criativos, **vamos aos Comissários**.

Comissários são garantidores da execução das tarefas. Um gestor financeiro não pensa na beleza de um fluxo de caixa, pensa em sua otimização. Um gestor de vendas não se atém às nuances visuais de uma embalagem, se atém aos resultados práticos de comercialização de seus produtos.

O cumprimento de metas e de objetivos é o norte do trabalho de um comissário. Sua função é fazer dinheiro, gerar caixa e lucros; é se preocupar com demissões, com contratações, com a gestão pragmática do negócio. Comissários são voltados a números em crescimento.

Obviamente, sempre existirão conflitos entre Iogues e Comissários. Podemos aferir isso no mesmo caso da Apple, no qual, com a morte de Steve Jobs, o Comissário Tim Cook assumiu a gestão da empresa — o que culminou com a saída de Jony Ive.

E o que mantinha Tim Cook e Jony Ive alinhados nos tempos da gestão de Steve Jobs? **Jobs era um Líder Criador — um estrategista capaz de alinhar a visão do Iogue com a do Comissário**.

Steve Jobs se preocupava extremamente com o design, sendo conhecido até por exigir de seus engenheiros estruturas internas dos produtos mais funcionais, mais inovadoras e visualmente mais agradáveis, em seu apreço à arte envolvida nos projetos. Mas também se detinha aos resultados, extraindo o máximo das suas equipes para o cumprimento das metas e dos objetivos traçados.

O Líder Criador é um profissional extremamente raro no mercado, portanto não espere encontrá-lo facilmente. E muitas vezes esse profissional precisa ser desenvolvido dentro da sua organização, pois ele já pronto é caríssimo no mercado profissional.

Aliar criatividade com capacidade de execução é fundamental para a inovação. E você terá que gerenciar conflitos para desenvolver as capacidades da sua empresa/equipe ao máximo.

Vamos adaptar o quadro de atividades sobre esse tema:

(Imagem 9) Comparativos aplicados: iogues, comissários e líderes criadores (híbridos).
Fonte: O Autor.

Como uma ampla gama de empresas não gerencia corretamente essa questão de perfis e de capacidades, é mais comum vermos o crescimento dos gestores do perfil Comissário, já que estes são naturalmente produtores de resultados tangíveis. Mas isso desfoca a necessidade de criação e de inovação constante, o que forma um problema de médio e longo prazos na capacidade competitiva das empresas.

Os criativos costumam ser expulsos das estruturas organizacionais pelos gestores comissários — incapazes de perceber valor em atividades que não tragam resultados imediatos. O foco desse tipo de gestão é direcionado automaticamente para o ROI (Retorno sobre o Investimento — traduzido do inglês) e tudo o que não gera caixa é visto como desnecessário.

Na introdução deste capítulo eu falei da relação conflituosa entre jovens e adultos, sendo que muitos dos adultos mais valiosos das empresas tradicionais são justamente os tais comissários. E é devido a esse cenário de atritos geracionais, normalmente desencadeados por modelos de gestão definidos por Comissários, que vemos o crescimento das startups com jovens criativos no comando de suas operações. Mas é importante compreendermos que a gestão dos Iogues também é a causa principal da falência de tantas startups — sem Comissários, os negócios dificilmente atingem sua maturidade e alcançam resultados que refinanciem investimentos.

Um dos maiores desafios dos gestores modernos é quebrar essa lógica do "nós contra eles". Temos fatores geracionais, comportamentais e ainda de perfis criativos e executores a serem ponderados.

Portanto, vamos nos ater um pouco à Gestão de Talentos dentro da sua empresa — caso contrário você se tornará um atoleiro de burocratas ou de executores rasos trabalhando para Comissários (muitas vezes medíocres).

10.2.2 Afastando a criatividade das organizações

As estruturas organizacionais rígidas, baseadas em hierarquia e controle, tolhem gravemente as iniciativas criativas e, portanto, o próprio empreendedorismo de seus colaboradores. Se você não deseja trabalhar apenas com executores de tarefas, que no primeiro problema irão recorrer a você ou a outro gestor e tomar seu precioso tempo com questões de baixo impacto para seu negócio, necessariamente é preciso flexibilizar as estruturas da sua gestão.

> Executar ordens é uma forma de garantir os resultados a curto prazo. Criar soluções é basilar para o desenvolvimento de inovações e para a manutenção da competitividade a médio e longo prazos.

Os setores das empresas comumente são dominados por pessoas com pensamentos nos moldes de uma estereotípica comunidade indígena. Você encontra o Cacique, que manda; o Pajé, que aconselha; e os demais, que executam o que foi determinado.

Sua empresa é o reflexo de uma estereotípica comunidade indígena? Quebrar essa estrutura mental é trabalho do gestor. O tempo do gestor é escasso, disso temos certeza, mas será cada vez mais escasso à medida que sua equipe cresce.

No que tange as tomadas de decisões, não faz sentido um gestor que toma todas as decisões de um setor ou de uma empresa. Conforme vimos na *Matriz Eisenhower* (apresentada no primeiro capítulo deste livro), decisões são mais ou menos importantes, mais ou menos urgentes. O que não é realmente importante e estratégico deve ser delegado entre os membros de sua equipe. E não

GESTÃO DA MEDIOCRIDADE

necessariamente delegado ao "segundo no comando" e sim dividido entre as pessoas que efetivamente são responsáveis pela execução das operações relacionadas com tais questões.

Você não deve decidir como será estruturado um frete para um cliente importante, isso deve ficar a cargo do próprio gerente dessa conta. Ele que converse com o pessoal da logística e estruture prazos e custos que guiem a realização da operação. Uma venda de meia carga de um caminhão pode se transformar em uma carga completa, dividida entre dois ou três clientes próximos, de forma a diminuir os custos logísticos.

Se um vendedor traz até você uma negociação como essa pela metade, apenas aferindo possibilidades em uma negociação isolada de meia carga, naturalmente fará pressão para que seja autorizado um valor mais acessível em seu frete — em vez de buscar soluções mais sofisticadas para a questão, como a carga dividida, diminuindo a lucratividade de potenciais operações conjuntas.

As pessoas devem ser instigadas a buscar soluções para os problemas *antes* de levá-los para seus superiores. Seguindo essa lógica, as pessoas precisam ser instigadas a buscar melhorias na própria forma de executar suas ações.

Em meus projetos, costumo desafiar os colaboradores com tarefas criativas. Exemplo: "Faça uma análise dos investimentos feitos em marketing nos últimos seis meses e apresente os resultados dessas campanhas. Quanto rendeu cada real investido? Quantas negociações foram criadas? Quais produtos tiveram melhor impacto em vendas? O que falhou? Você tem dois dias para me apresentar essa análise."

Por que faço isso? Para que as pessoas comecem a enxergar a necessidade de planejamento e controle de ações. Em dois dias surgirá uma análise rudimentar, cheia de lacunas. Portanto, a pessoa já entende o problema de seguir tratando investimentos em marketing como um simples pagamento de boletos de ações abstratas. A partir desse ponto, essa pessoa estará preparada para discutir melhores formas de planejar e de medir investimentos, criando uma perspectiva de inovação. Dessa maneira é possível quebrar a resistência às mudanças, gerando no indivíduo um desejo genuíno de mudar os procedimentos.

Em projetos de TI é bastante comum que se utilizem métodos ágeis. Mas essa estratégia de gestão exige uma equipe alinhada e voltada à alta performance. Já precisei entrar em projetos com equipes de desenvolvimento de softwares utilizando ferramentas de controle praticamente fabril, de forma a disciplinar a conduta dos colaboradores, muito mal-acostumados por uma gestão frouxa que permitia entregas parciais e prazos flexíveis. A lógica foi reestruturada para "entregas dos produtos certos nos prazos certos", o que exigiu disciplina, antes de voltarmos a cogitar metodologias ágeis.

A disciplina é a mãe da eficácia. A eficácia é a razão da disciplina. Mas a eficiência só surge quando unimos pessoas disciplinadas à possibilidade de tomarem pequenas decisões sozinhas, de criarem formas de melhorar sua própria atuação.

Formar pessoas para processos decisórios e ações mais criativas exige tolerância a erros, o que pode ser visto como o inferno dos Comissários. Eu desafio pessoas com prazos enxutos e tarefas de complexidade crescente. Quero entender os limites de cada indivíduo que possa vir a ser relevante em nossa engrenagem. Limites se expandem com treinamento, com experimentações. Erros fazem parte do processo de aprendizagem.

Se você tem um prazo de uma semana para certa atividade de sua rotina, converse com a pessoa que quer que seja responsável por essa operação no futuro. Explique os objetivos de tal tarefa e as entregas que você espera. Finalmente, peça que ela monte algo nesse sentido em três dias, sem lhe pedir auxílio. Você quer novas ideias, novos conceitos. E é responsabilidade dessa pessoa criar uma solução (para a qual você já sabe a resposta). Em três dias virá o resultado, com alguns acertos e outros erros. Enalteça os acertos e debata os erros, de forma indireta, até que a pessoa chegue a uma solução completamente correta para o problema. Peça para que ela faça as devidas correções e que lhe entregue o resultado em mais dois dias, expandindo então seu prazo inicial. Em cinco dias você terá uma pessoa que sabe resolver tal questão. E dentro do prazo, afinal você tinha sete dias para a entrega e a recebeu em cinco. Com um detalhe: dentro desse processo podem surgir novas formas de executar tal tarefa, de forma até mais eficiente do que você executava até então.

Um gestor não é um capataz, garantindo a execução de prazos e de metas sob a força do chicote. Um gestor é também um analista de pessoas, buscando desenvolvê-las ao seu limite. Quanto mais as pessoas criam soluções, mais próximas estão da autossuficiência. Você precisa de indivíduos independentes em sua equipe, não de pessoas colhendo batatas sob a tutela de um cacique.

Faça a SWOT de sua equipe — identifique forças, fraquezas, oportunidades, ameaças e impactos para sua estratégia. Incentive o crescimento de seus colaboradores, desafie-os. Guie seu time, você é um técnico em um campeonato longo e cheio de concorrentes, não um carrasco de idiotas. Mesmo que seus colaboradores sejam bastante limitados, esse limite pode ser expandido. E formar pessoas melhores é sua missão.

Nesses ensejos você já percebe que a hierarquia pura e simples, envolvida em processos engessados, não funciona para todos. Obviamente, quanto mais fabril for o seu processo, menos as pessoas precisam pensar. Tudo depende das posições e da importância dessas engrenagens para a sua máquina organizacional.

> Portanto, o ponto principal é conhecer suas engrenagens-chave.
> Ou posições, ou cargos. Tudo depende de como
> você deseja analisar essas situações.

Quando você mapear as engrenagens, chegará à conclusão de que X tarefas devem ser desempenhadas por tais colaboradores. Portanto, você deve analisar se seus colaboradores têm condições de desempenhar tais funções plenamente ou se precisam de desenvolvimento, iniciando um processo de melhoria contínua.

Mas nunca, absolutamente nunca, deixe que seu colaborador-chave seja o único com domínio sobre suas tarefas. Ele precisa delegar. Precisa treinar outros. Precisa dividir conhecimentos — ou vai se tornar um Pajé cheio de status e de controle sobre processos da sua empresa.

É interessante que você perceba a gestão de Recursos Humanos como um mapa completo de engrenagens. Como estão preparadas as suas engrenagens? O que será necessário para desenvolvê-las e para capacitar seus colaboradores a atingir dos objetivos estratégicos da sua organização? Na ampla maioria das empresas, o RH é visto como uma área de pedagogos organizacionais cuidando da "creche de funcionários", com dinâmicas de grupo, treinamentos genéricos e ferramentas juvenis de medição de clima organizacional, o que é patético.

O RH é uma área de engenheiros sociais, não um conglomerado de pessoas sorridentes responsáveis por manter colaboradores felizes. Ninguém é feliz o tempo inteiro — nem na empresa, nem na vida pessoal. As pessoas estão em uma empresa para trabalhar, para oferecer suas capacidades em troca de uma remuneração. Existe coisa mais tediosa que uma confraternização empresarial com atividades guiadas pelo RH? É um martírio pensar que uma área tão estratégica seja responsável, simplesmente, por gerenciar a folha de pagamentos e "buscar a felicidade" das pessoas nas organizações. É uma visão tacanha, rasa. Digna da gestão de medíocres.

Para perceber essa visão de RH pedagógico como dominante, basta analisar as premiações das "melhores empresas para se trabalhar". Você vê que as pessoas são condicionadas a se dizerem felizes em seu trabalho, enaltecendo os bombons que lhe são jogados em meio à ração militar.

Uma boa empresa é a que enxerga seus colaboradores, que os desafia e os desenvolve. É uma empresa com visão, com uma missão social que está de acordo com os valores de seu time. Uma empresa que faz do mundo um lugar melhor e que seus colaboradores compreendem fazer parte disso, que têm orgulho de fazer parte disso. "Vestir a camisa" da empresa não é "ser feliz" no trabalho, é ter orgulho de fazer parte de algo significativo.

E aí que está o xeque aos criativos: essa balela de "melhores empresas para se trabalhar" é, na verdade, o celeiro mais fértil para os medíocres. Pessoas criativas e empreendedoras não se adaptam ao modelo de "creche organizacional", porque existem regras de convivência demais. Existem estruturas hierárquicas demais. Impera o prazer em executar e não em pensar.

Quem pensa, pensa só, cria só, não em manada. E como são vistos os pensadores pelas creches organizacionais? Como rebeldes, como pessoas que não se encaixam no ecossistema dos *Teletubbies* (referência a um programa de TV, dos anos 2000, para crianças com menos de 5 anos), adorado pelos gestores de RH. E são justamente esses "rebeldes" que criam inovações, que criam negócios inovadores. São esses *confrontadores* que tentam mudar processos, que criam sistemáticas melhoradas. Fazer mais do mesmo é tedioso e indigno diante de capacidades criativas.

Todo esse mecanismo infantilizado de gestão de recursos humanos afasta os talentos das organizações, tornando-as o paraíso dos Comissários, felizes em executar as tarefas guiadas pelos seus superiores. Um dia esses comissários subalternos assumem cargos de gestão, engessando ainda mais os processos de inovação nas organizações, obrigando-as a terceirizar muitas de suas atividades estratégicas de mercado. Assim surgem os marqueteiros de coque samurai das agências de publicidade, criando estratégias heterodoxas sem qualquer nexo com a cultura organizacional de seus clientes... aplaudidos pelos Comissários, que nada entendem sobre os reflexos estratégicos desse tipo de ação.

Organizações medíocres estão ao seu redor, convalescendo todos os dias. E as novas gerações de talentos não suportam mais esse modelo de trabalho.

10.3 GESTÃO CELULAR: AUTOGESTÃO APLICADA À ESTRATÉGIA ORGANIZACIONAL

A *Autogestão Anarquista*, pregada pela escola francesa de gestão dos anos 1960, demonstrava que as pessoas precisam ser mais independentes (ou totalmente independentes) nas organizações, de forma colaborativa e cocriativa. Nos anos 1990, tivemos o *Empowerment* ditado pela escola norte-americana, que defendia mais autonomia e poder de decisão para os colaboradores em geral. E que tal o *Volvismo*, a aplicação sociotécnica desses modelos na Volvo em meados da década de 1980?

Se você não conhece o modelo volvista, segue um vídeo explicativo:

(Vídeo 21) O volvismo.

Nos anos 2000, virou febre se falar no Brasil sobre a Gestão de Pessoas 4.0, uma simples e pífia releitura desses três movimentos (Autogestão Anarquista, Empowerment e Volvismo).

E aqui estamos, nos anos 20 do século XXI. Sem nada que tenha mudado significativamente em nosso já engessado modelo de gestão hierárquico guiado por Comissários no Brasil.

A questão de debate desse tópico é: *será possível ter empreendedores na sua empresa?*

No modelo tradicional brasileiro, a resposta é não. Portanto, precisamos discutir um novo modelo gerencial.

Trato empreendedores como pessoas necessariamente criativas. Ninguém cria inovações sem a capacidade de perceber necessidades, soluções e benefícios propostos.

Sempre existirão formas melhores de se fazer algo, isso é um fato. Assim como sempre surgirão novas soluções para problemas antigos — vide os saca-rolhas. E, por trás de uma solução, sempre existe a premissa básica de uma ideia inovadora.

Certa vez ouvi, de um amigo executivo, a seguinte frase: "Para crescer em uma empresa, você precisa 'correr junto' com seu superior. Se ele cresce, você cresce também. Então, trabalhe para o crescimento do seu gestor." Não deixa de ser uma visão interessante, de forma a não ameaçar o ocupante do cargo que você almeja em seu crescimento de carreira, sendo que você se tornará seu braço direito e parceiro em seu próprio crescimento. Suas ideias serão dele. Suas ações serão decorrentes das orientações dele. Seus resultados serão mérito dele. E, quando ele cresce, leva seu braço direito consigo, ocupando um cargo que possa ajudá-lo a seguir crescendo.

Não duvido que isso aconteça com uma alta frequência nas empresas. Um gestor astuto pode assimilar um jovem talentoso em seu raio de atuação, de forma que seu próprio crescimento seja impulsionado. O mestre e seu discípulo. Isso garante ao "mestre" ganhos mais rápidos e ao discípulo a segurança de que não será demitido por "fazer sombra" em seu gestor.

Mas detesto essa ideia de um gestor que "rouba" os méritos de um colaborador em troca de sua boa influência para seu crescimento. Isso tem mais relação com organizações políticas do que com organizações empresariais. E, se isso está acontecendo em sua empresa, é porque você não está enxergando suas engrenagens humanas, o que é reflexo de sua própria má gestão.

Ninguém suporta o crescimento de outros via espoliação de seus méritos por um longo período. Suas ideias, os benefícios de suas inovações, engordam a conta bancária e o *status* de um medíocre que está usando você como trampolim. Eu mesmo passei por isso no início da minha carreira, e abandonei a empresa em alguns meses. O gestor que me utilizou como trampolim acabou sendo demitido depois (nenhum embusteiro se equilibra em mentiras por longos períodos), mas o estrago para a empresa já estava consolidado.

Será que quero dizer com isso que eu, na época um jovem, deveria ter sido alçado a um cargo de alta gestão em poucos meses de empresa? A resposta é não. Não é assim que se trabalha com jovens promissores.

Jovens promissores não são gestores formados, possuem habilidades ímpares em alguns aspectos, mas lhes falta o traquejo organizacional em outros.

Pense nas legiões romanas: excelentes soldados subiam na hierarquia como auxiliares dos comandantes. Então, quando novas frentes de combate exigiam novas configurações de tropas, esses auxiliares se tornavam comandantes de pequenos destacamentos. O sucesso desses destacamentos formava novos comandantes. E assim continuamente, até que um dia estes poderiam vir a se tornar generais de suas próprias legiões.

No advento da marinha estruturada em navegações, talentosos jovens capitães de navio eram enviados para missões de exploração de rotas e de territórios. Pedro Álvares Cabral tinha pouco mais de 30 anos quando chegou ao Brasil, estando longe do panteão dos grandes navegadores portugueses até então.

O que quero dizer nesses pequenos exemplos históricos é: quando um jovem talentoso se destaca, ele é enviado em missões que desenvolvam seus talentos e suas capacidades de gerenciar equipes que trabalhem a seu favor.

A hierarquia organizacional costuma levar em consideração diversos fatores, tais como capacidade de entrega de resultados, cultura organizacional, liderança de equipes, habilidades sociais e gerenciamento de recursos. E essa estrutura demora a ser modificada.

200 GESTÃO DA MEDIOCRIDADE

Se você tem um jovem talento, pode criar uma função na qual ele possa desenvolver suas habilidades criativas e executivas. Pode abrir um novo território de negócios e o enviar para sua exploração, apoiado à distância por gestores mais antigos que possam orientá-lo em sua jornada — isso é o coaching prático, aplicado na realidade. Quem sabe iniciar o desenvolvimento de um novo produto ou serviço? Análises mercadológicas, busca de inovações?

Que tal abrir novas frentes em sua estrutura, de forma autônoma, com células independentes dos gestores tradicionais da sua hierarquia. Estamos falando da *Gestão Celular*, a única forma de manter talentos criativos em uma grande estrutura organizacional.

Os programas de *trainee* buscam formar gerentes executores e envolvem os jovens em atividades em todas as áreas da empresa, promovendo contato com todas as suas estruturas sociais e modelagens organizacionais. Sem dúvida é uma boa forma de desenvolver Comissários, mas e a formação dos Iogues criativos? Caso você contrate um dos raros Líderes Criadores (Híbridos: Iogues + Comissários), não vai conseguir desenvolver plenamente suas capacidades nessa modelagem de formatação.

Pessoas com capacidade de criação precisam empreender, precisam ser envolvidas em jornadas de alto poder de aprendizagem. Tendo sucesso, você acaba de conquistar uma inovação em sua empresa. E o fracasso dessas jornadas também é útil, já que envolve a formação de um profissional mais maduro. Na área comercial, você pode desafiar um jovem talentoso a abrir uma nova região de negócios, fornecendo um jovem comissário como parceiro e orientação de um gestor mais antigo, que possa funcionar como tutor em momentos de decisões difíceis. Nesse modelo, você está treinando um empreendedor em ação, não um subalterno para ser viciado em sua rígida estrutura hierarquizada.

Existem riscos? Muitos, inclusive o risco de dar tão certo que sua empresa acaba de criar uma nova e rentável frente de negócios que até então não era percebida.

Os negócios digitais têm muito a ver com essa visão. Muitas empresas se comportam como verdadeiros paquidermes no mercado devido ao seu tamanho, movimentando-se lentamente, enquanto *startups* desenvolvem soluções de forma bastante ágil e passam a dominar certos segmentos. A própria pandemia da Covid-19 foi a prova cabal disso no Brasil, quando, com atraso de anos, diversas empresas abriram frentes digitais. Será preciso uma nova pandemia para que as empresas brasileiras busquem inovações em seus modelos?

Diversas fábricas, impulsionadas pela pandemia, passaram a vender diretamente para seus consumidores no formato online. Assim como milhares de empresas fecharam as portas por não terem conseguido adaptar a tempo seus negócios ao modelo onicanal.

A Gestão Celular é uma excelente forma de combater a reatividade dentro de uma organização. Desmembrar frentes de atuação de um modelo hierárquico rígido é uma forma de desenvolver a capacidade criativa de suas equipes.

E isso não é apenas relativo a jovens talentos, é voltado diretamente às pessoas mais talentosas de uma empresa em geral. Você pode desmembrar toda a sua estrutura não operacional dessa maneira, criando Escritórios de Projetos, com missões específicas de melhorias. Quanto mais pessoas passarem por processos de projetos criativos, de frentes de negócios inovadoras, mais capacitadas serão.

Medíocres também aprendem com experiências, muito mais do que ouvindo relatos ou estudando o que outros fizeram. A prática cria consistência, cria capacidade executiva. Cria um ambiente de trabalho sedutor, com atividades realmente interessantes a serem feitas. Empreendedores são guiados por desafios, não por dinâmicas de grupo e ambientes decorados com balões cor-de-rosa.

Defina uma missão. Defina um prazo. Defina recursos para o cumprimento da missão.

Conceda o amparo de um gestor mais experiente para auxiliar no planejamento das ações e nas crises e problemas que precisarão ser gerenciados.

Embasado nessa lógica, permita ao empreendedor criar e executar. Inovar. Explorar oportunidades desconhecidas, lutar uma batalha em território inóspito, tendo a oportunidade de voltar para casa como um campeão do seu império. Isso sim é vestir a camisa, porque a camisa e a pele se misturam. O suor, o sangue e as lágrimas serão a verdadeira experiência a ser vivida por esses profissionais.

É incrível o prazer com que empreendedores trabalham em projetos de reestruturação, tendo a possibilidade de criar, de remontar, de serem ouvidos e de fazer parte de algo novo. O brilho no olhar desses profissionais é o que de mais caro você pode proporcionar a um colaborador sedento por oportunidades de mostrar seu valor.

Porém, é uma pena que em muitos desses projetos surjam gestores Comissários de alto escalão que tentem destruir as novas criações. E muitas vezes os diretores, com medo de perder esses gestores medíocres, avalizam o final das iniciativas antes que elas gerem os resultados almejados.

Inovação exige tempo. Você planeja, implementa, corrige os rumos e passa a colher resultados. E, se as inovações tirarem poder dos Comissários de alto escalão, as tentativas de boicote serão cada vez mais constantes.

Lembro-me de uma fábrica onde executamos um projeto de reestruturação da área de vendas. Criamos, com a equipe de TI e com um dos analistas em

202 GESTÃO DA MEDIOCRIDADE

formação da empresa, uma ferramenta de análise automática dos resultados comerciais dos representantes, baseada em fatores comportamentais. E essa ferramenta seria capaz, inclusive, de ditar estimativas de vendas, estoques e o direcionamento de recursos promocionais.

Algo inovador e plenamente exequível. Os Comissários do alto clero colocaram em xeque a ferramenta, já que eu não havia visitado tais representantes para chegar a essa estrutura. Pois bem, os visitei, e a ferramenta estava consolidada como totalmente assertiva.

Findado o projeto, os Comissários identificaram um "problema de cálculo", arquivando a iniciativa que tiraria grande parte de seu poder, voltando aos processos antigos — mesmo que o analista defendesse a veracidade daqueles números. Dois meses depois, ele se demitiu e foi trabalhar em outra empresa. Perderam um jovem talento e uma inovação que colocaria a empresa léguas à frente de outros concorrentes, se contentando com a utilização das bases de análise e com o treinamento que havíamos implementado... o que gerou melhorias significativas, mas não o fim da era de poder dos Comissários.

Um CEO Iogue, criativo, normalmente existe apenas quando ele é dono do negócio. Pessoas voltadas à arte procrastinam decisões importantes em meio ao perfeccionismo e à falta de convicções. Ou você tem um grupo de gestores, no qual visões e perfis diferentes se complementam, ou você tem um Híbrido entre o perfil Comissário e o Iogue para tomar as decisões — o Líder Criador.

Pessoas criativas sem a capacidade de execução só ascendem a postos de liderança por questões políticas, não meritocráticas. Portanto, também é importante frisar os malefícios de uma gestão esteticista, na qual a forma tem mais relevância do que seu conteúdo.

Equilíbrio é a chave. Criação e Execução andando lado a lado. Competências que visem à criação de inovações e à capacidade de colocá-las em prática. Não se pode ver uma vertente ou outra como mais importante, já que criações dependem necessariamente de executores capacitados. Transformar o mundo das ideias em realizações depende de pessoas criativas e pessoas executivas trabalhando em conjunto. E administrar os conflitos gerados por essas visões, muitas vezes antagônicas, faz parte do trabalho de um gestor.

Um gestor incompetente sufoca talentos, sejam criativos ou executivos, que fatalmente deixarão a empresa. Existem Comissários extremamente competentes. Existem Iogues extremamente incompetentes. E buscar esse equilíbrio é parte fundamental da gestão da inovação.

Talvez este seja o maior desafio da gestão moderna: uma gestão equilibrada, que não sufoque seus colaboradores, que não torne um martírio o trabalho compartilhado com medíocres.

Antigamente, as pessoas faziam uma carreira inteira em uma empresa. Possuíam um "sobrenome empresarial" — o autor deste livro é o Alex, da IDAti. Hoje nós vemos a alta rotatividade de pessoas nas empresas, meros funcionários que, a qualquer momento, podem receber uma proposta externa e abandonar seu posto. Não percebemos, facilmente, lealdade no mercado de trabalho — um reflexo de necessidades cada vez mais imediatistas. Mas é fácil falar que "a sociedade está assim e que nada pode ser feito", sendo que muito pode ser feito. Porém, os gestores preferem fechar os olhos para essa realidade e gerenciar seus negócios como se fazia no século passado.

Quebre o modelo hierárquico engessado da sua gestão. Sua empresa não vai suportar a debandada de talentos e, fatalmente, vai acabar se tornando obsoleta.

Passos para a mudança de sua estrutura de gestão de pessoas:

- **Mapeamento de Processos:** quais são os processos de peso estratégico em seu negócio?
- **Mapeamento de Engrenagens Sociais:** quais são as tarefas que seus colaboradores precisam executar, as decisões a serem tomadas e as habilidades necessárias para o bom desempenho de tais funções?
- **Análise SWOT de seus colaboradores:** está na hora de pensar seu RH como uma estrutura de engenharia social. Busque identificar forças, fraquezas, oportunidades e ameaças.
- **Análise de Perfis dos Colaboradores:** Identifique as pessoas com capacidade de execução, de criação e os burocratas, cruzando essas informações com as posições na engrenagem social.
- **Análise dos Gestores:** faça um levantamento técnico e psicológico de seus gestores, de forma a compreender o que rege seus atos.
- **Crie um Escritório de Projetos de Inovação:** selecione pessoas talentosas para criação de inovações por área de negócio. Distribua projetos e equipes multidisciplinares. Defina tutores para tais projetos.
- **Novas frentes de negócios:** se existem pessoas talentosas que já passaram pelo escritório de projetos de inovação com sucesso, desafie-as com novas frentes de negócios para a empresa.
- **Crie Planos de Carreiras Independentes:** o plano de carreira não deve estar ligado diretamente à posição hierárquica. Desenvolva

métricas de incentivo ao desenvolvimento constante, relacionadas aos projetos de inovação e de conquista de mercado.

Sugiro uma pausa na leitura para assistir a essa palestra completa, que trata da reestruturação de empresas e dos desafios da visão de projetos dentro das organizações:

(Vídeo 22) Palestra completa: estrutura de projetos estratégicos.

10.4 A TECNOLOGIA NÃO É OPCIONAL, É FUNDAMENTAL

Em 1891, Oscar Wilde nos deleitou com seu ensaio *A Alma do Homem sob o Socialismo*, uma análise brilhante sobre sistemas sociais e a necessidade da individualidade na existência humana. O autor mudou o título do seu ensaio posteriormente para *A Alma do Homem*, mas você não irá encontrá-lo sob esse título. Enfim, quero me ater a um dos pontos mais importantes do ensaio: a necessidade do desenvolvimento de tecnologias para substituição de trabalhadores em atividades pouco ou nada dignificantes.

Uma pessoa não será feliz, ou minimamente realizada psicologicamente, passando longas horas executando tarefas insalubres. No texto, o autor apresentou os agentes de limpeza das ruas, que precisavam ficar horas recolhendo os dejetos dos cavalos. Sob o ponto de vista do autor, o homem só é feliz criando, não executando tarefas que ninguém deseja executar.

Vamos atualizar essa visão, vendo o ambiente moderno de trabalho: diversas pessoas trabalham pura e simplesmente pelos seus salários. Executam tarefas que desprezam, mas precisam subsistir, pagar suas contas. Muitas das tarefas desprezadas não necessariamente possuem relação com o trabalho em si, mas com o *status social* que proporcionam. Vivemos na era das redes sociais, das aparências. A motivação para o trabalho não é mais sustentar sua família, é ter

GUIANDO REBANHOS DE MEDÍOCRES **205**

um padrão de vida que você possa ostentar perante os seus, de realizar sonhos e vontades. Por isso temos tantos "jovens" de 30 anos morando com seus pais, o dinheiro serve para satisfazer seus desejos, não suas necessidades — bancadas por seus progenitores.

Nesse sentido, da falta de uma correlação entre o trabalho e uma vida adulta independente, da falta de expectativas relacionadas à formação e ao sustento de uma família em troca de prazeres e necessidades supérfluas, precisamos enxergar que a função que você oferece a um empregado dificilmente será empolgante. Os medíocres querem os benefícios obtidos com sua renda, não o trabalho em si, mesmo que o LinkedIn esteja cheio de funcionários falando sobre as maravilhas do seu trabalho — apenas para impressionar seus contatos, ganhando status ou buscando pontos de empregabilidade junto a outros profissionais em busca de novos colaboradores.

A ampla maioria dos seus funcionários tem desgosto em trabalhar para você, só o fazendo pelo dinheiro. Se pudessem, ganhariam bolsas governamentais do mesmo montante para ficar em casa cuidando de seus gatos. O gosto pelo trabalho se tornou característica da minoria.

Os medíocres não estudam. Não se desenvolvem. Não criam nada. Afinal, "não são pagos para isso". São meros executores no limite da desídia, satisfeitos em sua insatisfação. Para eles é um martírio passar oito horas do dia na sua empresa, esperando que o Papai Noel traga de presente uma promoção ou uma oportunidade que lhes remunere mais em uma nova empresa.

Lembre-se: medíocres são a média. Então, a exceção serão os talentos que discutimos no tópico anterior. Aqui estamos falando de zumbis empresariais, que apenas ocupam seus postos e entregam as tarefas pelas quais são remunerados. Esses sim se divertem nas confraternizações promovidas pelo RH, já que nelas você vai normalmente encontrar comida, bebida, atividades recreativas e presentinhos da empresa. Ótima fonte de fotos para as redes sociais e para esquecer, mesmo que por um período, a desgraça que é trabalhar na sua empresa.

Sabe quem não se importa com status social, com ração para gatos e que chegue logo a sexta-feira para curtir o final de semana, único momento em que a "vida vale a pena"? A máquina.

O melhor investimento para sua empresa é a automação. Sistemas cada vez mais inteligentes de gestão estão disponíveis, máquinas que substituem os zumbis, softwares potencializados por algoritmos cada vez mais precisos. A própria Inteligência Artificial Cognitiva, constituída em programações que possibilitam a capacidade de tomar decisões. Tudo isso está cada vez mais acessível para sua empresa.

Bons softwares automatizam o trabalho de equipes inteiras. E executam as tarefas de maneira eficiente, excelente, enquanto seus *zumbis inconformados* precisam ser cobrados e supervisionados constantemente para fornecer entregas mínimas.

A diferença aqui está na busca de soluções inovadoras. Você talvez não tenha tempo para pesquisar todas as soluções disponíveis no mercado, mas não espere de seus zumbis essa iniciativa. Zumbis são preguiçosos, não burros. Não querem mais trabalho e, principalmente, não querem trazer inovações que os tornem dispensáveis para a organização.

No tópico anterior, falei sobre novas áreas de negócios, inovação e pesquisa. E aqui está um dos campos mais férteis para o trabalho de jovens talentosos: a busca por soluções tecnológicas. Por isso os pesquisadores devem ser separados dos medíocres, para que não sejam contaminados por emoções e vínculos. Uma solução que substitua dez de seus coleguinhas pode trazer desgastes psicológicos, já que "seus amiguinhos" serão demitidos.

Um Comissário executor provavelmente não veria problema nessa questão. Um Iogue criativo talvez, já que suas emoções são mais afloradas. Mas só um criativo, ou um híbrido (Comissário + Iogue), descobrirá essas soluções.

Se você não quer se tornar refém de zumbis, Pesquisa e Desenvolvimento são partes cruciais da ruptura tecnológica na sua empresa. Novos produtos. Novas tecnologias. Novas oportunidades.

O trabalho de consultoria envolve a busca por inovações e, muitas vezes, a tarefa de realizar demissões. Raramente passo por um projeto sem que alguns zumbis nas mais diversas posições precisem ser removidos da estrutura. Zumbis são resistentes às mudanças, mas, quando você decepa o líder dos incompetentes, esses tendem a prezar mais pela manutenção dos seus próprios empregos que pela solidariedade entre os preguiçosos, mesmo que as mudanças potencialmente lhes custem as cabeças no futuro. Esses medíocres só pensam no agora e farão o necessário para sobreviver a curto prazo.

Obviamente, o discurso sempre precisa ser envolto em ideias, em estratégias que alavancarão resultados para a organização e facilitarão novos processos. "É pelo futuro da empresa, o mercado está cada vez mais exigente e competitivo. Se não nos adaptarmos, o que será da empresa e de vocês no futuro? Não haverá futuro se não inovarmos." E é verdade, tolo é aquele que acha que vai fazer a mesma coisa sempre e obter os mesmos resultados em um mercado de competição pujante. Muitas empresas vão à falência por fazer a coisa certa por muito tempo, isso é, repetem mais do mesmo acreditando que é a coisa certa a se fazer.

GUIANDO REBANHOS DE MEDÍOCRES

Não é. Ou você se prepara para as hordas de zumbis cada vez mais presentes no mercado de trabalho, aumentando sua potência tecnológica e substituindo gradativamente esses medíocres, ou está fadado a ser engolido pela sua incompetência.

Olhe para sua equipe: quantos dos seus colaboradores estão buscando qualificação por conta própria, sem incentivos da empresa? Quantos leem livros, que seja um por ano? Agora, pergunte sobre o novo *reality show* e sobre a vida de *influencers* nas redes sociais, e a maior parte dessa patota vai saber tudo a respeito.

A máquina será um servo leal e disponível 24 horas por dia, todos os dias. Os talentos da sua empresa serão empreendedores, buscando inovações constantes, aumentando sua competitividade. Você será o guia dessas mudanças, o visionário que entende que o apocalipse zumbi já começou e que é questão de tempo para que essa horda de incompetentes invada seu escritório. Só existe uma defesa factível: o uso maciço da tecnologia.

Substitua engrenagens humanas por robôs, sempre que possível. Mantenha pessoas criativas e com capacidade de executar inovações ao seu lado. O resto, que se junte à horda de desempregados que a tecnologia está promovendo.

Sem pena. Eles não têm pena da queda de competitividade do seu negócio.

Mantenha pessoas onde necessariamente deve haver pessoas. Pessoas boas, competentes, alinhadas com a sua cultura de inovação. Alguém competente não tem medo da tecnologia, sabe que isso impulsionará novas oportunidades de carreira. Alguém que deixará de operar um sistema medíocre pode ser um navegador em busca de novas oportunidades. O mercado é amplo e seu processo de expansão é constante. Sua empresa não está satisfeita com sua posição, quer crescer sua fatia do mercado. E, se esse mercado já está tomado, parta para um próximo. Só pode estar ao seu lado, estrategicamente, quem pensa dessa maneira.

Busque soldados e generais que têm sede de crescimento.

Os soldados ficaram felizes ou tristes com o advento das metralhadoras automáticas, com as quais em vez de um tiro poderiam disparar dezenas ou centenas de projéteis? O mercado está em guerra e só os melhores, mais bem treinados e mais bem armados sobreviverão.

Porém, é necessário entender *como* dizer isso para seus colaboradores. Aqui uso terminologias de guerra, sobre mediocridade, zumbis, marqueteiros de coque samurai... porque estamos em uma conversa franca, em um livro franco. Qualquer floreio em minhas posições poderia mascarar a real intenção deste livro, que é um manual de guerra — e de vitórias, de conquistas. Aos perdedores, deixamos as leituras mais adocicadas e bem digeríveis, dignas de monges executivos.

Para converter sua equipe, é necessário liderá-la. Adapte seu discurso, pense nos objetivos estratégicos de sua organização focados em "fazer do mundo um lugar melhor". Somos seres sociais, você não está contratando mercenários, você está formando um time, um exército. A equipe precisa ter uma causa. Precisa enxergar um fim, algo maior no horizonte. Qual é o fim do processo? Como sua empresa será relevante? Como essas pessoas farão parte de algo que possam se orgulhar no futuro?

Estamos falando de anseios reais de pessoas valorosas, que estarão dispostas a sacrifícios em suas vidas pessoais pelo objetivo traçado pelo seu líder.

Então, seja esse líder de processos de inovação.

Segue a palestra completa sobre liderança no novo mercado, constituindo um bom fechamento para os tópicos aqui discutidos:

(Vídeo 23) Palestra completa: inovação – líderes do futuro.

CAPÍTULO 11

ESTRATÉGIAS COMERCIAIS APLICADAS

Discutidas as vertentes estratégicas de um modelo idealizado para proporcionar capacidade de Inovação e acréscimo de Competitividade, chegamos ao momento de sua aplicação. Modelos de Negócios são abundantes, assim como visões dos mais diversos autores. E aí nos deparamos com o maior problema de projetos de reestruturação — sua execução prática.

Ideias todos temos. E quanto mais você se aprofunda em estudos de administração, mais ideias terá. O desafio desse momento é tornar aplicáveis os conceitos que vimos até aqui, assim como os conceitos e as ideias que você mesmo formou, acompanhando esta leitura. Então, assumo este desafio com você: realmente aplicar o que vimos em sua rotina de gestão.

A primeira vertente para a busca da inovação na área comercial é o desenvolvimento de estratégias globais, não setoriais. Marketing e Vendas são áreas correlatas, portanto devem ser unificadas. Obviamente, é difícil encontrar especialistas em ambas as áreas... mas foi justamente esta a busca deste livro: formar *você* como esse especialista. Não espere que o mercado lhe ofereça tal profissional, isso cabe a você desenvolver. E desenvolver sua equipe dessa maneira. Raras empresas, fora do mercado digital, possuem as práticas que iremos abrir aqui. Então, cabe a nós modelarmos sua própria empresa nesse sentido.

11.1 OBJETIVOS ESTRATÉGICOS DE CURTO E MÉDIO PRAZOS

Se precisamos estruturar planejamentos globais, com metas entrelaçadas e objetivos comuns, precisamos alinhar os demais setores nesse princípio. Marketing, Vendas, TI, Finanças, Produção e Logística devem ser pensados conjuntamente.

Nossas empresas possuem a finalidade de servir nossos clientes com excelência. Na sua nova estrutura comercial, precisamos definir se:

GESTÃO DA MEDIOCRIDADE

I. Vamos crescer nossa participação nos clientes atuais.

II. Vamos buscar o aumento da nossa fatia de mercado.

III. Vamos melhorar nossos produtos/serviços para então buscar um ou ambos os objetivos anteriores.

Sempre, antes de partir em busca de novos clientes, é importante entender se suas soluções são apropriadas para seus clientes atuais e futuros. Está na hora de melhorar? A resposta é sempre *sim*, mas isso impede sua empresa de crescer agora?

As vendas não podem parar para você ajustar suas soluções. Portanto, o primeiro momento de análise é em sua própria carteira de clientes. O que pode ser feito para aumentar sua participação? Se sua empresa é de um produto só, avalie a satisfação de seus clientes, busque relatos e considerações que possam melhorar sua operação e ser utilizados como *recomendações* junto a novos clientes.

Separe seus clientes entre Valiosos, Potenciais, Transacionais e Lucro Zero (definições no *Capítulo 9: Prepare suas Estruturas Ofensivas*). Treine seus colaboradores nessa visão, de forma que eles sejam capazes de executar tal análise também. Qual é o potencial de crescimento nos clientes já presentes em sua carteira? Na ampla maioria das empresas em que passei, esse foi o questionamento que fez as vendas crescerem, apenas ajustando a gestão de tempo dos vendedores, dividindo seus dias, suas semanas e suas quinzenas em ações pragmaticamente estipuladas. Busque dar maior atenção aos maiores potenciais de crescimento.

Quando tratamos de atuar mais incisivamente em nossa carteira de clientes, temos menos tempo para prospectar novos clientes. O tempo dos vendedores deve ser de maior qualidade nos clientes, o que exige maiores esforços. O velho "cobertor curto", com o qual *ou* você dá maior atenção aos seus clientes *ou* busca novos clientes.

É mais eficaz começar o trabalho de vendas pelos clientes atuais da carteira. Se seus clientes são compradores pontuais, como pessoas físicas que compraram um carro em sua loja, o que você faz para manter sua interação com eles? Será hora de trocar os pneus, de fazer a revisão? Será que gostaram do veículo, quais seus planos e hábitos de troca de veículo? Eles já conhecem a nova linha? Quantas vezes você convidou um cliente para tomar um café e conhecer as novas opções? Falo por experiência própria, já tive carros de três montadoras e o pós-vendas sempre foi sofrível. O esforço das equipes é para vender, depois tratam de esquecer o cliente.

Lembre-se do Valor Vitalício: um cliente pode comprar por longos anos, sempre tendo você como preferência. Ou transacionar com você e com seus concorrentes, já que "são todos iguais". Isso é tudo o que sua empresa não pode ser — um mero fornecedor entre outros.

Analise sua carteira de clientes. Busque alternativas para eles. DEPOIS vá em busca de novos clientes. Parece óbvio, mas a realidade prática é a mediocridade na gestão de carteiras.

Escolhida a estratégia de buscar novos clientes, analise o tamanho da sua equipe. Ela é coerente com o que você deseja? Se seus vendedores precisam atender seus clientes da carteira E buscar novos clientes, o tempo de atendimento é adequado?

Aumentar sua presença nos atuais clientes E crescer no mercado nem sempre são estratégias correlatas... na verdade, na maioria dos casos, são contraditórias se mantidos os mesmos mecanismos comerciais. Portanto, para explorar novos potenciais de mercado, você precisa utilizar novas ferramentas. Televendas, vendas online, criação de mecanismos que atraiam consumidores em *vendas passivas*. É preciso unir *vendas ativas e passivas* em jogos de expansão. E isso exige investimentos, que nem sempre estarão disponíveis.

Ainda temos a melhora dos produtos/serviços que deve ser feita de maneira concomitante. Pesquisa e Desenvolvimento de soluções. Aqui você integra equipes multidisciplinares para executar esse trabalho. Reúna profissionais de Marketing, Vendas, Finanças, Logística e Produção (ou TI) para discutir alternativas, melhorias. O que pode ser feito diferente? Entender seus clientes e como prover melhores soluções é necessário. Sempre.

Muitas empresas possuem soluções obsoletas, que já estão na fase final de sua comercialização (abacaxis — BCG). Não é possível fazer o mesmo por longos períodos, portanto encontre maneiras de prover soluções de forma mais eficiente. Softwares constituem o exemplo mais evidente desse tipo de situação, principalmente em tempos em que a Experiência do Usuário (*UX*) é necessidade latente de análise, sendo uma das áreas mais importantes dos negócios atuais. Inovar constantemente é fundamental.

Aberta essa questão, voltamos às opções:

- ☑ Aumento da Participação na Carteira de Clientes.
- ☑ Aumento da Fatia de Mercado.
- ☑ Renovação de Soluções Oferecidas.

E voltamos a essas opções para sua avaliação sob outra ótica: *lucratividade*.

GESTÃO DA MEDIOCRIDADE

Aumentar a participação na carteira de clientes pode envolver políticas diferenciadas de preços e descontos, assim como um melhor planejamento de produção, estocagem e treinamento. Clientes da carteira já possuem históricos de pagamentos e regras financeiras. Portanto, qualquer planejamento nesse sentido tende a ser mais bem estimado.

Quando tratamos de expansão de mercado, aumentando o *Market Share*, precisamos de políticas mais agressivas. Descontos são importantes, assim como flexibilizações nas análises financeiras. Portanto, a equipe financeira não pode ter metas e objetivos que estanquem o crescimento, assim como a produção precisa estar preparada para possíveis oscilações nas necessidades planejadas. A logística precisa se preparar, tendo novas opções internas ou terceirizadas. Materiais de divulgação e experimentação devem ser desenvolvidos. As estimativas nem sempre serão realistas, o que envolverá quebras. E essas quebras devem ser estimadas e constar no planejamento de todos os envolvidos.

A questão central é: processos de expansão exigem auxílio de todos os "setores", com flexibilização em controles. É necessário que a empresa se planeje até para *perdas financeiras* em alguns momentos, já que os custos tendem a ser instáveis. Mas você só conquista novos clientes em mercados altamente concorridos dispondo-se a correr certos riscos.

E tudo isso impacta na lucratividade, que pode ser menor em um primeiro momento, mesmo com o aumento significativo da carteira de clientes. E é nesse momento que começam as discussões entre setores, já que o impacto nas metas e nos objetivos setoriais é bastante alto. Por isso que se estudam os objetivos globais e não setoriais em um jogo de conquista de mercado — uma forma de alinhar todas as "pequenas empresas" e seus responsáveis que compõe a engrenagem da organização.

Em jogos de expansão, muitas empresas tendem a reduzir investimentos em Pesquisa e Desenvolvimento para dirimir perdas na lucratividade. Em visões tacanhas de negócios, o pró-labore dos gestores é mais importante que vencer a guerra. Sócios. Gestores. Conselheiros. Todos devem estar alinhados e aceitar os riscos de um processo de expansão de mercado ou sua empresa não será capaz de investir em inovação de maneira concomitante à guerra comercial.

Digo isso com a experiência de quem já executou processos de expansão e compreendeu que uma das maiores dores de sua implementação está no bolso dos envolvidos, que não aceitam perdas de curto prazo. Uma expansão pode levar alguns semestres, portanto a necessidade de investimentos de guerra é maior. E isso mexe com a lucratividade da empresa.

Tendo em vista as dificuldades de caixa de um processo de expansão, aumente sua lucratividade em sua própria carteira de clientes *antes* de partir para novas guerras no mercado. Essa pode ser a chave para manter seus investimentos em uma batalha de duração mais longa e desgastante para todos.

Segue uma aula completa de aplicação dos modelos que vimos até aqui, de marketing e vendas integrados na definição de sua estratégia comercial:

(Vídeo 24) Planejamento de metas e objetivos de marketing e vendas integrados.

11.2 ESTRUTURA ANALÍTICA DE PROJETOS (EAP)

Definidos os grandes objetivos, chega a hora de desenhar a concepção de sua execução. Precisamos de um plano exequível e a metodologia de projetos é ideal para seu aprimoramento.

Caso não você conheça uma EAP, trata-se de uma abertura de objetivos gerais em ações, dentro de um cronograma. Essa organização é vital para o sucesso e o acompanhamento de um projeto, mesmo comercial.

A lógica é: Objetivo > Quais ações compõe a realização deste objetivo > Abertura das ações em passos > Definição de um cronograma > Acompanhamento do cronograma

Vamos montar um exemplo, baseado em uma empresa fictícia: a Pamonhas Ltda.

A Pamonhas Ltda é uma empresa especializada em pamonhas gourmet, feitas apenas com milho orgânico. O sucesso da loja física da "Pamonhas" trouxe oportunidades de escalar o negócio, já reconhecido na cidade X como de excelência. A loja física vende pamonhas acompanhadas por cafés especiais de grão de excelência da região de Minas Gerais, assim como bolos "da vovó".

Então temos pamonhas, cafés e bolos.

Pelo sucesso local, as pessoas passaram a fazer encomendas. E isso gerou uma demanda que a pequena loja física já não tem condições de suprir. Os donos, o casal João e Maria, resolveram expandir sua atuação, criando um sistema online de pedidos linkado no Instagram, alocando uma nova cozinha profissional e estruturando uma distribuição de cafés do seu fornecedor na região.

Então vamos aos objetivos:

- Criar cozinha externa para produção de pamonhas e bolos sob encomenda.
- Criar/contratar sistema online para pedidos.
- Distribuição de cafés especiais.

A estrutura analítica começa agora:

1. *Criar Cozinha Externa para Produção*

1.1 Orçamento de equipamentos para cozinha.

1.2 Local de instalação da cozinha.

1.3 Reforma do local.

1.4 Instalação da cozinha.

1.5 Alvará de funcionamento e ajuste ou criação de novo CNPJ.

1.6 Contratação de cozinheiro e assistente.

1.7 Compra de embalagens para os produtos.

1.8 Instalação de um sistema de gestão de pedidos.

1.9 Análise de terceirização de entregas e sua contratação.

(...)

Vamos seguir a abertura das etapas:

1.1 Orçamento de equipamentos de cozinha

- Lista de equipamentos necessários.
- Orçamento dos equipamentos em pelo menos três fornecedores.
- Negociação de prazos e descontos.
- Escolha da melhor compra.

Responsável: Maria.

Prazo: duas semanas.

E assim seguiríamos com os demais itens. Como ficaria o cronograma estruturado:

AÇÕES X PRAZOS	SEMANA 1	SEMANA 2	SEMANA 3	SEMANA 4	SEMANA 5	SEMANA 6
1. CRIAR COZINHA EXTERNA PARA PRODUÇÃO	■	■	■	■	■	■
1.1 Orçamento de equipamentos de cozinha	■					
1.2 Local de instalação da cozinha		■				
1.3 Reforma do local					■	
1.4 Instalação da cozinha						■
1.5 Alvará de funcionamento e ajuste ou criação de novo CNPJ				■		
1.6 Contratação de cozinheiro e assistente				■		
1.7 Compra de embalagens para os produtos			■	■	■	
1.8 Instalação de um sistema de gestão de pedidos			■	■	■	■
1.9 Análise de terceirização de entregas e contratação			■	■	■	■

(**Quadro 7**) Planilha de exemplo de cronograma da EAP.

Em uma visão estratégica do projeto completo, temos:

OBJETIVOS X PRAZOS	RESPONSÁVEL	SEMANA 1	SEMANA 2	SEMANA 3	SEMANA 4	SEMANA 5	SEMANA 6
1. Criar cozinha externa para produção	MARIA	■	■	■	■	■	■
2. Criar/contratar sistema online de pedidos	JOSÉ		■	■	■	■	■
3. Estruturar distribuição de cafés	GERALDO			■	■	■	■

(**Quadro 8**) Planilha de exemplo de visão dos objetivos, responsáveis e cronograma.

Cada ação deve estar aberta em um *checklist*. O responsável pode delegar ações, mas deve definir um responsável que será cobrado por tais tarefas e respeito aos prazos. E assim vamos abrindo todas as ações presentes em um projeto.

Esse é um exemplo resumido e simplificado de uma Estrutura Analítica de Projetos, mas você percebe claramente sua lógica para aplicação comercial.

Quando falamos em Gestão de Carteira de Clientes, o seu vendedor precisa se organizar para atender seus clientes. Quais seus tipos de clientes, como vai organizá-los. Como dividirá sua semana, sua quinzena, seu mês. Como vai fazer as melhores rotas de visitas, de forma a cumprir os prazos. Quais os produtos/serviços que serão oferecidos.

Isso é organização.

Obviamente, esse não é um plano para se fazer toda semana. Um dia por mês o seu vendedor pode fazer seu plano mensal, dividido por semanas.

Já os gestores, quando optam por expandir campos de batalha, precisam definir os pontos centrais dos seus planos e dividi-los com os demais. Esse controle global permite a gestão das ações e dos acontecimentos. Existem problemas a corrigir? Sempre, mas precisa haver transparência. A área comercial ditará a batida dos tambores e os demais aliados irão remar de acordo com essa batida. Erros impactam na relação com clientes, então é necessário um fino alinhamento entre todos os setores da empresa. Todos trabalhando unidos para um projeto de dominação comercial.

Todo e qualquer erro no ritmo impacta em custos para sua empresa. Se existia uma previsão de vendas de cem itens e a realidade está mostrando cinquenta interessados, a produção deve ser avisada para diminuir o ritmo. Isso pode garantir negociações melhores com os fornecedores de insumos. O grupo do financeiro pode fazer aplicações de curto prazo com os valores que seriam investidos em matéria-prima, tendo um lucro de oportunidade nessa ação. A logística pode ajustar cargas maiores em menos caminhões, o que diminuirá o custo dos fretes. Tudo precisa ser transparente entre todas as engrenagens envolvidas na invasão comercial.

Agora, vamos focar a transparência.

Para existir transparência, são precisos dados que possam ser medidos. E, para fazer medições, precisamos aprender a trabalhar com indicadores, principalmente Indicadores-chave de Performance (*os famosos KPIs*).

O que não pode ser medido não pode ser gerenciado. Hora de entender essa questão.

Uma introdução a esse assunto está neste vídeo de pouco mais de quatro minutos:

(Vídeo 25) Criação de indicadores comerciais.

11.3 INDICADORES COMERCIAIS

Imagine-se em um carro em movimento e olhe para o painel. Nele você verá o nível de combustível, a quilometragem percorrida, a velocidade e, em caso de problemas, acenderão luzes indicativas alertando sobre disfunções no veículo. Podemos ver o painel desse carro com um conjunto de indicadores. Sem esses indicadores, você estaria "cego" sobre o que está acontecendo, confiando apenas em sua intuição e em seus conhecimentos prévios baseados em viagens anteriores.

Quando um gerente comercial analisa números, normalmente vê volume de vendas, faturamento, inadimplência e lucratividade. Ele vê o básico, mas não vê as "luzes de alerta" do painel durante o percurso. Não possui um Waze (aplicativo de rotas) para gerenciar o trajeto.

Você, quando opta por indicadores simples, se utiliza de bases tangíveis, que podem ser facilmente mensuradas. Mas o comportamento dos membros de sua equipe de vendas pode ser mensurado? Sim.

11.3.1 Indicadores Comportamentais para Vendas Externas

Um bom vendedor não é aquele que bate metas de vendas. É aquele que alcança os objetivos estratégicos dispostos pela organização. Muitos vendedores batem metas financeiras porque elas foram mal estruturadas — ou por eles ou pelos gestores de área.

Um bom vendedor conhece bem sua região e o potencial de seus clientes. Sabe estimar com suficiente precisão os volumes de vendas de produtos e os resultados financeiros do exercício.

Um mau vendedor persegue as metas impostas pelo seu gestor em uma corrida contra o tempo durante todo o exercício. E, para alcançá-las, ele irá se utilizar de todos os artifícios possíveis: descontos, vender para clientes com problemas de crédito, aplicar prazos generosos para clientes de forma a desestruturar o fluxo de caixa da organização, focar seus esforços em produtos mais vendáveis para fazer render mais seu tempo, entre outras estratégias corriqueiras.

A diferença entre um bom e um mau vendedor está na sua gestão de carteira.

No mercado, muitas vezes vemos empresas que, por não possuírem verbas ou pessoas capacitadas em Marketing para sensibilizar seus clientes, fracassam em seus lançamentos. Os produtos lançados simplesmente não vendem.

É porque o lançamento é ruim ou faltam esforços de vendas?

Um vendedor pode fazer uma grande venda no exercício e com isso garantir o alcance de sua meta financeira. Uma venda por vezes garante o prêmio do ano. Isso certifica um grande vendedor? Alguém que não estimou esse evento em seu planejamento do exercício? Além disso, muitos desses vendedores são premiados como destaques, quando em diversos casos temos vendedores com performances gerais muito superiores, mesmo sem a efetivação de grandes negócios.

Em resumo, vamos liquidar essa questão analisando os cinco KPIs que proponho para análise comportamental:

- **Positivação:** nesse aspecto analisamos se o vendedor está visitando ativamente sua carteira de clientes. Uma positivação baixa normalmente significa foco em poucos clientes.

- **Ticket Médio:** aqui é muito importante uma consideração. Os clientes devem ser divididos conforme seu potencial de compras. Não é possível colocar na mesma métrica grandes e pequenos clientes. No mínimo, o ticket deve ser analisado separadamente dentre grandes e pequenos clientes. Então, qual a venda média nos clientes de acordo com seu porte?

- **Mix de Produtos Vendidos:** se você possui cem produtos em seu portfólio, deseja que um vendedor trabalhe com o máximo de produtos possível. O mix revela se o vendedor está acomodado em vendas de produtos tradicionais. Cruze essa informação com a análise da região e o potencial de vendas de todos os produtos. Vendedores de excelência possuem um mix de vendas muito superior ao dos vendedores medíocres.

- **Descontos e Prazos:** vendedores que apenas vendem com descontos ou prazos abusivos estão mal treinados em negociações. Vender não é implorar por um pedido e sim demonstrar o valor da solução apresentada. Descontos e prazos apenas são opções para I) entrada de novos clientes e II) auxiliar um cliente antigo em um momento de dificuldades. Se o desconto for de praxe, o vendedor está prejudicando a organização.

ESTRATÉGIAS COMERCIAIS APLICADAS

- **Novos Clientes:** a busca por novos clientes é uma opção estratégica da empresa. Se o aumento do *Market Share* é importante, a prospecção de novos clientes é vital. Porém, maus vendedores não estão interessados em novos clientes e sim em manter suas poucas grandes negociações saudáveis.

Perceba: com um bom planejamento comercial, o foco deve ser em questões comportamentais, não financeiras. Porém, poucos gestores se arriscam nesse modelo de utilização de KPIs. Afinal, trabalhar dessa maneira exige capacidade analítica e expõe lacunas em sua formação.

Caso você atue com uma equipe de vendas externas, inclusive representantes comerciais, é fundamental que veja a aula a seguir, na qual apresento o passo a passo da técnica de análise comportamental. Essa técnica foi desenvolvida por nossa empresa em projetos de consultoria e é única no mercado, valendo por si só como uma consultoria na área comercial.

Um bom presente, aproveite!

(Vídeo 26) Modelo de gestão de indicadores comportamentais para análise de resultados em vendas externas.

11.3.2 Lógica para Criação de Indicadores de Curto, Médio e Longo Prazos

Seguimos nossa análise, cruzando a visão de marketing e vendas:

- Curto Prazo: Vendas.
- Médio Prazo: Interação com Potenciais Clientes.
- Longo Prazo: *Branding* (Gestão da Marca).

11.3.2.1 A lógica dos Indicadores de Curto Prazo

Temos aqui os indicadores de vendas. *Vendas Ativas* constituem a busca e o fechamento de negociações diretas com clientes e as *Vendas Passivas* se consolidam na conversão de interessados que procuram pelas suas soluções. Já discutimos as vendas externas presenciais, portanto ainda precisamos analisar *vendas online ativas* e *vendas onicanais passivas*.

Vendas Ativas online

Em modelagens de vendas ativas online você irá atrás dos seus clientes, apresentará uma proposta de valor e fechará a negociação nesse ou em um novo contato de *remarketing*, normalmente automatizado, sendo que em alguns casos ainda pode ser necessária a interação via chat ou e-mail para o esclarecimento de dúvidas finais.

Nesse modelo, você utilizará o *impulsionamento pago de suas promoções*, para que suas ofertas cheguem aos seus potenciais clientes. Exemplo: alguém que tem interesse em *negócios* receberá o anúncio de um curso de negócios, de uma consultoria ou de um treinamento. Esse anúncio levará o potencial interessado a uma página de vendas, que trará toda a abordagem sobre a solução oferecida e o colocará diante de uma oferta comercial, com valores e um mecanismo de inscrição. Clicando no botão de inscrição, esse cliente será levado a uma página de registro de dados financeiros para aquisição. Comprando a solução, chegamos à página de agradecimento.

Portanto, nossos indicadores são:

- Novos visitantes da Página de Vendas (também chamada de *hotsite*).
- Tempo médio de cada visita ao *hotsite*.
- Revisitas à Página de Vendas (interessados que voltaram).
- Entrantes na Página de Registro Financeiro (clicaram em "comprar").
- Conversões (página de agradecimento).

Quanto maior o índice de conversões em relação aos Novos Visitantes, melhor estruturado está seu público-alvo, portanto essa solução faz sentido para esse segmento que você selecionou.

Se você tem muitas visitas e poucas conversões, ou o público-alvo está mal segmentado ou sua página de vendas não tem boa capacidade de conversão e precisa de ajustes.

No caso das conversões em relação aos que entraram na página de Registro de Dados Financeiros, você precisa avaliar se as opções de pagamento são

ESTRATÉGIAS COMERCIAIS APLICADAS **221**

adequadas (cartão, boleto, pix ou outros mecanismos de compra online, tais como Paypal e Mercado Pago) e perceber que os desistentes ainda podem ser convertidos se você entrar em contato com eles via *remarketing,* ou mesmo por telefone — caso os interessados tenham inserido seus dados de contato *antes* dos dados de compra).

O tempo médio de permanência no seu site lhe diz que a pessoa *realmente está interessada* no que você tem a oferecer ou simplesmente "deu uma olhadinha" e viu que não era de seu interesse. Também fala sobre o tempo de carregamento da página (se for muito longo, seu potencial interessado pode desistir antes mesmo de ver seu site), assim como muda de acordo com a qualidade da sua página, de sua apresentação. Uma pessoa pode julgar sua empresa em até três segundos, a tal "primeira impressão" sobre o que você está demonstrando, e considerar seu negócio ou sua oferta inadequados sem nem ao menos olhar com atenção.

Revisitas significam interesse. Por que não estão fechando a compra? Analise a experiência proporcionada pela página e os dados de conversões sobre a volta de potenciais interessados.

Indicadores das ferramentas de anúncios online:

- *Custo por Clique (custo unitário de cada clique)*

O CPC nos apresenta os custos do seu anúncio no leilão online. Busque frases e palavras-chave convidativas e mais longas. Exemplo: "Venda de Sapatos de Salto 15 em Porto Alegre" tende a ter custos mais reduzidos em relação a um genérico anúncio nacional de "Venda de Sapatos".

- *Custo de Impressão (o anúncio foi apresentado, mas não houve o clique)*

Alguns mecanismos online apresentam a versão Custo por Impressões, o que vai lhe dizer se seu anúncio está sendo atrativo ou não. O problema aqui é a qualidade do seu anúncio, que pode não estar chamando atenção — muitas impressões e poucos cliques.

- *Taxa de Cliques (CTR)*

Número de cliques recebidos em seu anúncio dividido pelo número de vezes que foi exibido.

- *Índice de Qualidade do Anúncio*

Ferramentas como o Google Ads apresentam o índice de qualidade do anúncio, o que influencia no valor cobrado por sua exposição.

- *Retorno sobre o Investimento (ROI)*

O faturamento obtido por meio dos anúncios online é dividido pelo investimento realizado nas campanhas e multiplicado por cem.

GESTÃO DA MEDIOCRIDADE

Trabalhar com indicadores isolados, sejam os que apresentei previamente (visitantes, revisitas, idas para a página de vendas e conversões) ou os apresentados pelas próprias ferramentas (lista anterior) não é o ideal, mas condiz com as práticas de muitos marqueteiros digitais. Você precisa de uma visão holística, panorâmica, sobre suas ações. Dizer que *sua página gera leads* não quer dizer absolutamente nada isoladamente.

Lembro-me de uma empresa em que trabalhei onde a meta principal dos responsáveis pelo marketing era "visitas à página da empresa". Quando questionei quais resultados isso gerava para a própria empresa, o mundo encantado dos marqueteiros ruiu. Transformar o intangível (interessados) em tangível (conversões) é uma questão técnica, não de argumentos vazios. E ter metas vazias, baseadas em indicadores solitários, é um erro bastante comum diante de gestores analógicos, que não compreendem as ferramentas digitais.

Você não precisa entender plenamente as ferramentas digitais. Mas precisa compreender que toda ação digital da sua empresa pode ser rastreada e medida. Portanto, a questão aqui é: qual o ROMI (Retorno sobre o Investimento em Marketing)? Se você explorar apenas o ROI em vendas online, vai saber que a cada X reais investidos você tem um retorno de Y. Mas esse retorno é bom? Poderia ser melhor?

Você precisa estipular níveis de importância para cada indicador, de acordo com seu negócio.

Se você vende um produto ou serviço online, obviamente a lógica *custo versus retorno* é prioritária. Mas o que pesa nesse custo e como melhorar o retorno sobre o investimento? O ROI é calculado sobre investimentos e retornos diretamente. Mas sua melhora significativa pode vir da análise de:

🗹 *Público-alvo das campanhas*

O público é qualificado ou os anúncios estão muito genéricos? Você consegue ver isso cruzando visitantes, conversões e o tempo de cada visita. Tempos muito curtos demonstram desinteresse ou falta de credibilidade.

Melhore o direcionamento do público-alvo. Analise possíveis melhorias na qualidade da sua página de apresentação e aplique-as sempre que necessário.

🗹 *Estrutura da Página de Vendas*

Existem ferramentas para calcular o peso em dados de sua página; quanto mais leve, melhores os resultados. Até o tipo de imagem e seu *tamanho* interferem nessa questão — não são necessárias imagens em formatos de alta definição se seus clientes acessam sua página do celular, por exemplo. Existem técnicas para escrever textos comerciais, o famoso *copywriting* (escrita publicitária) e de SEO (Otimização de Mecanismos de Busca).

A acessibilidade e o SEO podem ser analisados por ferramentas automatizadas e lhe darão ótimas visões sobre a quantidade de acertos que você tem. Já a qualidade da sua escrita precisa ser avaliada por profissionais.

☑ *CPC (Custo por Clique) histórico x Conversões históri*cas

Se seus anúncios estão bem estruturados, a relação entre seu CPC e suas Conversões deve melhorar com o tempo, afinal as ferramentas de anúncios possuem algoritmos que direcionarão suas propostas para públicos cada vez mais qualificados, aumentando seus resultados.

Aqui foram apresentados alguns exemplos do impacto de melhorias qualitativas nas análises em relação ao seu ROI. Portanto, o ROMI vai ser calculado sobre investimentos financeiros e *melhorias implementadas* sobre seus resultados. Esse é o trabalho que se espera de prestadores de serviços nessa área, mas acredite em mim: 99% dos prestadores de serviços dessa área não sabem fazer isso porque foram formados como meros utilizadores de indicadores simples e, portanto, são analistas medíocres de resultados.

Vendas Onicanais Passivas

Retomando o conceito onicanal de marketing e vendas, no qual estamos diante da integração *online* e *offline*, vemos as vendas onicanais como as que utilizam todos os canais disponíveis. Ao mesmo tempo, quando tratamos de vendas passivas, estamos analisando os clientes que vieram até nós — ou que atraímos até nossa empresa.

A base de nossa análise nas vendas passivas é a análise de *interessados* versus *vendas efetivas*.

Quem são os interessados:

☑ Pessoas que foram até sua empresa.

☑ Pessoas que entraram em contato por telefone.

☑ E-mails solicitando informações.

☑ Contatos via chat/aplicativo de atendimento solicitando informações comerciais.

☑ Dúvidas sobre produtos e serviços nas redes sociais.

Uma das principais frentes de análise para compreender o que está acontecendo em sua área comercial é a análise do "por que não?". Por que não compraram sua solução? Entender o comportamento dos seus clientes é fundamental para melhorar resultados de vendas.

Vamos iniciar pelo primeiro ponto: pessoas que foram até sua empresa. Elas não compraram nada porque:

- Você não possuía soluções adequadas para a demanda do cliente.
- O cliente estava em processo de cotação de preços.
- O cliente não encontrou a solução, mesmo existente em seu catálogo.
- O atendimento não foi adequado.
- A solução proposta está além do orçamento do cliente.

Identificar esses motivos é fundamental para sua análise. Se **você não possui soluções adequadas**, quais seriam essas soluções? Qual a demanda dessas soluções, quantas vezes essa procura aconteceu? Em uma exemplificação simples, pense em clientes que entraram em uma loja de sapatos buscando meias sociais coloridas e só encontraram as tradicionais escuras. Vale a pena aumentar o estoque com meias coloridas? De que tipo? Mesmo que você seja especialista em sapatos, meias podem aumentar a lucratividade em cada negociação e seu ticket médio. E o "normal" de um atendimento comercial medíocre é dizer "não temos sua solução", enquanto o cliente vai embora e essa informação não é registrada.

Já quando **o cliente está em processo de cotação**, é necessário analisar se o cliente já possui outros preços de concorrentes ou um "preço-alvo". No caso do preço-alvo que ele deseja pagar, que preço é esse? Qual a base para ele chegar a esse preço, trata-se de uma expectativa ou é fruto de uma pesquisa de preços online? O cliente está procurando um produto/serviço específico ou mais de uma solução? É possível elaborar um pacote, no qual esse cliente tenha vantagens em preços e velocidade de entrega? O processo de cotação pode rapidamente se transformar em uma negociação nas mãos de um vendedor habilidoso.

Agora, se **o cliente não encontrou uma solução, mesmo presente em seu portfólio**, isso é um sinal de alerta. Nas vendas de produtos, isso significa que o layout do estabelecimento é problemático, que a ordem lógica e a disposição dos produtos não são satisfatórias. Outra possibilidade, bastante comum, é que seu vendedor não conhece seus produtos, principalmente no que se refere a problemas > soluções > benefícios. O cliente pode não saber qual produto específico está buscando e relata o problema ao vendedor, que desconhece como solucionar a questão, assim como pode ter buscado um produto específico de uma marca específica e você possui outro produto com a mesma solução. Reflita sobre uma farmácia, onde um cliente procura um medicamento específico de uma marca específica: muitas vezes existem produtos substitutos ou mesmo genéricos para solucionar a questão. E essa mesma lógica é presente em qualquer negócio.

Portanto, temos duas ocorrências comuns aqui: um *layout de apresentação não adequado* e *vendedores mal treinados*.

Dentro da vertente "Vendedores mal treinados", chegamos facilmente ao **atendimento inadequado**. As pessoas responsáveis pelo atendimento por vezes conduzem a conversa com os clientes de forma errônea, não entendendo suas características básicas comportamentais. Uma pessoa mais assertiva deseja ser atendida de forma mais assertiva, enquanto uma pessoa mais emocional se sente mais à vontade com um atendimento mais acolhedor. A falta de padrões de atendimento é latente em muitas empresas, o que compromete a experiência do cliente. E, quando o cliente não se sente à vontade com seu atendente, ele vai embora. Assim como em diversos casos nos quais o cliente simplesmente não é atendido, o que representa um rodízio de vendedores e de rotinas de atendimentos mal organizados, onde o vendedor olha para um cliente e julga que este não irá comprar nada, não atendendo o visitante para "não perder sua chance de efetuar uma venda com o próximo e mais promissor entrante".

Finalmente, podemos nos deparar com a situação de que **a solução proposta está fora do orçamento do cliente**. Voltamos assim ao Problema > Solução > Benefício, precisando entender o problema e a solução que envolvem as expectativas do cliente. Obviamente, toda solução tem seu custo, assim como os benefícios por ela proporcionados. Entender as expectativas do cliente nos ajuda a trabalhar um processo de venda consultivo, no qual podemos orientar o cliente sobre soluções. Se sua solução está fora do orçamento, existem outras soluções para o mesmo problema? Mesmo na concorrência, o cliente irá encontrar a solução que deseja no valor estimado? O que podemos oferecer para solucionar o problema do cliente, mesmo que com benefícios diferentes dos esperados? Ajudar o cliente nesse processo de análise vale pontos para sua empresa. E, mesmo que não compre de você, o cliente vai entender que seu vendedor buscou analisar sua necessidade e ajudou em seu processo de resolução da questão, o que pode valer uma visita no futuro.

Achar algo "caro" não quer dizer que isso está fora do orçamento, quer dizer que o cliente não entendeu bem os benefícios de investir mais para obter maiores benefícios na transação.

Tudo que falei parece muito direcionado a negócios físicos. Mas essa é a mesma lógica que permeia negócios virtuais. Estamos tratando de análises qualitativas, buscando entender como a qualidade em sua apresentação e em sua abordagem pode ser melhorada.

O que as pessoas pesquisam para chegar ao seu site? Seu site entrega as soluções desejadas pelos clientes? Como é a apresentação dessas soluções? Que análises e comparativos estão apresentados, de forma a auxiliar seu cliente no processo de decisão? Você emprega a lógica Problema > Solução > Benefício em sua abordagem? Apresenta mais opções de soluções para a mesma demanda ou apenas uma proposta fechada?

Se você utiliza as redes sociais para impulsionar vendas, os conteúdos são informativos? Você tem abordado problemas e soluções possíveis, explicando os benefícios das suas soluções, ou usa aquela péssima abordagem do "Gostou do que viu? Preço *inbox*"? (Quer coisa mais chata do que se interessar por algo e ter que perguntar o preço via chat?) No mínimo deixe um link para que a pessoa possa acessar uma página com informações completas em uma abordagem de vendas, não siga a manada de medíocres que acredita estar ganhando *leads* com pessoas que simplesmente ficaram curiosas à primeira vista.

Percebe que a lógica é onicanal e não *física OU virtual*?

Como formaremos indicadores que nos darão poderes de decisões e mudanças:

- ☑ Analise o número de interessados, sejam pessoas que só entraram para "dar uma olhadinha" ou pessoas que efetivamente fizeram perguntas. Registre esses dados.

- ☑ Cada vez que um cliente falar com você, mas não finalizar a negociação, você precisa entender o porquê de não fechar negócio. Registre esses dados.

- ☑ Faça sistemáticas de análise do atendimento dos seus vendedores. Descubra como foi a experiência dos seus clientes com suas frentes de atendimento. O "cliente oculto", quando um analista se faz passar por cliente em uma rotina de atendimento, lhe trará informações valiosas.

- ☑ Analise a jornada do seu cliente em suas estruturas, sejam físicas ou virtuais. Como está sendo a experiência desses clientes em seus pontos de contato?

Finalmente, estruture seus indicadores baseados em:

- ☑ Experiência do cliente *versus* resultados obtidos.

- ☑ Interessados *versus* percentual dos que gostaram do que foi apresentado.

- ☑ Auditoria sobre atendimentos *versus* resultado de cada canal de atendimento.

ESTRATÉGIAS COMERCIAIS APLICADAS   **227**

- Vendas por canal de atendimento. Vendas por atendente.
- Análise do layout das apresentações físicas e virtuais. Faça mudanças e avalie resultados. Teste novos modelos constantemente e compare seus resultados.
- Análise dos *scripts* de atendimento e seus resultados.

Tudo pode ser melhorado. Cabe a você fazer uma análise minuciosa sobre o *porquê* de não alcançar melhores resultados.

Indicadores quantitativos trazem dados, enquanto os qualitativos trazem informações. O cruzamento entre indicadores quantitativos e qualitativos traz conhecimento.

> "Conhecimento é poder apenas quando aplicado em metas e objetivos definidos"
>
> Napoleon Hill

11.3.2.2 A lógica dos Indicadores de Médio Prazo

Entramos na questão da *interação* com potenciais clientes e admiradores da marca. A interação necessariamente passa pela produção de conteúdos que atraiam pessoas ao seu ecossistema de marketing. Tais conteúdos podem ser anúncios, postagens, vídeos, textos, plataformas interativas... o que você e sua equipe julgarem mais adequado para que sua empresa passe sua mensagem de forma autêntica.

Interação não trata de práticas diretas de vendas, mas sim de "engajar" pessoas em seus canais de comunicação. Uma pessoa que se interesse por seus conteúdos e passe a consumi-los estará mais próxima de efetivar a aquisição de sua solução ou mesmo indicá-la para terceiros. Perceba: interagir não é comprar, mas é entrar em sua órbita de negócios; o cliente passa a *gostar* do que você está apresentando.

Vou exemplificar: você tem um escritório de contabilidade e resolveu criar uma página em uma rede social. Manter sua página alimentada por propagandas sobre seu negócio não estimula ninguém a ver tais conteúdos, mas se você publicar informações relevantes sobre legislação, sobre métricas de orçamento, sobre técnicas para fazer algo de maneira mais simples, possivelmente terá seguidores de seus conteúdos, pois os *conteúdos são relevantes* para determinado público. Caso esse público possa interagir com sua empresa, em forma de dúvidas esclarecidas, de pedidos para novos conteúdos ou mesmo discussões acerca de tais temas, sua página acaba de se tornar mais relevante, atraindo mais pessoas.

Se você tem um site, deve publicar informações e conteúdos de relevância. Quanto mais as pessoas migram das redes sociais para seu site ou blog melhor, já que estão consumindo conteúdos diretamente de você.

No caso de estabelecimentos físicos, voltemos ao caso da Starbucks: a empresa quer ser seu terceiro local mais visitado, depois da sua casa e do seu escritório. Portanto, a empresa busca estabelecer um ambiente agradável para que você possa se instalar em suas acomodações enquanto está em seu notebook, seu celular ou conversando com amigos. Lembre-se do caso de excelência da Heineken e de seu festival de música com QR Codes para interação entre as pessoas, tanto fisicamente quanto nas redes sociais. Pense em um produto que vai até a casa de seu cliente com um QR Code que apresenta um vídeo de agradecimento pela preferência, um cartão físico, uma chamada para um pedido direto ou um "fale com a gente sobre sua experiência". Que tal uma livraria que promove encontros de leitores? E uma fábrica que traz seus clientes ou potenciais clientes para um *tour* por suas instalações, assim como uma vinícola que faz o mesmo.

A grande questão hoje é buscar ferramentas onicanais de interação, por meio das quais tanto a interação física quanto a virtual tragam experiências gratificantes para seus potenciais clientes e futuros *advogados da marca*. Uma pessoa não precisa consumir suas soluções para gostar do que você oferece e indicar sua empresa para terceiros.

Quando falamos de *interação*, estamos falando da jornada do seu cliente, desde despertar sua atenção até a possível aquisição de soluções. O velho "quem não é visto não é lembrado". E se você for lembrado com carinho pelas pessoas? E se você entrega conteúdos relevantes que atraiam as pessoas até você?

Pegue como exemplo artistas que promovam conteúdos para pessoas que se interessam pelo seu trabalho. Que tal uma aula de "como tocar essa música" feita pelo próprio artista? Ele está passando um conteúdo mais relevante do que simplesmente postar "ouça minha música no Spotify". Quanto mais acessível sua empresa se coloca diante do público, mais interesse ela desperta.

Eu sou um leitor assíduo. E minhas discussões sobre os novos romances a serem lidos, preferencialmente russos — meus preferidos —, se dão com o gerente da livraria onde compro meus livros. Ele conhece meus gostos e me apresenta possibilidades. Eu nem questiono os preços dos livros, já que neles está imbuída a consultoria do meu *consigliere* de leituras.

Sua empresa produz roupas. Basta lançar os novos modelos e preços nas redes? Fale a respeito da moda, das tendências, das combinações. Quem usa esses modelos? Quais são as suas referências? Torne mais rica a experiência do seu cliente e colha resultados.

A isso se chama Marketing de Conteúdo, com o qual você desperta a curiosidade do seu cliente via informações relevantes para ele. Isso funciona desde a venda de batatas até serviços altamente complexos. Queremos que as pessoas se aproximem de nossos negócios, que gostem do que veem e encontrem relevância nisso. Nos tornando relevantes, os clientes estarão mais dispostos a comprar nossas soluções ou indicá-las.

Por isso a escolha da estratégia correta de interação é deveras importante, pois, sem essa definição, você desperdiçará recursos humanos e financeiros. Não desperdice seu tempo e o do cliente com conteúdos irrelevantes para ambos. A relevância está na utilidade do que você apresenta e na sinergia entre conteúdos e suas soluções. E, é óbvio, coisas relevantes para alguns são irrelevantes para outros, o que nos remete novamente ao público-alvo de sua estratégia — o "avatar" de sua estrutura lógica de comunicação.

Que necessidades são atendidas pela sua solução? Quais são os seus benefícios? Quem são as pessoas que possuem melhores condições para aproveitamento máximo da experiência que é fazer negócios com você? Defina essas características básicas e inicie seu processo de interação.

Quando se trata de vendas passivas, a melhor modelagem do processo de atração de clientes está estruturada em camadas, em um modelo de *funil*. Vou apresentar a visão gráfica e seguir com a explicação do modelo:

(Imagem 10) Atração do funil de vendas passivas.
Fonte: O Autor.

Vou descrever o que estamos vendo nesse processo de funil em quatro partes, de forma a explicitar a lógica da formação de indicadores em cada etapa:

1) Despertar o Interesse dos Avatares

As pessoas estão dispersas em um universo de informações. Portanto, é necessário ser percebido pelos avatares (público-alvo) e despertar sua atenção.

Na divulgação analógica, temos apresentações visuais, tais como a própria fachada, panfletos, folders, a embalagem dos produtos, a utilização de promotores e a aquisição de espaços de promoção (seja em lojas físicas ou em meios de comunicação tradicionais — revistas, rádio, televisão, entre outros).

Na divulgação online, você irá utilizar conteúdos impulsionados de forma paga como sua principal maneira de atingir resultados. A segunda é desenvolver materiais e buscar chamar a atenção de pessoas em geral de modo não segmentado — bem menos eficiente do que com a utilização de avatares no impulsionamento pago.

Nessa fase, o que vale é a taxa de crescimento de interessados, principalmente com perfis próximos ao avatar. Se os avatares não estão se interessando, existem duas explicações básicas: o avatar foi desenhado incorretamente e deve ser reavaliado OU sua comunicação não está atrativa, devendo ser reformulada.

Avalie constantemente os materiais que estão funcionando melhor e foque seus investimentos neles, descartando as *iscas* de baixo retorno.

2) Interação

Os verdadeiros interessados partem para a interação com seus conteúdos, consumindo suas informações e validando-as com "gostei do que vi", com comentários ou indicando-as para terceiros ("compartilhando", no universo online).

A lógica aqui é simples: quantos curiosos estão acessando seus conteúdos e quantos estão efetivamente buscando a interação com você *versus* os valores que foram investidos nessa atração. Curiosos são pessoas que "só estão dando uma olhadinha", enquanto as pessoas que estão interagindo constituem aquelas que vieram em busca de mais informações sobre o conteúdo promovido. Na internet, você percebe essa diferença comportamental pela análise de simples visitantes *versus* aqueles que se registraram, seguiram ou se inscreveram para receber novas informações via e-mail — o que demonstra que julgaram o que viram relevante.

Quanto mais relevantes seus conteúdos para seu avatar, mais registros.

3) Engajamento

Na análise do Engajamento nós vemos quantas pessoas estão retornando para consumir conteúdos. Agora elas, além de interessadas, estão se afeiçoando ao que estão encontrando. Nesse nível você começa a medir o impacto de sua comunicação interativa, analisando os comentários e as notas (seja em suas páginas, seja na avaliação em plataformas, tais como Google Places e TripAdvisor), o alcance de suas publicações e a taxa de abertura do seu *mailing* (e-mails para pessoas que se registraram para receber informações). Já fisicamente, aferem-se resultados no número de revisitas e de indicações para que terceiros visitem seu estabelecimento.

Indica-se fortemente o registro consolidado em softwares de análise nessa etapa, que fornecem informações estruturadas automaticamente.

4) Entrada efetiva no processo de Vendas

A partir deste momento, no qual seus avatares estão estimulados, é hora de iniciar o processo de ofertar soluções. Perceba: seus potenciais clientes já estão consumindo conteúdos correlacionados às suas soluções, portanto já compreendem sua relevância para suas vidas ou negócios.

Todas as etapas descritas servem para *diminuir as objeções* dos seus clientes, gerando *autoridade,* isso é, a relevância de uma empresa ou prestador de serviços *especializado*. Quando você é um especialista, as pessoas *confiam mais* em sua capacidade de gerar soluções que entreguem *benefícios reais* — benefícios modelados às necessidades de seu avatar.

Por isso a definição de um avatar e de uma estratégia comunicacional é tão importante, consolidando a ideia de que você está tratando de benefícios exclusivos para públicos exclusivos. A oferta certa para o cliente certo.

Siga com a lógica de fornecer informações relevantes, sempre buscando atrair mais interessados, interagir com eles e engajá-los. Mas também apresente ofertas em meio aos seus conteúdos. Tenha como exemplo uma pizzaria que dá dicas de ingredientes e do preparo de pizzas: uma promoção de uma pizzaria dessas, feita por uma *autoridade,* chegando em 45 minutos na sua casa, por um valor justo (o cliente percebe melhor o valor quando você explica as fases de produção, desde a escolha dos insumos até a preparação efetiva), é quase irresistível. E, quanto mais engajado o potencial cliente, mais interessante é tal oferta.

No caso de locais físicos, seja um *educador* de seus clientes. Apresente de forma completa seus diferenciais e benefícios, aponte soluções inferiores e explique o porquê da sua solução ser especialmente interessante. Um exemplo básico são os embutidos que possuem bromato de potássio em sua composição, que podem trazer malefícios à saúde, sendo que existem pessoas alérgicas ao insumo. Explicar essa questão certamente reflete na precificação majorada de embutidos sem bromato de potássio. Siga essa lógica, apresente seus diferenciais de forma *onicanal* e garanta resultados melhores de vendas.

5) Indicações são a melhor forma de atração de novos interessados

O avatar pode não comprar sua solução nesse momento, mas é possível que a indique caso se depare, em sua rotina, com alguém que tenha um problema que necessite de uma solução semelhante à sua, advogando em sua causa sobre os *benefícios do que você oferece.*

Portanto, uma pessoa que interage com sua empresa pode se tornar um *promotor* do seu negócio. Quanto mais os potenciais clientes discutem as temáticas apresentadas em seus conteúdos, mais preparados estão para falar sobre suas soluções e seus benefícios.

Pense em um mecânico: ele não necessariamente irá comprar um veículo de tal marca, mas pode falar bem ou mal dela, dependendo de sua visão e de sua experiência com o modelo. Quantas montadoras oferecem cursos online gratuitos sobre a mecânica de seus carros? Isso iria ajudar esses profissionais a entender melhor a complexidade de tais veículos? Entendendo melhor certas especificidades, isso refletiria na qualidade de seus próprios serviços mecânicos e na visão desse profissional sobre a facilidade ou a dificuldade de solucionar os problemas de seus clientes?

Essa lógica do mecânico se reflete em qualquer usuário de qualquer produto, desde um abridor de garrafas até um software de alta complexidade. É comum vermos cursos gratuitos de algumas das gigantes dos softwares, e conteúdos no YouTube feitos por pessoas ou empresas que demonstram como fazer certo procedimento em produtos de terceiros. Mas muitas empresas ignoram essa possibilidade, esquecendo-se das vantagens de treinar pessoas na utilização de sua solução.

Essa é a nova era de geração de conteúdo técnico. As pessoas cada vez leem menos, você acha que irão ler os manuais de seus produtos? Seja acessível e busque explicar suas soluções e seus benefícios de maneira compreensível. Forme "especialistas" que ajudarão outros usuários e que influenciarão potenciais clientes a adquirirem seus produtos.

Entenda o que as pessoas estão falando de você e ouça com atenção o que elas têm a dizer. Forneça conteúdos relevantes, forme influenciadores e pessoas que indiquem suas soluções como as melhores do mercado. E isso não é difícil, pois alguém que usa sua solução, que aprende e interage com você, e que se especializa em seu conteúdo, dificilmente irá encontrar tal facilidade na interação com seus concorrentes, preferindo o "conforto" que você oferece, sem necessitar aprender algo novo para solucionar o mesmo problema. Medíocres não querem aprender a fazer a mesma coisa de outra maneira, se constituindo na nata, o *crème de la crème,* dos seus advogados de soluções. Podem não ser as pessoas mais brilhantes, mas serão as mais engajadas, disso você pode ter certeza.

Vamos a mais um trecho de uma aula, no qual abordo a temática dos funis de vendas ativas e passivas, de forma a consolidar o que vimos até aqui:

(Vídeo 27) Marketing 4.0: funis de vendas onicanais.

11.3.2.3 A lógica dos Indicadores de Longo Prazo

Chegamos à análise de resultados de *branding* (Gestão de Marca). Essa é a questão mais difícil de estruturar, pois seus indicadores são totalmente *qualitativos*, não podendo ser lançados diretamente em equações.

O trabalho aqui é buscar tornar *tangíveis* os resultados em análises de dados *intangíveis*. Você tem como medir o amor que uma pessoa sente por você? Isso dependeria de ser possível colocar em uma escala de 0 a 10 os "níveis de amor", o que constitui algo improvável de ser estruturado.

Porém, você pode partir de conceitos próprios, de valores intrínsecos à sua organização, para compreender se as pessoas estão correspondendo às suas visões ou não. Para medir apoio, você precisa trazer as ideias e os ideais ao campo tangível, buscando medir tal apoio.

É possível medir apoio online: medir citações positivas sobre sua marca. É possível rastrear o que falam da sua marca, reunindo tais informações e medindo-as. Assim, em organizações de alta exposição, você pode saber *o que falam de sua marca*.

Quando se trata de demanda simples, vamos a um exemplo prático: em 2018, nas vésperas das eleições presidenciais, era possível identificar que Bolsonaro venceria a corrida eleitoral pela análise das pesquisas online sobre sua candidatura. Na época, eu publiquei um artigo com a análise de dados históricos de demanda online no Google Trends (ferramenta de análise de demanda online), e os correlacionei com os dados disponíveis das eleições norte-americanas de 2016 e com as próprias eleições brasileiras de 2014. Os gráficos apontavam uma correlação entre demanda e a provável vitória eleitoral. Em 2022, tal análise apontou um empate técnico entre os dois principais presidenciáveis no segundo

GESTÃO DA MEDIOCRIDADE

turno, desmentindo as pesquisas eleitorais elaboradas por institutos de pesquisa convencionais, que apontavam um alto percentual de diferença entre os dois candidatos.

Analisando essa questão sob a ótica do neuromarketing, podemos assentir que 95% do nosso comportamento é *instintivo e emocional*, restando apenas 5% de racionalidade em nosso comportamento diário. Vivemos em um "piloto automático" na maior parte do nosso tempo. Você não calcula e conta quantas mordidas dará em certo alimento, não torna quantitativo o total de passos que dará da sua casa até a padaria. Não reflete profundamente sobre questões cotidianas, apenas repete comportamentos ou age de acordo com seus instintos.

Analisando pesquisas, temos aqui um problema. Quando você é exposto a um questionário, você *pensa* antes de responder, portanto você *faz uma reflexão*, o que torna essa resposta *racional*. Lembro-me de uma pesquisa tradicional feita por uma empresa júnior de consultoria em uma Universidade Federal do sul do país. Um cliente desejava saber se deveria abrir um restaurante típico mineiro em Porto Alegre, com cachaças artesanais e pratos típicos. A resposta de tal pesquisa foi "não é recomendado abrir o restaurante", já que o público não demonstrava interesse. O cliente ignorou os resultados de tal pesquisa e abriu um restaurante que foi sucesso por anos.

A melhor forma de medir questões qualitativas é analisar o *comportamento prático* das pessoas, não as estimular a responder questionários. Com ferramentas online nós temos a capacidade de rastrear o comportamento dos usuários navegando inadvertidamente na rede, sendo um comportamento *natural*, sem direcionamentos.

Em locais físicos podemos utilizar ferramentas de análise comportamental, criando mapas de calor sobre as regiões de maior interesse dos clientes, utilizando ferramentas como *eye tracking*, que analisam para onde os clientes estão olhando, medindo assim seu interesse, ou mesmo utilizando NFTs para iniciar uma comunicação com os clientes nas proximidades. Alguns ainda utilizam equipamentos de ressonância magnética para analisar as áreas do cérebro estimuladas em contato com imagens, sons, cheiros, vídeos, marcas e campanhas em geral.

Apresento essas facetas para que você desconsidere perguntar para as pessoas "ei, o que você acha da minha marca?". Essa opinião só será válida se o questionado for alguém técnico, que conheça marketing e o mercado a tal ponto que lhe dê uma análise sobre o que percebe de seu trabalho de marca baseado em seus estudos e em sua prática profissional. Mesmo assim, não irá refletir necessariamente a visão dos seus consumidores. Ressaltando que, teoricamente, nossos marqueteiros de coque samurai deveriam entender desse assunto, o que não é verdade na absoluta maioria dos casos.

ESTRATÉGIAS COMERCIAIS APLICADAS **235**

Saliento que um trabalho de *branding* busca alinhar os valores da empresa, a forma como ela busca fazer do mundo um lugar melhor (Marketing 3.0) e seu potencial de benefícios pela percepção dos clientes, desde a logomarca até suas ações publicitárias. Esse é o lastro de sua apresentação, a base comum de todas as suas interações e apresentações.

Portanto, *branding* é a visão de longo prazo de como sua empresa estará presente no *subconsciente* do público. Quando a pessoa se depara com sua marca, o que ela sente?

Portanto, ou você investe pesadamente em recursos tecnológicos para fazer tais medições ou criará bases sólidas em sua comunicação, pilares, e os seguirá sem aderir a modismos. A cultura do seu público-alvo é fundamental, e ter valores comuns ao seu público é a melhor escolha. Quando falo da análise do que estão falando sobre sua empresa, você precisa filtrar *quem* está falando *o quê*. Sua solução não é para todos — não adianta tentar agradar a todo mundo.

Um bom trabalho de marca traz valores sólidos e transparentes. Se sua empresa é um relógio suíço, não uma boutique cheia de novidades, não importa se estão falando de maneira pejorativa sobre os "tiozões da empresa suíça", do "produto que não muda há décadas". A caneta Bic é a mesma há décadas e nem por isso deixou de ter demanda. Ela é feia, sem graça, mas cumpre sua função. Outro exemplo é o talco antisséptico Granado, de uma farmacêutica que produz seus produtos desde 1870, quando ainda se escrevia "pharmácia". A Granado, em minha opinião, é muito melhor para utilizar nos tênis e nos sapatos do que outros produtos similares — esse talco entrega a solução que preciso e é usado há três gerações pela minha família. Poderia modernizar seu *branding*? Sim, até considero que deveria. Mas não deixarei de consumir seu produto pela imagem, trata-se de uma empresa que é um relógio suíço em suas soluções. Pergunte para seus avós: eles conhecem a marca.

Quem diria que a Granado teria uma menção honrosa em um livro, hein? Porém, estamos tratando de inovação, então não siga esse modelo de *branding*, mas reflita sobre esse exemplo em relação à qualidade das suas próprias soluções como algo a ser lembrado pelos seus clientes.

Entenda sua marca e o que ela representa. Busque entender como seus potenciais clientes percebem essa marca. Uma empresa que tem a imagem datada pode ser percebida como a empresa que provê soluções para a família. Mas isso é posicionamento da marca, são os valores percebidos em suas ações de marketing e na entrega de seus serviços.

Já quando tratamos de soluções tecnológicas, precisamos medir a Experiência do Usuário (UX), a visão das pessoas sobre sua praticidade e entregas. E iremos trabalhar esses conceitos em nossa comunicação.

GESTÃO DA MEDIOCRIDADE

Infelizmente, as marcas, em sua maioria, têm sido bastante genéricas em sua comunicação, aderindo a modismos. Ou felizmente, já que se você não seguir a boiada dos marqueteiros pode alcançar ganhos reais em sua relevância no mercado.

A visão básica de medição de relevância de marca no mercado é o quanto se fala dela, o que é um erro. É fácil lançar um fósforo aceso sobre um monte de feno e vê-lo queimar, o que consiste nas estratégias de visibilidade, mas não de fortalecimento dos valores da marca. Cliques, comentários, compartilhamentos e reportagens sobre o que você está dizendo não necessariamente são coisas boas, afinal, você pode se utilizar de polêmicas para crescer em relevância, o que pode estar em desacordo com os valores da própria marca, só constituindo uma estratégia valorosa para que marqueteiros de coque samurai exibam seus "fantásticos" resultados, os quais, na verdade, só geraram conflitos externos e arranhões nas marcas junto aos seus avatares.

"Fale bem ou fale mal, mas fale de mim" é uma visão direcionada à política, onde campos antagônicos se engalfinham em guerras de opinião. Isso, de maneira nenhuma, pode ser a lógica de uma estratégia de *branding* empresarial. **Seu foco é que o seu público-alvo aprecie sua marca**. Quem não faz parte do seu público-alvo pode odiar sua empresa, sem problemas. Mas o maior risco de estabelecer uma comunicação baseada em bandeiras da moda é fazer com que parte do *seu próprio público-alvo passe a difamar sua marca*, tendo um desgosto profundo sobre o que ela *passou a representar*. Isso é a fórmula perfeita para perder clientes.

Portanto, os passos estruturados do *branding* são:

- ☑ Estratégia de Longo Prazo, no mínimo de cinco anos, baseada em seus valores organizacionais e em como sua empresa busca melhorar o mundo do seu público-alvo.
- ☑ Foco em uma imagem que reflita seus benefícios, que se estabeleça no subconsciente do seu público-alvo de forma positiva.
- ☑ Comunicação transparente e **autêntica**.
- ☑ Medição qualitativa sobre as opiniões a respeito da sua marca: quem fala e o que fala.

Se possível, invista em tecnologia para análises mais robustas — quando você trabalha com ferramentas de neuromarketing, tende a encontrar oportunidades de melhoria significativas. Mas, mais importante que qualquer ferramenta, é perceber que sua empresa deve ser autêntica em seus valores e princípios, e que aderir a modismos é apenas uma forma tosca de ganhar a simpatia de pessoas que nem ao menos consomem seus produtos. **Afinal, qual a convergência dos seus valores organizacionais com os valores do seu público-alvo?**

Caso deseje, crie marcas alternativas para públicos distintos, mas não transforme sua imagem organizacional em uma colcha de retalhos que busca agradar a todos, pois não vai. Não ceda em seus valores correspondidos pelo seu público-alvo e não acredite na validade simplista da "reverberação de campanhas", o foco dos publicitários de chinelinho e coque samurai. *Branding* é um trabalho de longo prazo. Ponto.

Não forneça fósforos a piromaníacos, pois o combustível do incêndio mercadológico será sua própria imagem organizacional, resultando no fracasso do seu *branding*.

11.4 ESTRUTURANDO INDICADORES DE ACORDO COM OBJETIVOS ESTRATÉGICOS

Falamos da formação de indicadores *qualitativos* e *quantitativos*. Agora é importante analisarmos o desenho por trás dessa estrutura, de modo que você consiga desenvolver seu próprio modelo de indicadores para sua gestão.

A melhor metodologia para formação de indicadores qualitativos é a BSC (*Balanced Scorecard*), pois seu foco está em analisar os impactos de suas ações em sua estratégia global.

Vou tentar ser mais claro com um exemplo quantitativo e qualitativo: você tem dez colaboradores na sua equipe comercial. Quantitativamente, temos dez pessoas gerando x vendas, com x faturamento, x inadimplência e x lucratividade. Qualitativamente, aplicamos uma análise SWOT nos perfis individuais da equipe e encontramos fragilidades na capacidade de planejamento dos membros do grupo. Portanto, decidimos implementar um treinamento de planejamento comercial para a equipe comercial. Como medir o impacto desse treinamento? Você pode falar em resultados de vendas, o que está correto. Mas temos mais impactos inerentes à nossa estratégia. Vamos abrir esse conceito visualmente:

(Imagem 11) Impactos estratégicos – *Balanced Scorecard*.
Fonte: O Autor.

Seguimos no exemplo: você teve a percepção de que era necessário melhorar a capacidade de planejamento individual de sua equipe comercial, então optou, estrategicamente, por um treinamento. Esse treinamento impactará na aprendizagem dos indivíduos e em novos processos internos de planejamento. Esses processos de planejamento buscam melhorar o atendimento aos seus clientes de forma que impacte positivamente seus resultados financeiros.

Portanto, o impacto de um treinamento pode ser medido em quatro frentes:

☑ **Aprendizagem e Crescimento**

Avaliação da capacidade individual de formular planejamentos comerciais — anterior e pós-treinamento.

☑ **Processos Internos**

Avaliação dos processos internos e dos impactos das novas práticas.

☑ **Clientes**

Avaliação das rotinas de atendimento de clientes. Lembre-se dos clientes Valiosos, Potenciais, Transacionais e Lucro Zero. As novas rotinas estão de acordo com as melhores práticas?

☑ **Financeiro**

Aqui você encontrará o Retorno sobre o Investimento de suas novas práticas comerciais.

Quando você estrutura um planejamento estratégico para sua empresa, é preciso mensurar o que será aplicado, como será aplicado, onde estarão os impactos das novas políticas e como aferir seus resultados. Nem toda estratégia terá impactos diretos em resultados financeiros, portanto você precisa entender o porquê de fazer tais mudanças e onde se apresentarão seus resultados.

Um novo processo pode visar facilitar a experiência dos usuários, então o impacto estará em novos procedimentos que irão impactar a usabilidade de suas soluções por parte de seus clientes. Melhorar a experiência é importante, mas não necessariamente causará impactos positivos em seu faturamento, mesmo que melhore a visão dos seus clientes em relação à sua solução.

Uma nova política financeira pode impactar em seus processos internos e em seus clientes. Um investimento em uma ação de *merchandising* em seu cliente pode impactar o faturamento.

A lógica é sempre buscar perceber onde se darão os impactos de cada prática e fazer sua medição. Dificilmente uma ação estratégica não terá impactos múltiplos, sendo importante percebermos onde se darão esses impactos:

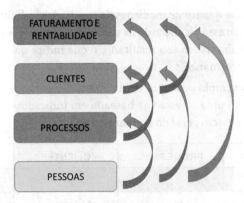

(Imagem 12) Impactos cruzados de ações estratégicas.
Fonte: O Autor.

Identificando onde se darão tais impactos, é hora de medi-los. Você precisa criar uma lógica que transforme questões *intangíveis* em *tangíveis,* isso é, precisa pensar em *como* irá aferir resultados sobre as ações estratégicas.

Eu citei o caso do treinamento da equipe comercial e seus possíveis impactos. Vamos seguir nesse exemplo prático de análise de impactos de um treinamento em Planejamento Comercial, primeiro formando medições práticas em um caso individual e depois apontando a criação de um painel consolidado de indicadores-chave de performance de uma equipe.

AÇÃO: TREINAMENTO – PLANEJAMENTO COMERCIAL			
IMPACTOS	VENDEDOR 1	META	REALIZADO
PROCESSOS INTERNOS	Plano Mensal. Disposição de Tempo em clientes – 80% Potenciais e Valiosos, 20% Transacionais e Lucro Zero	90% da carteira dentro da lógica	70%
	Execução do Planejamento Mensal	90% de efetividade	62%
CLIENTES	Mudança no Mix de Produtos Vendidos	Aumento de 5%	2%
	Positivação de Clientes	50% da carteira	34%
	Aquisição de Novos Clientes	30 mensais	16
FINANCEIRO	Faturamento	Mais 5%	1,70%
	Lucratividade da Carteira	Mais 8%	3%

(Quadro 9) Análise de impactos do treinamento nos resultados do "Vendedor 1".

GESTÃO DA MEDIOCRIDADE

Analisando esse quadro de medições de resultados individuais, percebemos que o Vendedor 1 não está alcançando os resultados estimados com o treinamento. Mas ele teve melhoras em seu resultado, o que indica que o treinamento foi positivo em sua performance.

A equipe do exemplo possui dez colaboradores, então vamos sintetizar todos os resultados em uma só visão, já baseada em indicadores gerais de resultados, para medir o impacto geral do treinamento:

COLABORADOR	PROCESSOS	CLIENTES	FINANCEIRO
VENDEDOR 1	66%	54%	36%
VENDEDOR 2	100%	94%	110%
VENDEDOR 3	78%	62%	44%
VENDEDOR 4	90%	77%	88%
VENDEDOR 5	10%	3%	5%
VENDEDOR 6	23%	4%	3%
VENDEDOR 7	50%	45%	41%
VENDEDOR 8	89%	75%	80%
VENDEDOR 9	74%	77%	81%
VENDEDOR 10	95%	92%	99%
RESULTADO EQUIPE	68%	58%	59%

(Quadro 10) Resultados individuais e globais do treinamento.

Olhando o quadro geral, podemos perceber que os resultados globais nesse período analisado não alcançaram os objetivos traçados com o treinamento. Agora é papel do gestor comercial trabalhar com sua equipe o ajuste das condutas, de forma a melhorar os resultados individuais dos membros. Olhe o caso dos vendedores 5 e 6: por que estão tão distantes da média do time? O que está acontecendo em suas áreas?

Você percebe, na prática, como são importantes os indicadores? No caso apresentado, temos três indicadores-chave de performance (*KPIs*) avaliando os impactos sobre Processos Internos, Clientes e Financeiro. O padrão das empresas é medir apenas os impactos financeiros, o que nos tira a possibilidade de uma análise mais profunda sobre rotinas.

Vamos avaliar o treinamento: foi efetivo, já que melhorou os resultados. Os vendedores que melhor aplicaram o Planejamento Comercial em suas carteiras

ESTRATÉGIAS COMERCIAIS APLICADAS **241**

foram os que obtiveram melhores resultados. Então, trata-se de uma prática a ser consolidada na gestão comercial, buscando sua aplicação com mais afinco pela equipe de vendedores ou mesmo reavaliando suas metas, já que a maior parte da equipe não as alcançou. Tenha equilíbrio em suas ações: busque entender o que levou, individualmente, a resultados melhores ou piores antes de reaplicar o modelo.

Quando você faz um planejamento, precisa necessariamente compreender como medir seus resultados alcançados. Não existem fórmulas pré-moldadas de estruturação de indicadores e seus impactos na sua estratégia, já que cada organização possui uma cultura própria e objetivos próprios.

Por outro lado, analise *o que realmente é relevante* a ser medido, *o que tem real impacto em seus negócios*. Você pode criar indicadores de gestão até sobre o número de cafés consumidos por cada colaborador no expediente... e para que serviria essa informação? Tudo o que é irrelevante não merece ser medido. **Mas eu quero que você compreenda que a maior parte das empresas não mede o que é importante e isso pode gerar ganhos competitivos de larga escala comercial**.

Indicadores geram velocidade na tomada de decisões, assim como intervenções em situações que apresentam problemas imperceptíveis sem eles — que vão se acumulando. Meça o que é importante para a realização de sua estratégia de combate comercial, monte indicadores, selecione indicadores principais e guie seus soldados com solidez.

11.5 PRÁTICAS DE QUALIDADE TOTAL NA SUA GESTÃO

Desenvolvemos todo um arcabouço de conteúdos que nos permitiram novas visões sobre gestão, mas é importante você perceber que esse é o início do caminho. Você irá aplicar novas ideias e conceitos, o que exige uma fase de adaptação da sua equipe. O processo de implementação de mudanças é bastante exigente. Diferentes estratégias muitos criam, já sua execução é para poucos. É preciso resiliência e paciência, porém flexibilizar demais esse processo fatalmente acabará com suas iniciativas de inovação.

Portanto, você precisa ser técnico. E, para tanto, vamos conversar sobre rotinas de melhoria contínua, de forma a manter seu processo em movimento constante. Sua equipe precisa perceber os resultados possíveis com as novas práticas e seus benefícios. É interessante perceber que a lógica Problema > Solução >

GESTÃO DA MEDIOCRIDADE

Benefício se enquadra à área de projetos, já que a transparência é uma das chaves da aderência da sua equipe às novas práticas.

Ponto 1: Transparência da Estratégia

"Mudar pra quê?" Essa é uma das perguntas mais comuns em qualquer projeto de reestruturação. Se estamos vendo uma empresa como engrenagens unidas, não como setores independentes, todos precisam entender o que se pretende com as novas práticas e quais são seus benefícios. Reúna as equipes de todos os setores e apresente seu plano na lógica Problema > Solução > Benefício. Dê espaço para questionamentos, busque ideias pertinentes do grupo. O mercado está em constante movimento, a competição cada vez mais acirrada. Não é possível fazer a mesma coisa sempre, pois isso resulta em obsolescência.

Todos possuem um papel nessa grande engrenagem organizacional. A relevância de uma percepção multissetorial é criar melhores soluções e benefícios para seus clientes, justamente a razão de existência da sua companhia. Toda mudança deve ter como foco a qualidade dos serviços prestados e ficará mais claro apresentar para sua equipe essa necessidade na estrutura lógica do *BSC* que conversamos anteriormente. Quais os impactos das novas estratégias? Quais os ganhos de competitividade? É hora de criar o sentimento de rivalidade em relação aos seus concorrentes, vocês acabam de decretar o início de um processo de combate mercadológico. Apresente o que seus concorrentes estão fazendo e suas lacunas estratégicas. Diria Sun Tzu: "Quando um inimigo deixa uma porta aberta, adentremos por ela."

Precisamos aqui de um sentimento de relevância ao que será implementado e da necessidade da dedicação constante de todos, de forma a atingir os novos objetivos.

Ponto 2: Equipes Multidisciplinares para definição de Metas e Objetivos

A definição de Metas e Objetivos organizacionais deve ser feita de maneira multissetorial unificada. Apresentada a estratégia de mercado, os gestores precisam discutir como chegar a tais objetivos, como *conjuntamente* eles podem alcançar os resultados. Lembre que, em uma estratégia setorial, cada um dos diretores, seja por status ou poder, tentará se beneficiar de objetivos mais tradicionais e mensuráveis. Em uma estratégia coordenada e multissetorial, os objetivos são da organização como um todo, e todos eles serão responsáveis pelo seu sucesso ou fracasso.

Portanto, você precisará medir a execução dos objetivos, por isso a relevância dos indicadores. Precisamos saber como cada setor está agindo, como estão suas entregas em relação ao que foi planejado. Nesse ponto você pode compreender o porquê de eu frisar a *lógica da criação de indicadores* em vez de uma simples apresentação de possibilidades genéricas: sua empresa é única, seu time é único. Em conjunto, os gestores precisam elaborar um plano de metas e objetivos operacionais que possam ser medidos e que resultem no alcance dos objetivos estratégicos globais.

Com o plano definido para cada área de atuação, o gestor precisa fazer o mesmo processo com sua equipe, discutindo internamente como irão alcançar os objetivos táticos. Será necessário dividir responsabilidades e definir ações com objetivos claros, assim como a possibilidade de medição de resultados individuais e da equipe.

Estamos falando de três níveis: I) Alta Gestão, responsável pela estratégia. II) Média Gestão, responsável pela formação de metas e objetivos táticos. III) Baixa Gestão, responsável pelo controle do que está sendo implementado. Em empresas de maior porte, essa realidade transparece na estrutura do Conselho Administrativo, da diretoria e dos gerentes. Em empresas de menor porte, alta e média gestão se confundem, assim como a baixa gestão pode ser configurada pelos próprios colaboradores em processos de autogestão.

Ponto 3: Melhorias na Execução do Plano

O ciclo de melhorias contínuas segue a lógica do PDCA (*Plan, Do, Check, Act*), ou seja, Planeje, Execute, Verifique e Aja para melhorar o plano. É um ciclo constante de melhorias, buscando identificar as melhores práticas, que serão padronizadas, e o que efetivamente precisa ser melhorado, exigindo revisão.

Vamos dispor essa lógica graficamente:

(Imagem 13) O Ciclo PDCA.
Fonte: O Autor.

Me permita reforçar esses conceitos em um vídeo de aplicação do Ciclo PDCA à área comercial, fundamental para a plena compreensão do que estamos conversando:

(Vídeo 28) Como aplicar o Ciclo PDCA na gestão comercial.

Como vimos no vídeo, é importante estabelecer rotinas de ajustes e de trocas de informações com a sua equipe. Mas não transforme isso em uma mera burocracia, pois as reuniões serão improdutivas e constituirão mera perda de tempo.

Se sua equipe se adapta a utilizar indicadores, os próprios indivíduos detectam problemas e possíveis soluções em tempo real. Um gestor precisa analisar e intervir imediatamente sobre oportunidades e ameaças encontradas no campo. As reuniões são para a troca de conhecimentos entre o time, para a elaboração de planos de contingência que serão apresentados posteriormente no grupo dos gestores. São normais conflitos entre áreas, como já expus neste livro. Mas a busca por soluções integradas é uma mudança cultural muito importante para a busca da inovação. Onde o gestor do setor comercial pode ajudar o de produção? Onde o gestor financeiro pode ajudar a logística? Onde a TI tem condições de aprimorar processos para outros setores alcançarem seus objetivos? O RH pode desenvolver uma capacitação que potencialize a implementação de soluções?

Já participei de reuniões de alta gestão em empresas que contrataram consultorias de PDCA. E as reuniões eram verdadeiras guerras de narrativas, nas quais cada setor buscava culpar o outro pelo seu insucesso... o que normalmente recaía sobre a área de vendas, já que a empresa precisava de resultados financeiros melhores *a qualquer preço*. Trata-se de um erro estratégico conduzir a implementação do PDCA dessa maneira, já que apenas se fomenta a rivalidade interna da empresa. E estamos falando de empresas de alto calibre financeiro, com faturamento de centenas de milhões de reais, errando de forma amadora pela busca de soluções pré-moldadas — que não consideram aspectos culturais e mudanças estruturais anteriores à própria aplicação do modelo.

ESTRATÉGIAS COMERCIAIS APLICADAS **245**

Cultura. Essa é a questão mais complexa de qualquer projeto: adaptar ferramentas às pessoas e aos ditames culturais de uma empresa. Chega a ser estupidez desejar implementar soluções padronizadas em outras empresas e realidades à sua... mas, se já sabemos que existem medíocres em todos os níveis organizacionais, o que deveríamos esperar, não é verdade? Eu espero que você, com os conhecimentos aqui adquiridos, com nossas trocas constantes, no mínimo reflita antes de optar por soluções *pasteurizadas* para seu negócio.

Voltando ao tema em si, a lógica do Ciclo PDCA é excelente. Mas sua implementação é bastante complexa, lembre-se disso. Vamos seguir para o fechamento da nossa análise estrutural e para o processo de aplicação do PDCA.

Veja sua empresa em quatro pilares: Pessoas, Processos, Estrutura e Estratégia.

- ☑ Divida suas decisões nesses quatro pilares e crie indicadores para medir sua eficácia.

- ☑ Amadurecendo sua análise, forme uma empresa com engrenagens interdependentes, não setorizadas.

- ☑ Dê mais independência às pessoas, fomente a autogestão.

- ☑ Finalmente, com uma empresa estruturada em valores voltados à inovação, aplique o PDCA, pois a cultura será menos responsiva e mais disposta a processos de inovação

Caso faça a opção por uma estratégia de PDCA setorizada, aplique na gestão comercial e colha os frutos desse trabalho. Um bom gestor comercial deve, necessariamente, dominar ferramentas de formação de indicadores e conseguir interceder no momento certo em prol dos objetivos de dominação de mercado e de formar uma equipe de colaboradores capacitada em processos de autogestão e colaboração com seus pares.

Aplicação dos pontos principais do Capítulo 11:

- ☑ Abra seus objetivos em uma Estrutura Analítica de Projeto que permita ver etapas, andamento, prazos de entrega e responsáveis.

- ☑ Como suas ações irão impactar suas estratégias no BSC? Pessoas, Processos Internos, Clientes e Finanças.

- ☑ O que você pretende medir em seus resultados de curto, médio e longo prazos?

- ☑ Crie indicadores: Vendas Onicanais, Interação com Clientes e *Branding*.

- ☑ Se trabalha com vendas externas, desenhe indicadores comportamentais, transformando rotinas em medições tangíveis.

246 GESTÃO DA MEDIOCRIDADE

- ▼ Alinhe sua cultura organizacional para o formato multissetorial (engrenagens com impactos múltiplos) e crie metas de melhoramentos que impactem positivamente nas soluções para seus clientes

- ▼ Forme grupos de discussões em dois níveis: estratégico e tático. Discuta os indicadores para as metas de melhoramentos nesses grupos

- ▼ Planeje, execute, verifique e aja para implementar as possíveis melhorias.

CAPÍTULO 12

VISÃO

ncerrados nossos estudos, é necessário conversarmos um pouco sobre o que está acontecendo na área de negócios.

Neste livro, você percebeu que muitas vezes utilizei autores clássicos para explicar conceitos modernos. E é justamente essa a maior lição que quero deixar para você: a lógica de negócios é atemporal — as ferramentas é que se atualizam. Um estrategista não é um profissional dependente de ferramentas, é alguém que define planos e forma equipes para aplicar sua visão utilizando as melhores técnicas disponíveis para a realidade específica da sua organização.

Compreender novas sistemáticas de negócios e estar atualizado sobre ferramentas é importante para conhecer o poder de fogo de suas armas de guerra. Mas quem irá operar um tanque de guerra será um soldado no front de batalha, não um general. Seu papel é criar objetivos e medir os resultados obtidos pelo seu exército, e não estar presente lutando como um soldado raso a cada batalha.

Treine seus soldados para que sejam capazes de executar seu plano. Distribua suas tropas de acordo com as características de suas equipes. Instigue a criatividade, faça com que a inovação seja parte fundamental da sua cultura organizacional.

Confie em seus talentos.

Apenas aceite medíocres enquanto não os puder substituir por opções automatizadas.

Em nossa jornada, busquei apresentar a obsolescência dos modelos de negócios brasileiros. E o principal fator estrutural de tal obsolescência é justamente a mediocridade dos próprios líderes empresariais. Ferramentas por si só, sem o comando de um estrategista, nunca irão gerar resultados de longo prazo. Migrar entre bandeirolas sociais em sua comunicação organizacional só tornará os negócios mais genéricos.

E negócios genéricos não prosperam.

Nada pior para uma organização do que fazer o certo por tempo demasiado, sem buscar inovações. Gerir uma empresa baseada em hierarquias rígidas e burocracias estruturais só serve às empresas estatais, ao serviço público. Não investir na capacidade criativa da sua empresa é fomentar o sonho dos comissários, nossos meros executores de estratégias.

Na própria prestação de serviços terceirizados, vemos burocratas influenciando as decisões estratégicas de nossas empresas, desde os "marqueteiros de coque samurai" até os consultores que implementam práticas engessadas, desrespeitando a cultura única de cada empresa.

Onde está o fomento à criatividade dos colaboradores? Quem não pensa deve ser substituído por uma ferramenta automatizada, menos sujeita a erros operacionais. E aqui está um dos pilares fundamentais de seu processo de inovação: automação via Inteligência Artificial.

Não confunda os algoritmos, ferramentas automatizadas que buscam processos mais eficientes, com inteligência. Os algoritmos, assim como as demais ferramentas digitais, lhe darão dados e informações. Mas conhecimento, a capacidade de aplicar tais informações, assim como definir rotinas na aplicação de tecnologias para a tomada de decisões, passa necessariamente por pessoas criativas, estratégicas. Até o momento.

Em breve teremos a plenitude da Inteligência Artificial Cognitiva, a máquina capaz de fazer análises, buscar soluções e aprender nesse processo, desenvolvendo-se a ponto de tomar decisões sobre situações complexas, independentes de programações estáticas. O mercado irá passar por uma mudança radical, sendo que os medíocres só terão utilidade em operações nas quais o *Custo x Benefício* de utilizar seu trabalho *ainda* valha a pena. Nos próximos anos veremos a queda dos burocratas... mas quem irá substituí-los? Uma máquina, em suas decisões frias e calculadas, ou estrategistas que utilizam a máquina em favor dos objetivos estratégicos de sua organização?

Ou você molda sua estrutura e seus processos para desenvolver estrategistas ou será refém de máquinas que tomarão decisões, algo que tornará as empresas ainda mais genéricas que hoje.

Pense na lógica *Problema* > *Solução* > *Benefício*. Muitas vezes os benefícios são psicológicos. Então, como um algoritmo ou mesmo uma máquina inteligente poderão ser mais completos nessa análise que um humano? A base de aprendizagem de uma máquina é da mesma safra que a de nossos marqueteiros digitais. Pessoas medíocres geram aprendizado de máquina em bases medíocres. Portanto, teremos ao menos mais uma década de ajustes a partir da plenitude da IAC, prevista para 2029, para readaptar modelos estratégicos. E você precisa entender esse processo.

Agora fica claro porque falei sobre a lógica de criação de indicadores em vez de apresentá-los de maneira padronizada — você precisa entender a lógica por trás de sua utilização e moldar seus próprios parâmetros. Sua empresa deve ser única e a capacidade de seu líder de compreender a elaboração de tais estruturas lógicas é o pilar do seu sucesso.

Se dividi este livro em três fases de análise, desde a pessoal até a aplicação de modelos de inovação, é para demonstrar que esse caminho é árduo. Estamos entrando em uma nova era de negócios, muito mais complexa, o que exige dos estrategistas habilidades mais completas de análise... enquanto, em contraponto, vemos a fatia crescente de verdadeiros analfabetos funcionais se tornando a base da força de trabalho que o mercado brasileiro, e por que não o mundial, oferece. A média da capacidade cognitiva das pessoas está cada vez mais baixa, o que interfere diretamente no potencial dos colaboradores medíocres, cada vez mais obsoletos e desnecessários.

Hoje você precisa gerenciar diversas gerações interagindo em um mesmo ambiente. Ou sua empresa cria uma cultura sólida, autêntica — que influencia de forma prioritária desde suas contratações até suas ações no mercado, ou transformará sua empresa em mais um campo de batalha ideológico e geracional, o que culminará em seu fracasso.

E não se esqueça de que estamos em um mercado global, com organizações internacionais competindo pelos seus clientes. Enquanto sua empresa insiste em sua já datada forma de fazer negócios, um concorrente indiano está inovando. E, quando esse concorrente chega ao seu mercado local, normalmente já é tarde para reagir à sua infiltração. Prepare-se para guerra. Esteja sempre pronto para novos combates. Fortaleça sua empresa, pois um concorrente com alta força de ataque pode surgir a qualquer momento.

Essa é a nova corrida, uma corrida pela inovação constante. Pela formação de pessoas estratégicas, criativas. Pela busca constante de melhorias ferramentais, com automação e substituição de medíocres.

Utilize o primeiro pilar na aplicação de novos modelos que apresentei como um mantra: *faça da sua empresa um relógio suíço na entrega de soluções aos seus clientes*. Consolidada essa visão estratégica, parta para um modelo de gestão com alta capacidade informacional, baseado em indicadores e lastreado por processos de autogestão. A autogestão é a vertente lógica para as divisões celulares na sua empresa — que fomentarão processos de inovação.

Estamos diante de uma visão de engrenagens organizacionais, abolindo o pensamento setorial. Implementar essa modelagem exige resiliência por parte de seus gestores, exige um alto grau de dedicação até sua plenitude. Implementado o modelo, colha os frutos de uma organização vibrante e inteligente, que facilmente irá se sobressair sobre a ampla base de empresas medíocres do mercado brasileiro.

Um grande desafio, mas nunca uma utopia. Depende de você levar essa visão adiante.

Obrigado por me permitir fazer parte de seu caminho. Se sua escolha for criar esse modelo de inovação, volte sempre que necessário a este livro. Seus conhecimentos serão cada vez mais sólidos, o que lhe trará sempre novas visões sobre o que ler aqui.

Você não é o mesmo profissional que foi antes desta leitura. E não será o mesmo depois de iniciar o processo de inovação, pois sua visão irá amadurecer constantemente. Portanto, nossas trocas serão constantes a cada leitura, a cada aula que você revisitar.

Esse processo faz parte da consolidação teórica e prática de um estrategista.

Por esse motivo, deixo na parte final do livro dois anexos, sendo o primeiro um artigo técnico, com linguagem técnica, que escrevi apontando o problema central que você irá se deparar depois de iniciar seu caminho em projetos de inovação: a Gestão do Conhecimento na sua organização. Já o segundo anexo é o Manual de Vendas Externas mais lido do Brasil desde 2012 para que você o aplique junto à sua equipe. Não basta aprender, é preciso compartilhar novos conhecimentos entre os colaboradores da sua empresa.

Lembre-se do nosso amigo Walt Disney: "Eu gosto do impossível porque lá a concorrência é menor" (1920). Pouco mais de cem anos depois, estamos discutindo uma visão empresarial "impossível"... para gestores medíocres. Desafio para o qual lhe desejo sucesso. E, implementando parte do que viu aqui, me procure para contar sua história. Será um prazer conhecer sua versão do que tentei compartilhar neste livro.

Cordialmente,

ALEX KUNRATH

ANEXO 1

O PAPEL DA GESTÃO DO CONHECIMENTO NA OTIMIZAÇÃO DE PROJETOS

Alex Kunrath

Pós-MBA em Gerenciamento Avançado de Projetos (FGV)
Especialista em Gestão Comercial pela Fundação Getúlio Vargas (FGV)
Bacharel em Administração pela Universidade Federal do Rio Grande do Sul (UFRGS)

Resumo

O objetivo do presente trabalho é fazer uma análise da Gestão do Conhecimento aplicada à gestão de projetos, demonstrando a ineficiência do registro de Lições Aprendidas na consolidação de conhecimentos dentro da área de projetos e, consequentemente, da organização.

Introdução

A Gestão do Conhecimento é frequentemente apontada como um dos maiores diferenciais competitivos das organizações modernas. Porém, ao analisarmos especificamente a área de projetos, percebemos sua identificação preponderante com processos eficazes em detrimento do aprendizado humano.

Os projetos em geral são gerenciados por um Gerente de Projetos que aloca recursos humanos oriundos da organização, não especificamente de uma área de projetos, para o cumprimento de tarefas e de processos. Esses colaboradores participam de uma ou mais etapas do projeto e depois voltam às suas posições originais na organização. O único registro de sua passagem pelo projeto são as Lições Aprendidas, constituídas de registros formais sobre peculiaridades encontradas na execução deste.

251

A gestão das Lições Aprendidas é feita pelo gestor do projeto e suas informações, posteriormente, quando existente na organização, repassadas para o Escritório de Projetos que faz a gestão desses dados visando projetos futuros.

Este artigo trata da diferença existente entre informação e conhecimento, demonstrando que as Lições Aprendidas são importantes, porém insuficientes, para a otimização de projetos.

Metodologia

O método utilizado para a elaboração do presente artigo foi o Dedutivo. Nesse método o pesquisador deve levar em consideração seus objetivos e aonde pretende chegar, para então elaborar o caminho lógico que culminará no alcance das premissas de sua pesquisa.

Para Salomon (1997), se no método dedutivo todas as premissas são verdadeiras, a conclusão deve ser verdadeira. Segundo Mezzaroba e Monteiro (2003, p.65) "a questão fundamental da dedução está na relação lógica que deve ser estabelecida entre proposições apresentadas, a fim de não comprometer a validade da conclusão".

Esse método fundamenta-se no silogismo: partindo de uma premissa maior (a gestão do conhecimento é extremamente importante para as organizações modernas), passando por uma menor (os escritórios de projetos fazem parte das organizações), chegamos a uma conclusão particular (a gestão do conhecimento é extremamente importante para os escritórios de projetos).

Para tanto, foi necessária a elaboração de uma breve análise da gestão de projetos e de suas respectivas lições aprendidas para subsequentemente apresentar os conceitos de comunicação e de gestão de conhecimentos que permitiram o alcance das conclusões almejadas.

1. Projetos

"Um projeto é um esforço temporário empreendido para criar um produto, serviço ou resultado exclusivo" (PMI, 2004, p.5). Diante da definição do PMI, podemos observar a relação entre o tempo determinado e os recursos investidos para o alcance do objetivo inicial. Dentre os recursos disponibilizados para o projeto, os recursos humanos são o diferencial para o alcance da inovação proposta pela organização ao lançar um projeto.

O gerenciamento de projetos propriamente dito é a aplicação de conhecimentos, habilidades e técnicas para projetar atividades que visem atingir ou exceder as necessidades e as expectativas das partes envolvidas, com relação ao projeto (DUNCAN, 1996).

O PAPEL DA GESTÃO DO CONHECIMENTO NA OTIMIZAÇÃO DE PROJETOS **253**

É perceptível a importância da capacidade técnica e dos conhecimentos da equipe a respeito dos processos propostos. O caráter único de cada projeto envolve desafios constantes e a incerteza diante dos processos inovadores encontrados pelas equipes envolvidas, comumente estruturadas para cada projeto ou para cada etapa deste especificamente.

É fato que cada projeto possui uma finalidade única, porém diversos processos e procedimentos são semelhantes entre projetos distintos. Assim, a inconstância das equipes envolvidas em diferentes projetos representa um desafio para a gestão: a aplicação de conhecimentos adquiridos visando a otimização da gestão de novos projetos.

A gestão do portfólio de projetos comumente é feita pelo Escritório de Projetos, também conhecido como *Project Management Office* (PMO). Dentre os objetivos apresentados por Kendall (2003) para o PMO, destacam-se:

- ⬗ Desenvolver e manter um sistema de informações gerenciais sobre projetos.
- ⬗ Prover treinamento, *mentoring* e suporte em gerenciamento de projetos.
- ⬗ Ser ponto central de arquivamento de lições aprendidas e documentação sobre projetos.
- ⬗ Realizar o marketing interno do PMO, comunicando seus benefícios e suas realizações.

Para compreender melhor a forma como os conhecimentos são transmitidos de projeto a projeto, é necessário compreender o registro de Lições Aprendidas.

Lições Aprendidas são narrativas que explicitam informações ou um entendimento adquirido por meio de uma experiência, que pode ser tanto positiva como negativa. A lição relata o que era esperado acontecer, os fatos e os desvios ocorridos, a análise das causas desses desvios e o que pôde ser aprendido durante o processo (MILESTONE, 2009).

O sucesso do processo de documentação de lições aprendidas depende basicamente das seguintes atividades:

- ⬗ **Conscientização dos membros da organização** — é necessário dirimir as resistências quanto à coleta e ao registro de lições aprendidas em relação ao tempo dispendido apresentando as vantagens que o compartilhamento de informação traz para a organização.
- ⬗ **Coleta e registro de experiências** — esta é uma tarefa considerada custosa e que demanda um esforço significativo da equipe. É essencial o uso de práticas e de métodos padronizados que simplifiquem a coleta e o registro de informações relevantes para a organização.

GESTÃO DA MEDIOCRIDADE

- **Análise de sucessos e fracassos** — não basta registrar e catalogar as lições aprendidas, também é necessário que estas sejam compreendidas. Identificar e analisar as ações de um projeto que contribuíram ou tornaram-se um empecilho para o alcance dos resultados planejados permite a contextualização dos registros, facilitando assim a aplicação de correções em projetos futuros.

- **Disseminação do conhecimento** — é importante divulgar as lições aprendidas por toda a organização, levando em consideração o direcionamento e a priorização dessas informações de acordo com os interesses de cada grupo.

- **Manutenção dos registros atualizados** — o processo de registro das lições aprendidas deve ser constantemente atualizado.

Apesar da constatação de que o registro e a gestão de informações e de Lições Aprendidas possivelmente agregará valor aos projetos futuros, o que se percebe na prática é o baixo grau de informações relevantes consolidadas resultantes de cada projeto. Os gerentes de projetos são muito exigidos sobre questões referentes a prazos e a custos envolvidos, porém pouco exigidos ou mesmo orientados quanto à necessidade de um registro eficiente de informações.

2. Comunicação

Os objetivos dos Escritórios de Projetos das organizações agregam a implementação de estratégias e de ações definidas como relevantes para a manutenção, ou criação, de diferenciais competitivos, assim como compreendem também a própria identidade organizacional, contemplando a missão, a visão e os valores, bem como o modo como as organizações se relacionam com seus *stakeholders*. A comunicação contribui para o aperfeiçoamento de processos e para o fortalecimento da cooperação e identificação organizacional entre os seus participantes.

Kunsch (2003, p.69) afirma que "a dinâmica segundo a qual se coordenam recursos humanos, materiais e financeiros para atingir objetivos definidos desenvolve-se por meio da interligação de todos os elementos integrantes de uma organização, que são informados e informam ininterruptamente, para a própria sobrevivência da organização".

Porém existem barreiras para a troca de conhecimentos e experiências adquiridos dentro dos Escritórios de Projetos e das próprias organizações. Kunsch (2003) adota quatro classes genéricas de barreiras no âmbito organizacional:

O PAPEL DA GESTÃO DO CONHECIMENTO NA OTIMIZAÇÃO DE PROJETOS **255**

- ☞ **Pessoais:** é visível que, no ambiente organizacional, as pessoas podem facilitar ou dificultar as comunicações. Dependerá de como é a personalidade de cada um, seus valores, seu estado de espírito, suas emoções e seu comportamento.

- ☞ **Administrativas/burocráticas:** decorrem das formas organizacionais de atuação e de processamento de suas informações. Thayer (1979, p.216-218) destaca quatro condições: a distância física; a especialização das funções-tarefa; as relações de poder, autoridade e status; e a posse das informações.

- ☞ **Excesso e sobrecarga das informações:** comuns nas organizações, podem ser observados na proliferação de papéis administrativos e institucionais, de reuniões desnecessárias e inúteis, e de um número crescente de novos meios impressos, eletrônicos e telemáticos, o que causa saturação ao receptor.

- ☞ **Informações incompletas e parciais:** encontradas nas informações fragmentadas, distorcidas (ou sujeitas a dúvidas), não transmitidas ou sonegadas.

É notório que as informações adquiridas em um histórico de projetos podem contribuir para tornar os projetos em andamento mais eficientes. Porém, a comunicação e o registro de informações com qualidade não constituem uma prática usual na área de projetos.

A gestão de conhecimentos adquiridos passa pelo entendimento da importância da comunicação interna. Assim, é importante visualizarmos o modo pelo qual se consolida esse conhecimento e o grau de sua relevância na otimização de projetos.

3. Gestão do conhecimento

A gestão do conhecimento trata justamente de fatores críticos de sucesso organizacional: informação e conhecimento. Davenport (1998) apresenta uma estruturação compreensiva do processo estruturado de análise de dados-informação-conhecimento (Quadro 1):

DADOS	INFORMAÇÃO	CONHECIMENTO
Simples observações sobre o estado do mundo: • Facilmente estruturado. • Facilmente obtido por máquinas. • Frequentemente quantificado. • Facilmente transferível.	Dados dotados de relevância e de propósito: • Requerem unidade de análise. • Exigem consenso em relação ao significado. • Exigem necessariamente a mediação humana.	Informação valiosa da mente humana. Inclui reflexão, síntese, contexto: • De difícil estruturação. • De difícil captura em máquinas. • Frequentemente tácito. • De difícil transferência.

(Quadro 1) Dados, informação e conhecimento.
Fonte: DAVENPORT, 1998.

Dados são resultantes de simples observações sobre o ambiente, tais como "o fornecedor x atrasou a entrega em vinte dias". Esses dados podem ser utilizados de maneira simplesmente quantitativa, tendo seu significado dependente do contexto e de sua assimilação pelas pessoas.

Drucker (1988) define informação como "dados dotados de relevância e propósito". Havendo atribuição de significado e contexto, assimilados e compreendidos pelo agente receptor, progride-se do conceito de dado para o de informação e/ou conhecimento, conceitos imediatamente subsequentes.

Outro atributo de importante análise da informação é a dificuldade de sua transferência com fidelidade, pois os receptores a interpretarão e a repassarão dentro de sua percepção individual para outros receptores, e assim subsequentemente.

A escolha de como representar as lições aprendidas de um determinado projeto pode refletir um dado ou uma informação, de acordo com o contexto agregado ao seu registro.

Gordon (1997) assevera que as empresas pagam um preço alto ao falhar em gerenciar melhor sua informação e seus documentos, incluindo:

- Perda de produto e propriedade intelectual.
- Duplicação de esforços e retrabalho.
- Sobrecarga de informações.
- Planejamento e tomada de decisão limitada e distorcida.
- Situações de litígio com eficácia reduzida.

O conhecimento é uma informação que possui maior valor agregado, porque exige análise, síntese, reflexão e contextualização, e a experiência individual de cada um dos membros de um determinado projeto interfere diretamente na compreensão e na utilização da informação disponibilizada.

O PAPEL DA GESTÃO DO CONHECIMENTO NA OTIMIZAÇÃO DE PROJETOS **257**

O conhecimento pessoal ou organizacional representa a soma de experiências, só existindo na mente humana. Choo (2003) aduz que o conhecimento fornece informações que tornam as organizações capazes de perceber e de discernir. Davenport e Prusak (1998) sugerem métodos úteis para que a informação seja transformada em conhecimento:

- **Comparação:** de que formas as informações relativas a essa situação se comparam a outras situações conhecidas?
- **Consequências:** que implicações estas informações trazem para as decisões e as tomadas de ação?
- **Conexões:** quais as relações deste novo conhecimento com o conhecimento já acumulado?
- **Conversação:** o que as outras pessoas pensam desta informação?

Sveiby (1998) define o conhecimento como a capacidade de agir. Infere-se, imediatamente, que o conhecimento é extremamente valioso, uma vez que conduz à ação. Segundo essa visão, o conhecimento possui quatro características:

- **O conhecimento é tácito:** segundo Choo (2003), o conhecimento tácito é aquele conhecimento implícito utilizado pelos membros da organização para fazerem seu trabalho e construírem sentido nos seus mundos. Ainda afirma tratar-se de um conhecimento não codificável e de difícil difusão, mesmo que seja vital para o aprendizado e para a inovação organizacional.
- **O conhecimento é orientado para a ação**.
- **O conhecimento é sustentado por regras:** seguimos regras e modelos e dependemos da experiência para fazermos julgamentos. Keynes, citado por Sveiby (1998), afirma que "a maior dificuldade não está em persuadir as pessoas a aceitar novas ideais, mas em persuadi-las a abandonar as antigas".
- **O conhecimento está em constante mutação:** uma vez explicitado pela linguagem, o conhecimento tácito se torna estático e pode ser focalizado com propósitos de reflexão. A partir da reflexão, ele pode ser desmembrado, distribuído, criticado, analisado, reformulado ou ampliado.

A área de projetos possui dificuldades relativas ao registro de dados — em forma de lições aprendidas — e, principalmente, na utilização posterior dessas informações. O objetivo da transferência de informações na área de projetos é melhorar a capacidade de seus membros de agir, de tomar decisões. Porém, é

GESTÃO DA MEDIOCRIDADE

perceptível que a simples disponibilização de informações não resulta em transferência de conhecimentos.

De acordo com Brett (2000), para a plena utilização das práticas de gestão do conhecimento em uma empresa, um dos fatores-chave é o comprometimento das partes interessadas e da força de trabalho, o que envolve uma mudança de cultura.

Nonaka e Takeuchi (1997) acrescentam à visão sobre Conhecimento Organizacional a faceta do conhecimento explícito ou codificado, que é aquele que se refere ao conhecimento transmissível por meio da linguagem sistemática e formal. Os autores ainda são categóricos ao apresentarem a premissa básica do conhecimento organizacional: "A criação do conhecimento organizacional é uma interação contínua e dinâmica entre o conhecimento tácito e o conhecimento explícito." Assim, em seu modelo proposto de conversão dos diferentes tipos de conhecimento, enunciam que o conteúdo criado por cada modo de conversão do conhecimento é diferente e propõe o seguinte modelo representado pelo Quadro 2:

de \ em	Conhecimento Tácito	Conhecimento Explícito
Conhecimento Tácito	(SOCIALIZAÇÃO) CONHECIMENTO COMPARTILHADO	(EXTERNALIZAÇÃO) CONHECIMENTO CONCEITUAL
Conhecimento Explícito	(INTERNALIZAÇÃO) CONHECIMENTO OPERACIONAL	(COMBINAÇÃO) CONHECIMENTO SISTÊMICO

(Quadro 2) Conteúdo do conhecimento criado pelos quatro modos.
Fonte: NONAKA & TAKEUCHI , 1997, p.81.

O registro de Lições Aprendidas em projetos enfatiza processos e atividades, com forte ênfase nas representações de atividades e capacidades. Essa sistemática de registro e transmissão de informações, embora capaz de contribuir com inovações, não contempla a aplicação de habilidades, pensamentos, ideias, competências, intuições, motivações, comprometimento e a imaginação das pessoas, ou seja, o domínio do conhecimento tácito, focando-se apenas no registro do conhecimento explícito.

O PAPEL DA GESTÃO DO CONHECIMENTO NA OTIMIZAÇÃO DE PROJETOS **259**

Choo (2003) acrescenta uma terceira dimensão do conhecimento — o conhecimento cultural. De acordo com o autor, o conhecimento cultural consiste nas estruturas cognitivas e afetivas que são habitualmente utilizadas pelos membros da organização com o intuito de perceber, explicar, avaliar e construir a realidade. Acredita-se que o conhecimento cultural reflita a heurística organizacional. O conhecimento cultural inclui as crenças e as suposições utilizadas para descrever e explicar a realidade, assim como as convenções e as expectativas usadas para conferir valor e significado à nova informação. O autor ainda afirma que esse tipo de conhecimento é não codificável, mas amplamente difundido pelos elos e relacionamentos que conectam o grupo. No contexto da criação do conhecimento organizacional, esse tipo de conhecimento assume um papel de destaque ao ser o responsável pelo fornecimento de um padrão de crenças compartilhadas.

A gestão do conhecimento envolve as questões da criação, do compartilhamento e do uso/aplicação de informações (MARCHAND & DAVENPORT, 2004). A criação de um contexto favorável pela organização é condição imprescindível para as atividades de gestão do conhecimento, sendo que a identidade da gestão do conhecimento está associada diretamente à promoção do conhecimento, não ao seu controle. O foco das empresas bem-sucedidas na aquisição permanente de conhecimentos organizacionais está na gestão de pessoas e de talentos humanos, não apenas na gestão de informações.

Davenport (1998) enumera dez princípios para a gestão do conhecimento, conforme o Quadro 3:

1.	Gestão do conhecimento custa caro. (Mas a ignorância também custa!)
2.	Gestão do conhecimento efetiva requer soluções que combinem pessoas e tecnologia.
3.	Gestão do conhecimento é altamente política.
4.	Gestão do conhecimento requer gestores do conhecimento.
5.	Gestão do conhecimento se beneficia mais de mapas que de modelos, mais de mercados que de hierarquias.
6.	O compartilhamento e o uso do conhecimento são frequentemente comportamentos antinaturais.
7.	Gestão do conhecimento significa aprimorar os processos de trabalho relacionados com o conhecimento.
8.	O acesso ao conhecimento é apenas o início.
9.	Gestão do conhecimento nunca tem fim.
10.	Gestão do conhecimento requer um contrato de conhecimento.

(Quadro 3) Dez princípios para a gestão do conhecimento.
Fonte: DAVENPORT, 1998.

É clara a importância da gestão do conhecimento nas organizações e, subsequentemente, nos Escritórios de Projetos. A questão principal do amadurecimento organizacional na área de projetos é a transição dos conhecimentos adquiridos pelos membros da equipe para a organização. Porém, as equipes formadas na área de projetos são variáveis e o registro de Lições Aprendidas apenas contempla conhecimentos explícitos.

4. Conclusões

Comumente, os escritórios de projetos são vistos como meros executores das orientações estratégicas das organizações, tendo uma participação passiva nos processos estratégicos. Porém, a área de projetos é responsável por diversas melhorias e inovações para o ambiente interno das organizações e para seus *stakeholders*. É paradoxal que uma área voltada à inovação seja gerenciada como um portfólio de processos conjuntos e não como uma fonte de novos conhecimentos para a organização.

Davenport e Prusak (1998) afirmam que o conhecimento é uma vantagem competitiva sustentável. Assim, as pessoas envolvidas nos projetos devem transmitir e compartilhar conhecimentos adquiridos, tornando as organizações em si mais competitivas.

O mero registro de informações em forma de Lições Aprendidas em um determinado projeto não é suficiente para tornar os Escritórios de Projetos mais ágeis e eficientes. A chave da Gestão de Conhecimentos é a interação entre conhecimento tácito e conhecimento explícito, sendo que o papel do gestor do conhecimento é difundir os conhecimentos adquiridos por meio de registros formais somados à interação entre pessoas e à subsequente troca de experiências.

Cada vez mais o valor das organizações está atrelado à sua capacidade de gerenciar e criar novos conhecimentos. Nesse ponto, é perceptível a necessidade de uma mudança cultural nas organizações e em suas respectivas áreas de projetos. Custo e tempo continuam sendo vitais para projetos bem-sucedidos, mas o alcance e a transmissão de novos conhecimentos é o que garantirá que novos projetos sejam mais alinhados com as estratégias organizacionais, que sejam mais inovadores e mais eficientes.

Assim, se propõe uma análise futura da influência da gestão do conhecimento na maturidade e nos resultados obtidos pelos Escritórios de Projetos, sendo que atualmente, pelo caráter explícito dos conhecimentos compartilhados em detrimento dos tácitos no registro de Lições Aprendidas, é possível que a quantidade de projetos executados em um PMO não seja proporcional a um acréscimo na qualidade dos projetos em andamento e dos projetos futuros.

O PAPEL DA GESTÃO DO CONHECIMENTO NA OTIMIZAÇÃO DE PROJETOS **261**

Referências Bibliográficas

MEZZAROBA, O.; MONTEIRO, C. S. **Manual de metodologia da pesquisa no direito**. São Paulo: Saraiva, 2003.

SALOMON, D. V. **Como fazer uma monografia**. 4. ed. São Paulo: M. Fontes, 1997.

PROJECT MANAGEMENT INSTITUTE (PMI). **A guide to the project management body of knowledge** (PMBOK Guide). PA: Project Management Institute Publications, 2004.

DUNCAN, W. R. **A guide go project management body of knowledge**. PA: Project Management Institute Publications, 1996.

KENDALL, G. I.; ROLLINS, S. C. **Advanced project portfolio management and the PMO**. Boca Raton, Flórida: J. Ross, 2003.

KUNSCH, M. M. K. **Planejamento de relações públicas na Comunicação Integrada**. 4. ed. ver. atual. e ampl. São Paulo: Summus, 2003.

DRUCKER, P. F. **The coming of the new organization**. Harvard Business Review. Col. 66, p.45-53. Jan/Fev 1988.

GORDON, M. D. **It's 10 A.M. Do You Know Where Your Documents Are? The Nature and Scope of Information Retrieval Problem in Business**. Information Processing & Management. Vol.33. No. 1, pp.107-121, 1997.

SVEIBY, K. E. **A Nova Riqueza das Organizações: Gerenciando e Avaliando Patrimônios do Conhecimento**. Rio de Janeiro: Campus, 1998.

CHOO, C. W. **A Organização do Conhecimento: como as organizações usam a informação para criar significado, construir conhecimento e tomar decisões**. São Paulo: Editora Senac São Paulo, 2003.

BRETT, J. M. **Culture and negotiation**. International Journal of Psychology, 35, p.97–104, 2000.

NONAKA, I.; TAKEUCHI, H. **Criação do conhecimento na empresa**. Rio de Janeiro: Campus, 1997.

DAVENPORT, T.; MARCHAND, D.A. **Dominando a Gestão da Informação**. Porto Alegre: Bookman, 2004.

DAVENPORT, T. H. **Ecologia da Informação: por que só a tecnologia não basta para o sucesso na era da informação**. São Paulo: Futura, 1998.

DAVENPORT, T. H., PRUSAK, L. **Conhecimento Empresarial: como as organizações gerenciam o seu capital intelectual**. Rio de Janeiro: Campus, 1998.

ANEXO 2

MANUAL DE VENDAS EXTERNAS

Um cliente me solicitou um modelo de manual de vendas externas focado em vendas de cursos, desde técnicos até mestrados. Abaixo, segue uma linha básica desse manual com foco em vendedores de pouca experiência e de segundo grau. Uma boa revisão de diversos pontos sobre a arte das vendas. Aproveite.

Introdução

Existe alguma fórmula secreta que transforme atendentes em vendedores? Será que existe um dom em certas pessoas que receberam a dádiva da venda? A resposta é não.

Então, o que torna uma pessoa interessada em negociações em um vendedor? Carisma, persistência, força de vontade... são excelentes características para um vendedor, mas não são o que o torna um profissional de sucesso. Pense em um esportista: é uma pessoa com um dom, mas sem muito treino e prática nunca será um profissional, quanto mais um destaque em sua área.

É por isso que elaboramos este Manual. O foco deste material é ajudá-lo a desenvolver características que lhe tornem um profissional diferenciado, mais seguro e capacitado. Profissionais da área de vendas são a soma de diversos fatores: comunicação, força de vontade, persistência, conhecimento, técnica, apresentação e segurança. E todos esses fatores estão interligados!

Bem-vindo ao desafio das vendas, a área mais cativante e desafiadora do mundo dos negócios!

Tópicos que serão abordados:

- Apresentação.
- Conhecimento do produto.
- Conhecimento do ambiente.

MANUAL DE VENDAS EXTERNAS **263**

- ☑ Planejamento.
- ☑ Prospecção.
- ☑ Televendas.
- ☑ Negociação.
- ☑ Técnicas de Vendas.

Apresentação

> *Primeiro passo: imagem*

Qual o impacto que a apresentação do vendedor causa no cliente?

Imagine-se na seguinte situação: você é um estudante que se formou no Ensino Médio e resolveu procurar um Curso Técnico a fim de se qualificar para o mercado de trabalho. Foi até uma escola que trabalha com esses cursos e, ao ser atendido, se deparou com um atendente com aparência de ressaca, descabelado e vestido com um moletom de um time de futebol... e nem é o time que você torce! Qual é a sua expectativa quanto ao curso que você irá cursar?

Perceba: nem falamos na qualidade do produto, no renome da instituição. E a imagem já é negativa!

No ambiente de vendas, a aparência é fundamental. O vendedor é a imagem da empresa. Seja acessível e simpático, buscando ser o mais claro e seguro possível.

Imagine-se em uma seleção de emprego. Por que buscamos vestir aquela roupa mais alinhada, mais sóbria e bonita? Simplesmente porque estamos vendendo nossa imagem. Antes de o recrutador analisar seu currículo, vai examinar sua vestimenta, sua postura. O visual é muito importante para vender uma imagem positiva.

Quando você está trabalhando na área de vendas, será percebido inicialmente pelo aspecto visual. Sua empresa será percebida pela SUA imagem.

Pense no produto que você vende. Quem é seu público? Qual a expectativa desse possível cliente quanto ao seu produto/serviço, ao conversar com você?

Vamos causar uma primeira boa impressão? Dicas de vestimenta:

- ☑ Camisa social, polo ou blusa discreta (de preferência social).
- ☑ Calça social ou jeans em bom estado (nada de furos ou bolsos exagerados!).
- ☑ Sapato social ou sapatênis.
- ☑ Cores neutras e discretas.
- ☑ Casaco social, blazer ou até mesmo terno (masculino ou feminino).

GESTÃO DA MEDIOCRIDADE

PROIBIDO:

- ☑ Moletons.
- ☑ Camisetas com estampas exageradas ou que demonstrem opção política, religiosa, sexual ou por algum clube.
- ☑ Chinelos e sandálias rasteiras.
- ☑ Tênis chamativos.
- ☑ Roupas justas.
- ☑ Decotes.

Dicas que todas as mães dão aos seus filhos, mas que alguns rebeldes esquecem: banho tomado, cabelo penteado, dentes escovados, unhas cortadas e roupas limpas... Simples, mas a higiene é fundamental!

Agora estamos prontos para trabalhar um pouco do vocabulário.

> *Segundo passo: vocabulário*

Não é necessário que você utilize um português digno de um juiz anunciando uma sentença. Mas imagine a seguinte situação: você entra em uma loja e o vendedor lhe atende: "Opa, tudo na boa? Posso te dar uma mão?" ou "O que tu acha dessa camiseta? Pô, ficou do car%$!@# em você!".

A menos que você seja um skatista e esteja comprando em um camelô, não vai se sentir à vontade com esse tratamento nada sutil. A comunicação verbal é extremamente importante na venda. Não é diferente quando lhe abordam com: "Bom dia, em que posso lhe ajudar?"

Tente sempre ser o mais discreto possível em sua comunicação. A abertura para uma comunicação menos formal é o cliente que vai lhe dar. Tenha bom senso, não é necessário que você seja mal-educado para que cause uma má impressão. É só não se comportar da forma que o cliente espera. A expectativa do cliente é a expectativa que ele tem em relação à empresa. Sempre espere que o cliente esteja buscando um produto de qualidade, diferenciado... e represente esse produto. Pense a respeito de uma entrevista de emprego... você está sendo entrevistado pelo cliente!

Importante: cuidado com os e-mails! Nem sempre existe um padrão para comunicação escrita dentro de uma empresa. Para evitar gafes, a melhor dica que você pode seguir é SEMPRE digitar o texto do e-mail dentro de um programa de formatação de texto, como o Word, por exemplo, antes de enviá-lo para o cliente. Bingo! Você garantiu que 90% dos erros de português possam ser corrigidos antes da leitura do texto pelo cliente.

MANUAL DE VENDAS EXTERNAS **265**

Conhecimento do produto/serviço

Bem, chegamos a um ponto crucial da venda. Estamos justamente apresentando esse ponto já no início deste material por uma obviedade: se você conhece a fundo o que está vendendo, suas chances de uma negociação bem-sucedida são exponencialmente maiores do que quando você tem uma "vaga ideia" do que está vendendo.

O primeiro ponto a saber: qual o benefício que o seu produto/serviço proporciona para o cliente?

Reflita: qual a diferença de uma televisão com controle remoto e uma televisão sem controle remoto? Qual o benefício que o cliente terá se comprar uma televisão com controle remoto?

Simples, mas nem tanto. Imagine a venda de um curso técnico. Você aborda um atendente de uma farmácia e oferece um curso técnico em Farmácia e Gestão. Qual o benefício que este cliente está adquirindo ao se formar nesse curso?

Se você não sabe responder à pergunta com exatidão e segurança, nem tente começar a vender esse curso.

Perceba: quando você vende um curso, você está vendendo uma melhora na qualificação do cliente. O que garante a qualificação? Melhores oportunidades no mercado de trabalho? Uma remuneração diferenciada? Um sonho de uma vida melhor? Novas perspectivas de vida e de carreira? Todas as variáveis apresentadas são válidas, assim como diversas outras que você deve estar pensando. Pense como cliente: qual é a sua expectativa ao se qualificar?

Estude à exaustão todos os benefícios dos produtos com os quais você trabalha. Anote suas ideias a respeito, discuta com colegas, com amigos... em breve você terá uma boa ideia do que os seus produtos podem proporcionar de diferente na vida dos clientes.

Segundo ponto: dados técnicos sobre o produto.

Quando você vende um computador, você deve saber a configuração da máquina que está vendendo. Quando você vende uma peça automotiva, deve saber as especificações técnicas e quais as utilizações dessa peça, quais as compatibilidades. Quando você vende um curso, você deve saber informações completas sobre o curso que está vendendo.

Quais as informações relevantes ao cliente quando se trabalha com cursos?

- Duração.
- Conteúdo programático.
- Cronograma de aulas.
- Ferramentas à distância.
- Qualificação dos professores.

GESTÃO DA MEDIOCRIDADE

- Informações sobre estágios.
- Laboratórios.
- Certificação/Reconhecimento.
- Frequência mínima.
- Critérios e mecanismos de avaliação.
- Local das aulas.
- Público-alvo.
- Material didático.
- Custo/Investimento.

> *Terceiro ponto: custo x benefício*

O que é caro ou barato?

Vamos analisar a seguinte situação: você é funcionário público de uma Universidade Federal e seu salário é de 2 mil reais. Um vendedor lhe aborda com uma oportunidade: um curso de mestrado no valor de 17 mil reais.

À primeira vista você me dirá que é um curso caro, então o custo x benefício é ruim. Pois é nesse ponto que você vai perceber o valor da informação: no funcionalismo público você ganha benefícios salariais relativos à sua maior qualificação. No caso apresentado, sua remuneração é acrescida em média em 75%. De 2 mil reais, seu salário pós-mestrado será aumentado para 3.500 reais.

E se o comprador puder pagar o curso em 40 parcelas? Perceba: se dividirmos o valor de 17 mil reais em 40 parcelas, teremos parcelas de 425 reais. Você pode terminar o curso em 24 meses, o que terá um custo até então de 10.200 reais. Faltam 16 parcelas para completar os 17 mil reais.

Agora calcule: quanto o cliente vai ter ganhado apenas de diferença de salários em 16 meses? 16 x 1.500 = ... 24 mil reais! Quando o cliente terminar de pagar as parcelas, ele terá ganhado 7 mil reais mais um curso de mestrado!

O custo x benefício não é maravilhoso?

Essa é a chave para fechar um bom negócio: a análise do custo x benefício. Se um cliente entende que obterá benefícios contratando um produto/serviço, e que isso será um investimento e não um custo, o negócio está fechado!

Conhecimento do ambiente

Quando se fala em estratégia, geralmente pensamos em conceitos militares. Pois bem, quando se fala em conhecimento do ambiente, pense exatamente como um general definindo uma estratégia para vencer uma batalha ou mesmo uma guerra (curto e longo prazos).

MANUAL DE VENDAS EXTERNAS **267**

Para definir a movimentação de seu exército, de suas ações, e vislumbrar como vencer uma batalha, você precisa necessariamente conhecer o ambiente. Quais são as dificuldades do terreno? Quais posições estratégicas seu grupo deve assumir para que tenha uma real vantagem sobre seus inimigos? Onde estão os maiores perigos e oportunidades?

No enfoque das vendas, você é o exército de um homem só. Dentro de seu planejamento mensal existe um adversário a ser vencido: a meta. Pois bem, soldado, por onde começaremos nossa vitória? Conhecendo o ambiente.

Pesquise e anote suas conclusões. Em diversos momentos você precisará recorrer aos seus apontamentos para tomar decisões. Divida seu relatório em:

> *Primeira parte: dados geográficos*

- Cidades de sua região e a respectiva população.
- Características principais das cidades.
- Indústria, agricultura ou comércio forte?
- Zonas e bairros principais.
- Nível de renda aproximado dos bairros.
- Locais onde pode ser disponibilizado seu produto/serviço.
- Onde está o público-alvo de cada um de seus produtos? Dica: busque dados no site do IBGE para qualificar sua pesquisa.

> *Segunda Parte: dados políticos*

- Concorrência: quem é? Qual é a força dos concorrentes? Quais seus pontos fracos?
- Possíveis aliados: associações, sindicatos, empresas de sua área de atuação que não sejam concorrentes, líderes nas comunidades, pessoas influentes, meios de comunicação e ONGs

> *Terceira Parte: conclusões*

- Quais suas chances penetrando nesse mercado? Quanto maiores as dificuldades, mais esforço e tempo terão de ser despendidos para cumprir sua missão.
- Quais seus diferenciais em relação à concorrência estabelecida?
- Você precisa de que assistência da empresa para ter sucesso?
- Quais materiais você precisa para a divulgação de seus produtos/serviços?
- Qual é o custo envolvido no seu trabalho nessas ações?

GESTÃO DA MEDIOCRIDADE

Você acaba de aumentar drasticamente suas chances de sucesso. Conhecendo os fatores que podem decretar seu sucesso ou seu fracasso, você pode evitar muitas surpresas desagradáveis e, principalmente, traçar sua estratégia para vencer suas metas.

Planejamento

Se você já conhece seus produtos e estudou o ambiente, está pronto para iniciar seu planejamento.

Passos do planejamento:

- Pré-venda.
- Conhecer o ambiente.
- Metas.
- Definir o público-alvo.

Reflita: O que é necessário para iniciar o trabalho?

> *1 – Metas*

Como chegar ao gol?

Divida suas metas por semana. Qual o resultado necessário em cada semana de trabalho? Agora subdivida sua meta em dias. Qual o resultado diário que seu trabalho deve atingir?

Lembre-se: um dia de atraso corresponde a trabalho dobrado no dia seguinte. Quando tiver oportunidade, dobre sua produção. Isso garante um mês mais tranquilo em termos de resultado e, principalmente, garante um resultado financeiro muito melhor. Quem não gosta de uma boa remuneração no fim do mês?

É sempre importante fixar duas metas:

1. A meta da empresa, constando os resultados que ela definiu para você.

2. Quanto você quer ganhar no mês? Pense grande! Estabeleça metas para você realizar pequenos sonhos. Que tal uma roupa nova? E um notebook? Quem sabe um carro?

A diferença entre vendedores bem-sucedidos e vendedores medianos está justamente na largada: quais sonhos você quer realizar este mês?

- Agora divida o mês em semanas. Quais são as regiões que serão trabalhadas em cada semana? Por quê? O que você pretende trabalhar em cada semana? Quais os custos envolvidos?

MANUAL DE VENDAS EXTERNAS **269**

☞ Finalmente, divida a semana em dias de trabalho. Quais os locais que você vai visitar em cada dia? Quantas pessoas você quer atingir? Por que essas pessoas?

Entenda: quanto mais você pensar antes de agir, melhores resultados pode atingir.

> ### 2 – Público-alvo

Um exemplo: você vende notebooks e simplesmente pega seu carro e entra em uma cidade desconhecida. Logo começa a bater de porta em porta, atrás de possíveis clientes. Após diversas negativas, você percebe que não existem postes nas ruas onde você começou o trabalho... e, quando pergunta a um morador o porquê, ele lhe explica que não existe energia elétrica nas ruas daquele perímetro, pois trata-se de um loteamento ilegal. Vai a outro bairro e as negativas se sucedem, pois não existem compradores com renda suficiente para pagar pelo seu produto. Depois de um dia inteiro de trabalho, você senta em um café e, conversando com o dono, descobre tratar-se de uma cidade de mineradores, pois existe um garimpo próximo. Mas a 14km existe uma cidade onde está a sede de uma grande empresa de minério e o centro comercial da região, em que as pessoas têm um nível cultural e socioeconômico superior. Amanhã é outro dia... mas você perdeu todas as vendas que poderia ter feito hoje.

Quando pensar em serviços, pense da mesma maneira. Se você vende cursos, tem que saber onde pode encontrar seu público-alvo. Se vende um curso de EJA, pense em pessoas humildes que não completaram o ensino médio. Se você vende cursos técnicos, pense em pessoas que sonham em ter uma melhora em sua vida, em sua remuneração, mas que dificilmente cursarão uma universidade. Se vender pós-graduações, reflita sobre as necessidades dos clientes em fazer esses cursos. Um mestrado realiza muitos sonhos... mas que sonhos são esses? Quem sonha com um mestrado?

Defina onde e como encontrar seu público-alvo. Conheça o ambiente. O trabalho é uma soma de planejamento e ação. Você pode visitar duzentas pessoas e encontrar um potencial cliente, assim como pode visitar dez pessoas e encontrar três potenciais clientes. Planejar diminui a ocorrência de erros e o retrabalho, mas não garante sucesso. Sucesso depende única e exclusivamente de você.

☞ Prospecção

Agora que você já pensou em como chegar aos seus potenciais clientes, analisou o ambiente em que vai trabalhar e conhece como ninguém os seus produtos, vamos à prospecção.

270 GESTÃO DA MEDIOCRIDADE

Existem duas formas de encontrar clientes potenciais:

1. Ações estruturadas que possam garantir grande retorno

Uma grande venda depende de uma negociação que envolva diversos interessados. Uma rede de lojas ou um grupo empresarial pode comprar muitos produtos, assim como podem abrir portas para a venda de muitos cursos. Sindicatos, associações e ONGs podem se interessar em divulgar seus produtos e serviços junto a seus membros e associados.

Importante: essas ações podem garantir um bom resultado, mas não são de curto prazo. Nunca foque apenas essas ações, ou seu resultado de curto prazo será péssimo. Seu trabalho é vender, não trabalhar como Relações Públicas da empresa. Essas ações podem garantir um excelente resultado futuro, mas o que garante o salário é o trabalho do dia a dia.

2. Ações diárias de prospecção

Você já ouviu a expressão "de grão em grão a galinha enche o papo"? Essa é uma grande verdade no mundo das vendas. É a cada produto vendido, a cada matrícula, que o vendedor garante o seu resultado positivo do mês. Quantas vendas você precisa fechar hoje para garantir seu resultado do dia? E para garantir sua semana? E quanto ao mês?

Organize-se. Quantas visitas você vai fazer hoje? Estruture um banco de informações sobre sua prospecção.

Exemplo:

Horário | Visitas do dia | Produto | Cidade | Bairro | Resultado

8h. E-mails do curso técnico de farmácia para POA. Enviados 10 e-mails com informações.

8h30. Visita — Técnico em Ótica — às Óticas Bomolho e Jujuba em POA, Centro. Quatro interessados.

9h30. Visita ao Sindicato dos Metalúrgicos — Técnico em Segurança do Trabalho em POA, Sarandi. Convênio estabelecido.

10h ... ...

Essas informações são muito importantes para você. É a partir do que fez e dos resultados obtidos que você vai estruturar as próximas ações. Esse é um planejamento diário, mas que bem estruturado vai lhe garantir conhecer seus clientes. Lembre-se: o planejamento é para ter informações, não simplesmente para passar relatórios ao seu supervisor. Você é o gestor do seu tempo, dos seus resultados. Quem vai definir seu salário no fim do mês é o seu resultado individual.

Dê o encaminhamento correto às suas negociações. Monte seu banco de dados. Se perceber interesse de um potencial cliente, agende uma visita. Se visitar, busque o fechamento. Você só vai saber a real situação do seu dia, do seu mês, se for organizado. Afinal, o que falta para você atingir seus resultados? O que você ainda precisa fazer?

Televendas

Esse é um dos pontos-chave da prospecção. É muito importante que você perceba que televendas é um meio, não um fim. Ninguém fecha um negócio via telefone, a menos que trabalhe em uma central de vendas com todos os dados do cliente de modo a só efetivar um pedido, o que não é nosso caso.

Portanto, trabalhe televendas como meio de agendar uma visita. Não entre em negociação de valores por telefone, não tente fechar a venda. A pressa no fechamento da negociação atropela muitos passos e fecha muitas portas. Se solicitado, envie informações por e-mail para, após a leitura desse e-mail por parte do cliente, efetivar uma visita.

Lembre-se: a visita pode ser feita no endereço que o cliente escolher ou na sua empresa. Mas essa definição cabe única e exclusivamente ao cliente.

Contato ativo:

— Boa noite, meu nome é João e sou consultor da Empresa X. Eu poderia falar com o senhor José Batatinhas?

— Boa noite, senhor José Batatinhas, meu nome é João e sou consultor da Empresa X. Eu gostaria de conversar com o senhor a respeito do curso técnico em óptica. O senhor pode me atender agora?

— Não.

— "Senhor José, existe um horário melhor em que possamos conversar? Que dia? Pode ser pela manhã às 9h? Ah, ok, agendada nossa conversa para sexta às 14h. Muito obrigado pela atenção, e até sexta-feira às 14h. Tenha uma ótima semana.

> *1ª parte*

— ...de acordo com nosso contato anterior...

— ...seu amigo Josuélson lhe indicou como possível interessado no curso de...

— ...a empresa BOBOO, onde você trabalha, indicou seu nome como possível interessado...

GESTÃO DA MEDIOCRIDADE

> *2ª parte*

— ...o curso técnico em óptica foi elaborado a partir das necessidades percebidas do mercado em relação a profissionais capacitados nessa área. Nosso curso conta com professores renomados na área e é reconhecido pela alta qualidade. Estou entrando em contato com o senhor para conversarmos um pouco sobre essa oportunidade. Posso lhe passar algumas informações?

— Não tenho interesse nesse curso.

— Senhor José, além deste curso, nós temos cursos de TST, TF, TR... e EJA. O senhor tem interesse em conhecer algum desses cursos?

— Ok, vamos conversar.

> *3ª parte*

— O curso de óptica (ou o curso escolhido pelo cliente) tem x meses de duração, com x aulas semanais no período da(o) noite/dia/integral. Qual é sua disponibilidade de horários?

— Ok, já que o senhor tem disponibilidade para cursar esse curso em óptica, eu gostaria de adiantar alguns pontos sobre ele: a modalidade do curso é semipresencial, e nós dispomos de uma plataforma online para toda a parte teórica deste. Já toda a parte prática do curso é presencial, sendo que dispomos de um laboratório em que o senhor aprenderá toda a prática sobre a área de óptica. Um grande diferencial do nosso curso é garantirmos o seu estágio prático, o que assegura que você possa aplicar todos os conhecimentos adquiridos. E o senhor sabe que um profissional com bom embasamento teórico e com prática na área tem grandes oportunidades de empregabilidade. Um detalhe: sabia que mais de 90% dos técnicos dessa área estão empregados?

> *4ª parte*

— O senhor tem interesse em conhecer mais a respeito desse curso? (Responder às dúvidas do cliente.)

— Mas qual o valor desse curso?

— O investimento é de (valor à vista), que pode ser parcelado em até X vezes. Dessa maneira, nós trabalhamos com um crédito educativo próprio, com o qual o senhor terá condições diferenciadas de pagamento, de acordo com sua disponibilidade. Vamos agendar uma visita para conversarmos pessoalmente sobre o curso, sua sistemática e sobre as possibilidades de matrícula e investimento?

Contato passivo:

— Empresa X, meu nome é João, boa tarde.

MANUAL DE VENDAS EXTERNAS **273**

— Boa tarde.

— Com quem estou falando?

— Maria.

— Boa tarde, Maria, em que posso ajudá-la?

— Eu gostaria de informações sobre o curso técnico em Radiologia.

— Ok, Maria. O curso de Radiologia... (seguir os passos do televendas ativo a partir da 3ª parte).

Negociação

Enfim, chegamos à negociação. Você percebe o quanto trabalhou antes de chegar a esse ponto? Você está diante de um cliente que está interessado em conhecer mais sobre sua empresa, sobre seu produto. Mas também chegou o momento de você conhecer mais sobre esse estranho que está à sua frente.

Lembre-se: você não é amigo desse indivíduo, e muito menos tem a pretensão de ser. Mas, sabendo algumas informações sobre ele, fica muito mais fácil guiá-lo ao fechamento do negócio.

Um exemplo, passo a passo. Nome da cliente: Maria. Idade aparente: 35 anos.

— Maria tem segundo grau completo.

A partir dessa informação você percebe que ela está apta a cursar qualquer curso técnico.

— Trabalha como doméstica em três residências.

Talvez ela esteja buscando uma maior qualificação, pretendendo mudar de ramo, e para isso precisa de qualificação.

— Ela é recém-divorciada.

Isso sinaliza uma tendência a mudanças em sua vida. O que ela estará buscando? Uma atualização profissional? Se qualificar para tentar uma condição financeira melhor?

— Tem um filho adolescente.

Quantos anos terá o filho? Será que não podemos ver a possibilidade de um EJA ou um curso técnico para ele também?

— Faz parte de uma associação comunitária no bairro onde mora.

Será que não existem mais pessoas da comunidade interessadas em cursos técnicos? Quem sabe você possa contar com algumas indicações.

Nesse exemplo, você percebe quantas informações úteis pode trabalhar para o fechamento do negócio. É muito mais fácil fechar uma negociação quando dispomos de informações sobre o cliente.

Não seja indiscreto, nem seja invasivo. Saiba o momento certo de conversar a respeito da vida do cliente... isso permite que ele se sinta mais à vontade com você e que informações preciosas não passem desapercebidas.

Agora, algumas dicas úteis:

- Saiba exatamente a necessidade do cliente quanto ao seu produto. Afinal, o que ele está buscando? Qual a utilização que ele pretende para o produto?

- Seu papel em uma negociação é o de consultor, não de vendedor. Nunca force o fechamento quando não está claro para o cliente o real benefício do que ele está adquirindo.

- Repasse todas as informações a respeito do produto que o cliente está adquirindo. Isso resguarda seu trabalho quanto a possíveis reclamações ou cancelamentos devido a informações incorretas ou que simplesmente não ficaram claras.

- Venda a qualidade de seu produto e de sua empresa. Vendedores que usam expressões como "eu garanto que..." não passam credibilidade.

- Cheques não são um obstáculo ao fechamento e sim um benefício ao cliente. Quando trabalha com um parcelamento em cheques, você está depositando confiança no cliente. A empresa está concedendo um crédito educativo quando aceita cheques pré-datados.

- Se o cliente se negar a fechar negócio com você, saiba a razão exata. Explore a objeção do cliente. Será que ele compreendeu todas as informações corretamente? O que está dificultando a negociação?

- Custo é sempre o último tema da conversa. Primeiro o cliente deve conhecer bem seu produto, os benefícios e a sistemática.

- Se o cliente tentar ser evasivo e não fechar o negócio "naquele momento", pergunte: "Ok, Fulano, mas só para que eu possa me organizar para dar seguimento à negociação... o que falta para o senhor se matricular conosco? Posso lhe ajudar com mais alguma informação?"

- SEMPRE seja claro e correto com o cliente. Se em algum momento você tentar um atalho que resulte em um fechamento sem passar as informações corretas ao cliente, você acaba de se demitir.

Agora você está pronto para conhecer as TÉCNICAS DE VENDAS.

Técnicas de vendas

Vou dividir as técnicas em seis passos:

- ☑ Apresentação pessoal.
- ☑ Sondagem.
- ☑ Apresentação do produto.
- ☑ Tratamento de objeções.
- ☑ Retomada dos pontos principais.
- ☑ Fechamento da venda.

> Passo um: apresentação pessoal

Este é o primeiro passo da venda técnica. Não é um ponto crucial para o fechamento do negócio, mas uma apresentação malfeita com certeza reduzirá drasticamente sua chance de concluir com êxito a negociação. Portanto, muita atenção quanto a esse primeiro contato com seu cliente.

Já falamos quanto à apresentação visual neste manual, quanto ao vocabulário e quanto ao cuidado em tratar com um cliente. Agora é o momento de trabalhar a empresa, o produto e o consultor que você irá apresentar ao cliente.

Quando você trabalha:

a. Com produto(s)/serviços para empresas:

I. "Boa tarde, meu nome é João da Silva e sou consultor da Empresa X. O objetivo dessa visita é lhe apresentar o Produto Y (a sistemática, o serviço etc.), focado em seu ramo de atuação".

II. "Antes de entrar propriamente no produto/serviço foco desta conversa, é muito importante conhecer sua empresa e um pouco sobre a sua percepção a respeito do seu ramo de atuação."

b. Com produto(s)/serviços para pessoas físicas:

I. "Boa tarde, meu nome é João da Silva e sou consultor da Empresa X. O objetivo dessa visita é lhe apresentar o Produto Y (a sistemática, o serviço, etc), trazendo uma nova possibilidade para o senhor".

II. "O senhor dispõe de alguns minutos para conversar? Ok, primeiramente eu gostaria de conhecer um pouco de suas necessidades."

Por que paramos nesse ponto? Porque o que eu coloquei aqui foram duas formas de quebrar o gelo, de introduzir uma conversa. Se nesse ponto você começar a falar em produto, preço e sobre as diversas vantagens que sua empresa tem sobre a concorrência, você não estará tendo uma conversa ou uma negociação, e

GESTÃO DA MEDIOCRIDADE

sim estará fazendo um monólogo, sem cativar o cliente. O máximo que se consegue com monólogos é um "vou pensar, deixe seu cartão" e ver a chance de fechar um bom negócio escapar entre seus dedos.

Lembre-se: você agora é um consultor, não um distribuidor de cartões ou guias. Tudo que você mais quer é essa chance de conversar com o cliente e, principalmente, a chance de ouvi-lo. Exercite seu ouvido e guarde sua oferta para o momento da apresentação do produto.

Todo vendedor tem seu perfil próprio. Faça sua própria apresentação, mas molde-a dentro destes simples conceitos: seu nome, função, empresa e o que você está fazendo na frente do cliente.

Quebrou o gelo? Hora de ouvir o cliente.

> *Passo dois: sondagem*

Chegamos ao ponto-chave das técnicas de vendas. A sondagem é o que vai extrair do cliente as necessidades ou os desejos que irão impulsionar sua venda. É fantástica a quantidade de informações que você pode extrair de um cliente apenas exercitando seu ouvido. Mas, para extrair informações, você deve ter em mente o que quer saber e como alinhar o discurso do cliente a questões referentes aos seus produtos/serviços.

Se você for muito direto, pode fazer com que o cliente se sinta pressionado, gerando um mal-estar. Se for muito prolixo, vai desperdiçar seu tempo e o do cliente sem que vocês concluam a negociação. Portanto, guie sua visita dentro de uma cadeia lógica.

Antes de seguir nossa abordagem sobre a sondagem, vamos analisar dois conceitos básicos que servirão de apoio em nossa negociação e ajudarão muito a desenhar a cadeia lógica da venda técnica: perguntas abertas e perguntas fechadas.

Perguntas Abertas

Perguntas abertas são as perguntas que dão margem a respostas interpretativas e dissertativas. É nesse momento que você vai ouvir muitas informações e precisará saber filtrar as que lhe interessam para seguir a negociação. É importante perceber que estas perguntas estarão sempre ligadas ao seu desejo de conhecer a empresa/pessoa com quem você está conversando/negociando e a realidade em que essa empresa/pessoa está inserida.

Alguns exemplos de perguntas abertas:

Para empresas

    ☛ Qual é o mercado de atuação de sua empresa?

MANUAL DE VENDAS EXTERNAS **277**

- ☞ Como o senhor percebe sua concorrência?
- ☞ Como o senhor imagina sua empresa em cinco anos?
- ☞ Como sua empresa está se preparando para o futuro?

Para pessoas físicas

- ☞ Como o senhor vê o mercado de trabalho? (Para cursos.)
- ☞ O que é mais importante quando o senhor pensa em um carro? (Automóveis.)
- ☞ O que é segurança para o senhor? (Seguros.)
- ☞ O que é fundamental quando se fala em qualidade? (Medicamentos.)

As perguntas abertas são uma excelente forma de entender como o seu cliente pensa. E as respostas que você ouvir irão guiar sua negociação.

Perguntas Fechadas

Perguntas fechadas são uma fonte objetiva de informações. Sim e não, quantidades e valores são as respostas básicas a essas indagações. Saiba trabalhar as perguntas fechadas com inteligência, ou sua conversa/negociação se tornará um questionário. Use essas perguntas mescladas com perguntas abertas, em momentos decisivos de sua negociação.

Exemplos de perguntas fechadas:

Para empresas

- ☞ Qual operadora de telefonia fixa a sua empresa utiliza?
- ☞ Quantos alunos sua escola possui no ensino médio hoje?
- ☞ Qual sua capacidade produtiva do Produto A hoje?
- ☞ Há quantos anos sua empresa atua no mercado X?

Para pessoas físicas

- ☞ Qual é a sua escolaridade?
- ☞ O senhor tem filhos?
- ☞ O senhor possui seguro de vida?
- ☞ Em uma escala de 0 a 10, qual a importância do lazer em sua vida?

Sempre que você utilizar as perguntas fechadas, saiba exatamente o que você vai fazer com essa informação.

GESTÃO DA MEDIOCRIDADE

Voltando à sondagem:

Conhecendo seu produto, você conhece seus diferenciais. Induza a conversa para tópicos nos quais você estará confortável ao falar de seu produto. Seu diferencial é a qualidade? Converse sobre mercado, sobre o que é importante para o cliente, sobre a imagem de algo de qualidade.

Perguntas Abertas e Fechadas Mescladas

Você trabalha com fornecimento de tecidos para empresas de confecção. Seu grande diferencial é a qualidade de seu produto, com uma tecnologia muito superior à da concorrência, mas com um preço 60% superior ao ofertado pelos concorrentes.

Estudando o mercado, você verificou um potencial cliente e finalmente está diante dele. Vamos estruturar sua sondagem?

- Sua empresa tem dez anos de mercado. Quais são os seus diferenciais para crescer em um mercado tão competitivo?
- Como o seu cliente vê sua empresa hoje?
- Como vocês trabalham o controle de qualidade de seus produtos?
- Então qualidade é fundamental para o cliente?
- O que o cliente procura em uma camiseta (ou outro produto da sua empresa) hoje?
- Então tecnologia é fundamental?
- Se vocês tivessem acesso a um novo material, com mais qualidade e tecnologia, o senhor acredita que isso poderia colaborar com o desenvolvimento de sua empresa?

Um detalhe: no decorrer da sondagem você vai encontrar duas vezes a palavra fundamental. Não foi por acaso, como você pode ter percebido. Isso induziu o cliente a pensar em qualidade e tecnologia como fatores extremamente importantes dentro do seu negócio. Ressalte os diferenciais dos seus produtos/serviços dentro das próprias perguntas que você irá elaborar. Utilize palavras fortes e positivas quando tocar nesses pontos.

Então a cadeia lógica da sondagem está na seguinte estrutura:

- Mercado.
- Concorrência.
- Visão dos clientes da empresa.
- Necessidades dos clientes da empresa.
- Como é o processo hoje?
- Visão de futuro.

MANUAL DE VENDAS EXTERNAS **279**

- O que é feito para chegar a esse futuro?
- Introduza perguntas quanto aos diferenciais do seu produto.
- Ressalte as respostas positivas do seu cliente com relação ao seu produto.
- Introduza a apresentação do seu produto. O cliente tem interesse em conhecer o que você veio apresentar?

> *Passo três: apresentação do produto*

Chegou a hora de você dar seu show. Foque a apresentação do seu produto/serviço nos pontos relevantes que encontrou na sondagem. Isso vai criar mais interesse no cliente, já que você está trazendo algo focado em suas necessidades.

- Cite exemplos dentro dos processos da empresa que o comprador lhe apresentou.
- Ressalte a opinião dos clientes dessa empresa e a importância de trabalhar esses pontos.
- Demonstre como seu produto vem ao encontro das necessidades da empresa.
- Tire as dúvidas do cliente quanto ao seu produto. Quanto mais dúvidas, mais interessado ele ficou em sua proposta.

Tente não falar em preço nesse passo da venda. Busque trabalhar as objeções do cliente quanto à sua proposta antes de entrar na questão do Preço.

> *Passo quatro: tratamento de objeções*

Aqui você vai lapidar sua proposta. Muito cuidado em suas respostas. Seja positivo e não caia nas armadilhas que serão colocadas nessa etapa.

As objeções consistem basicamente nas restrições que o cliente vai impor para a aquisição de seu produto. Esse é o momento de trabalhar na negociação com máxima atenção.

Objeções comuns:

- Preço: se o cliente julgar seu produto/serviço caro, demonstre os benefícios que a aquisição/contratação do produto/serviço trará a ele. O que é caro? O que é mais importante? O que o cliente ganha trabalhando com você? E se o produto for parcelado em X vezes? (Reveja o ponto Custo x Benefício deste Manual.)
- Fidelidade à outra marca: ressalte a importância da fidelidade, do relacionamento. NUNCA fale mal do seu concorrente, ainda mais se o

280 GESTÃO DA MEDIOCRIDADE

cliente tem um vínculo com ele. Mas insista em seus diferenciais; faça comparativos. Demonstre que você está propondo mais que uma mudança, um novo relacionamento, uma nova parceria. Utilize as respostas que o cliente lhe deu na sondagem a seu favor. Não tenha medo de fazer um pouco de pressão, pois ninguém fecha um negócio facilmente quando o cliente é fiel a um de seus concorrentes.

- Desconhecimento quanto a sua marca: se você trabalha em uma empresa que tem pouco tempo de mercado, não desanime. Ilustre sua proposta com estudos de caso, com exemplos reais de como seu produto/serviço já beneficiou outros clientes. Demonstre com estudos mercadológicos o porquê da criação de sua empresa e quais os diferenciais que tornaram seu produto/serviço um benefício para as empresas (ou clientes em geral, quando se fala em pessoas físicas). Amostras, aulas grátis, *test drives*... enfim, a oportunidade de testar o que se está comprando podem ser diferenciais.

- Qualidade: mais um ponto a se trabalhar com custo x benefício. Se a qualidade de seu produto não é sua força, busque outros diferenciais. Ressalte atributos e demonstre, financeiramente, o ganho de margem de lucro para a empresa. No caso de pessoas físicas, trabalhe a real necessidade do cliente: ele precisa de praticidade ou de recursos que nem utiliza? O que torna algo melhor: sua utilização prática ou a imagem de superproduto de difícil manuseio?

- Referências: estas são muito importantes para dar segurança ao cliente. Tenha na manga referências positivas — empresas ou pessoas que você possa indicar como certificadoras de que seu produto/serviço é exatamente o que você está apresentando.

Se um cliente fizer uma objeção que possa prejudicar você na venda, difamando algum de seus atributos, não discuta com ele. Apenas contorne a objeção retomando os benefícios de seu produto/serviço. Entrar em choque com o cliente é um passo para perder a venda. Mais uma vez, seja positivo. Ressalte suas qualidades, desvie o foco da negociação de um ponto negativo para outros positivos ofertados. Seja o mais claro possível e mantenha a firmeza na argumentação.

> Passo cinco: retomada dos pontos principais

Vendeu seu peixe? O cliente enfim gostou do que ouviu? Hora de ressaltar os pontos mais importantes da negociação para não deixar brechas para dúvidas. Faça um resumo do que está ofertando ponto a ponto, para dar mais segurança ao cliente.

MANUAL DE VENDAS EXTERNAS **281**

Apresente a entrega do produto/serviço, preço, contrato, pagamento... enfim, todos os pontos de sua proposta.

Pergunta-chave: alguma dúvida?

Esclarecidos todos os pontos da negociação, hora de fechar o negócio.

> *Passo seis: fechamento da venda*

Apresente o contrato, toda a documentação necessária e feche o negócio. Nesse ponto ainda podemos perceber alguma última ressalva do cliente, como, por exemplo, "preciso pensar um pouco mais" ou "não sei se é o momento de fazer esse negócio". É complicado ouvir isso nessa etapa, mas você não pode de maneira nenhuma sair da sala de negociações sem fazer algumas colocações:

◤ "Ficou alguma dúvida sobre o produto/serviço?"

Mesmo que a resposta seja não, retome tudo o que foi trabalhado na negociação e todos os benefícios que o cliente obterá e refaça a oferta.

A resposta ainda não é definitiva?

◤ "Senhor José da Silva, eu apresentei todos os benefícios para que estabeleçamos uma parceria. O que falta para o senhor fechar esse negócio conosco?"

Essa é uma pergunta fundamental, pois aqui você vai achar a objeção do cliente. Não tenha medo de fazer essa pergunta, essa é sua última chance de fechar esse negócio nessa reunião.

Caso não consiga fechar o contrato nesse momento, entregue uma proposta por escrito (de preferência já redigida antes da reunião) com seu cartão anexado. Mantenha contato com o cliente uma vez por semana, de preferência por telefone, até ouvir um sim ou um não definitivos. Existem diversos negócios que o vendedor julga finalizados que ressurgem quando menos se espera. Nunca desista de uma negociação na qual você percebe um claro benefício para o cliente, a menos que ele lhe dê um não definitivo. E, se você ouvir esse não, pergunte novamente: ficou alguma dúvida sobre o produto/serviço?

Considerações finais

Trabalhar na área de vendas é uma composição entre técnica e força de vontade. Não se abata ao perder um negócio. Não existe um único vendedor que nunca tenha perdido um bom negócio. Não existe 100% de aproveitamento em vendas. Mas é fundamental que você saiba o motivo que o fez perder uma negociação. Entender seus próprios erros traz experiência e maturidade para que você aprimore todos os dias suas qualidades. E reflita: se você vendeu um produto, será que

GESTÃO DA MEDIOCRIDADE

não poderia ter vendido outros também? Todas as necessidades do cliente foram supridas nessa venda?

Pratique o pós-venda. Entre em contato com seu cliente, mostre interesse. Ele gostou do produto/serviço? Suas expectativas foram cumpridas? Relacionamento é a chave para negócios futuros.

Vender é aprender todos os dias, um pouco com cada cliente. Nunca se julgue perfeito, pois você nunca o será. Aprenda com seus colegas, veja novas formas de trabalho e lapide sua forma ideal. Todos têm uma abordagem diferente, uma sistemática de trabalho diferente. Busque o seu melhor, acredite no potencial de seu trabalho.

Você só conseguirá vender se acreditar no produto/serviço que está oferecendo. Imagine hipóteses, formule questionamentos. Seja o melhor entre os melhores. Conquiste seus sonhos no dia a dia e você estará sempre motivado para os desafios que lhe esperam.

AGRADECIMENTOS

Primeiramente, agradeço aos meus pais, Seno e Rejane. Meu pai foi meu exemplo na área acadêmica, sempre envolto em seus estudos e em sua formação constante. Minha mãe foi o suporte em momentos difíceis, sempre me incentivando a seguir em frente e a acreditar em meu talento desde minha juventude.

Agradeço ao meu amigo e parceiro de empreitadas, Jonathan Guilherme. Se o leitor encontrou vídeos disponibilizados nesta obra, o professor Jonathan tem parte fundamental nisso. Sempre me desafiando, sempre me colocando à prova. Este livro não teria esse formato se esse grande amigo não tivesse me colocado em xeque.

Pedro Felipe Santana: sua disponibilidade em me auxiliar em tempo recorde na edição das imagens deste livro foi ímpar. O material não teria sido entregue em tempo hábil sem sua participação, meu amigo. Muito obrigado.

Álvaro Martinelli, Cláudia Mocelin e Felipe Nery Machado: vocês tiveram uma participação relevante neste livro, seja em discussões, seja em leituras probatórias ou na própria formatação deste material. Sou grato a vocês pela parceria.

Não posso me esquivar de agradecer aos corajosos revisores da editora Alta Books, que ousaram ao validar esta obra. Apostar em um conteúdo potencialmente polêmico, e com ferramentas de inovação por vídeo, não é tarefa fácil. Assim como a leitura deste livro não é para todos, promovê-lo não é para qualquer editora.

E, finalmente, obrigado a você que leu o livro. Sua curiosidade e seu desejo pelo conhecimento, longe de qualquer obrigatoriedade, é que impulsionaram essa leitura — o que para mim é um privilégio. Foi maravilhoso ter sido escolhido para lhe acompanhar em seus estudos, motivo pelo qual me orgulho profundamente.

REFERÊNCIAS BIBLIOGRÁFICAS

AAKER, Jennifer; VOHS, Kathleen D.; MOGILNER, Cassie. **Nonprofits Are Seen as Warm and For-Profits as Competent: Firm Stereotypes Matter**, Journal of Consumer Research, Volume 37, Issue 2, 1, Pages 224–237. 2010.

ALUTAYBI, A; AL-THANI, D; MCALANEY, J, *et al.* **Combating Fear of Missing Out (FOMO) on Social Media: The FoMO-R Method**. International Journal of Environmental Research and Public Health. 2020;17(17):6128.

AMIT, R.; e ZOTT, C. (2001). **Value creation in e-business**. Strategic Management Journal, 22(6-7), 493-520.

ANDERSEN, J. C.; NARUS, J. A.; e NARAYANDAS, D. (2009). **Business Market Management — Understanding, Creating, and Delivering Value (3rd ed.).** Pearson International Edition.

BARNEY, J. B. (2018). **Why resource-based theory's model of profit appropriation must incorporate a stakeholder perspective**. Strategic Management Journal, 39(13), 3305-3325. https://doi.org/10.1002/smj.2949

BEER, J. M.; PRAKASH, A.; MITZNER, T. L.; e ROGERS, W. A. **Understanding robot acceptance**. Georgia Institute of Technology. 2011.

BLACKWELL, R. D.; MINIARD, P. M.; e ENGEL, J. F. (2005). **Comportamento do Consumidor** (Tradução). São Paulo: Pioneira Thomson Learning.

BRYNJOLFSSON; HU; RAHMAN. **Competing in the Age of Omnichannel Retailing**. MIT Sloan Management Review, 2013.

CHRISTENSEN, Clayton M. **The Innovator's Dilemma: When New Technologies Cause Great Firms to Fail**. Harvard Business School Press, 1997.

COLLINS, J. C; e PORRAS, J. L. **Feitas para durar: práticas bem-sucedidas de empresas visionárias.** Tradução SCHIROS, S. Rio de Janeiro: Rocco, 1985.

CROSBY, L. A.; e JOHNSON, S. L. (2004). **Building CRM Strategies Making the Intangible... Tangible**. Marketing Management, 13 (3), pp.12-13. Cross-Cultural Perspective. Journal of Hospitality & Tourism Management, 12 (2).

REFERÊNCIAS BIBLIOGRÁFICAS **285**

DAWAR, N.; e LEI, J. (2009). **Brand crises: The roles of brand familiarity and crisis relevance in determining the impact on brand evaluations**. *Journal of Business Research*, 62(4), 509-516. doi:http://doi.org/10.1016/j.jbusres.2008.02.001

DRUCKER, Peter Ferdinand. **O melhor de Peter Drucker: obra completa**. São Paulo: Nobel, 2002.

FREUD, S. **Obras Completas, volume 15: Psicologia das massas e análise do Eu e outros textos**. São Paulo: Companhia das Letras, 2011.

GENSLER, S.; VÖLCKNER, F.; LIU-THOMPKINS, Y.; e WIERTZ, C. (2013). **Managing brands in the social media environment**. *Journal of Interactive Marketing*, 27(4), 242-256. doi:http://doi.org/10.1016/j.intmar.2013.09.004

GOLEMAN, Daniel. **Inteligência emocional**. 36. ed. Rio de Janeiro: Objetiva, 1995.

GREENBERG, Paul. **CRM, Customer Relationship Management**. Rio de Janeiro: Campus, 2001.

HUANG, Ming-Hui; RUST, Roland T. **Technology-Driven Service Strategy**. Journal of the Academy of Marketing Science, 45 (6), 906–924. 2017.

JAY, Antony. **Maquiavel & Gerência de Empresas**. Rio de Janeiro: Zahar Editores, 1974.

JUNG, C. G. **O eu e o inconsciente**. *In*: Obras Completas de C. G. Jung, vol. VII/2. Petrópolis: Vozes, 2011f.

KOTLER, Philip; KARTAJAYA, Hermawan; e SETIAWAN, Iwan. **Marketing 4.0: do tradicional ao digital**. Rio de Janeiro: Sextante, 2017.

Kotler, Philip; Kermawan, Kartajaya; e Setiawan, Iwan (2011) **Marketing 3.0: dos produtos e consumidores ao espírito humano**. Lisboa: Actual Editora.

LEINWAND, Paul. **Strategy That Works**. Harvard Business Review Press, 2016.

MAQUIAVEL, Nicolau. **O Príncipe**. Tradução de Maria Lucia Cumo. Rio de Janeiro: Editora Paz e Terra, 1996.

NIETZSCHE, Friedrich W. **A Gaia Ciência**. Tradução: Paulo César de Souza. São Paulo: Companhia das Letras, 2001.

NIETZSCHE, Friedrich W. **Além do bem e do mal: Prelúdio a uma filosofia do futuro**. Tradução: Paulo César de Souza. São Paulo: Companhia das Letras, 1992.

NIETZSCHE, Friedrich W. **Assim falou Zaratustra: um livro para todos e para ninguém**. Tradução: Mário da Silva. Rio de Janeiro: Civilização Brasileira, 2000.

PETERSON, Jordan. **Maps of Meaning: The Architecture of Belief**. Routledge, 2000.

PMI. PMBOK: **Um Guia do Conjunto de Conhecimentos em Gerenciamento de Projetos**. Quarta. Filadélfia, Pensilvânia: Project Management Institute, Inc., 2008.

PORTER, Michael E. **Estratégia competitiva: técnicas para análise de indústrias e da concorrência**. 2 ed. Rio de Janeiro: Elsevier, 2004.

SIOMKOS, G.; TRIANTAFILLIDOU, A.; VASSILIKOPOULOU, A.; e TSIAMIS, I. (2010). **Opportunities and threats for competitors in product-harm crises**. Marketing Intelligence & Planning, 28(6), 770-791. doi:http://doi.org/10.1108/02634501011078156

SIRDESHMUKH, Deepak; SINGH, Jagdip; e SABOL, Barry. **Consumer Trust, Value, and Loyalty in Relational Exchanges**. Journal of Marketing, Vol. 66, 15-37, 2002.

SUETÔNIO; PLUTARCO. **Vidas de César, por Suetônio e Plutarco**. Tradução e notas Antonio da Silveira Mendonça e Ísis Borges Belchior da Fonseca. São Paulo: Estação Liberdade, 2007.

TZU, Sun. **A Arte da Guerra**. São Paulo: Record, 2006.

WILDE, Oscar. **A alma do homem sob o socialismo**. Porto Alegre: L&PM, 2009.

Artigos relacionados no livro: www.aulasdenegocios.com.br

LINK ALTERNATIVO PARA OS VÍDEOS ONLINE

Caso você encontre algum problema com os QR Codes do livro, vai encontrar a lista completa dos vídeos diretamente via YouTube no link a seguir:

https://youtube.com/playlist?list=PLdTg7vOWrbQMk6jMxtc7G49z0tCcabCfN

ÍNDICE

Símbolos

4 Ps do marketing 151

A

Acessibilidade 223
Ações comerciais
  de curto prazo 174
  de longo prazo 177
  de médio prazo 175
Algoritmos 87
Alpargatas 78
Amazon 122, 145
Ambientes
  multigeracionais 89
  nichados 76
  onicanal 100
Análise SWOT 195, 203, 237
Apple 35, 77, 191
Atritos geracionais 192
Autenticidade 31, 64, 100, 139, 177
  corrosão da 34
  inovadora 35
  quebras de 168
Autoanálise 20
Autogestão 245, 249
  anarquista 197
Automação 205
Autoridade 231
Autossuficiência 195

B

Base
  de dados 87
  de segurança 29
  onicanal 87
Benefício percebido 64
Big data 27, 58
Black Rifle Coffee Company (BRCC) 35, 88
BMW 77
Branding 118, 174, 177, 219, 235
  olfativo 129
BSC (Balanced Scorecard) 237, 242
Burger King 80
Business Model Canvas 179

C

Cacau Show 77
Canais
  de vendas diretas 156
  longos de vendas 156
  médios de vendas 156
Capacidade
  cognitiva 249
  competitiva 192
  criativa 189, 201
  de caixa 80
  de entrega 148
  de execução 189
Capilaridade de vendas 162

GESTÃO DA MEDIOCRIDADE

Capital de giro 144, 183
Casas Bahia 77
Causas sociais 103, 176
Ciclo PDCA 12, 243, 245
Clientes 53, 210
 conquistar novos 53
 fidelizar 53
 lucro zero 171, 210
 potenciais 171, 210
 transacionais 171, 210
 valiosos 171, 210
 valor vitalício dos 53
Coca-Cola 129, 168
Comportamento
 instintivo e emocional 234
 natural 234
 prático 234
 primitivo 29
 social 89
 tribal 38, 58
Conhecimento
 cultural 259
 explícito 258
 organizacional 258
 tácito 258
Consumidor 4.0 85
Copywriting 223
Covid-19 122, 176, 200
Crenças condicionantes 57
CRM (Customer Relationship Management) 113, 158
 implementação do 161
Cultura 56, 88, 245
 de controle 46
 de inovação 76, 140, 187, 207
 organizacional 73, 246, 247
 setorizada 46
Curva ABC 173, 181
Custo
 de impressão 221
 de mudança 159, 160
 de oportunidade 151, 152, 172
 por clique (CPC) 221

x benefício 63, 113, 171, 248
x retorno 171

D

Diferenciais
 competitivos 83, 109, 187, 254
 dificilmente copiáveis 81
 sólidos 81
Disney 124, 145
Disrupção tecnológica 188
DNA organizacional 23, 37, 84, 96
 missão 24
 reestruturar o 96
 valores 24
 visão 24
Dove 35

E

Efeito UAU 55, 113, 126
Elon Musk 36
Empowerment 197
Endomarketing 94
Equipes
 autogerenciáveis 140
 em formação contínua 141
 multidisciplinares 242
 multigeracionais 186
Estratégia
 da Cauda Longa 79, 187
 do Oceano Azul 79, 187
Estratégias
 de nicho 76
 de visibilidade 236
 organizacionais 167, 186, 260
Estrutura analítica de projetos (EAP) 213
Experiência do Usuário (UX) 211
Experiências
 personalizadas 114
 únicas 114

F

Ferramentas onicanais 228
Fidelização 160
FOMO (Fear Of Missing Out) 105
Funil de vendas
  ativas 233
  passivas 229

G

Gestão
  celular 200
  da inovação 202
  de caixa 145
  de carteira de clientes 115, 172, 216
  de indicadores 143
  de marca 168, 233
  de pessoas 4.0 198
  de projetos 252
  de recursos humanos 196
  de redes sociais 128
  de relacionamento com clientes 158
  de riscos 148
  de talentos 193
  de vendas 173
  do conhecimento 251
  do tempo 14
  esteticista 202
Gestores
  estratégicos 16
  estrategistas 144
  medíocres 144, 150
  operacionais 16
Google 145
  Ads 221
  Places 231
  Trends 86, 233
Granado 235
Guayaqui 99

H

Havaianas 78
HBO/Warner 145
Heineken 35, 176, 228
Hierarquia organizacional 50, 199
HOG (Harley Owners Group) 127

I

Identidade visual 116, 129
Idiocracia 49, 52
Império da reatividade 76
Indicadores
  comerciais 217
  comportamentais 217, 245
  de curto prazo 220
  de longo prazo 233
  de médio prazo 227
  de vendas 220
  qualitativos 227
  quantitativos 227
Indicadores-chave de Performance (KPIs)
      216, 240
Indústria 4.0 42
Influência social 127, 169
Inovação 10, 42, 68, 80, 120, 154
  constante 16, 189
  processos de 145
Inteligência artificial 87, 248
  cognitiva 26, 94, 205, 248
Interação 227
  passiva 119
Internet das Coisas 58, 87

K

Kopenhagen 77

L

Lacunas
  de oportunidade comercial 163

medíocres 7, 21
Leads qualificados 175
Lego 84
Líder 8
   características 8
Lógica comercial 63
   benefício 63
   problema 63
   solução 63

M

Magazine Luiza 36
Mapeamento
   de forças e fraquezas 50
   de riscos 142
Marketing 66
   3.0 93, 97, 131, 235
   4.0 93, 100
   5.0 93
   de conteúdo 229
   preditivo 95
   social 100
Market share 212, 219
Materiais de apoio 139
Matriz
   BCG 153, 155, 162, 186
   Eisenhower 14, 68, 139, 193
   SWOT 20
McDonald's 80
Mediocridade 7, 79, 98, 122
   barreiras da 14
   círculo vicioso de 30
   cultura da 16
   nível 7
      organizacional 7
      pessoal 7
      social 7
   nociva 49
   organizacional 41
   social 97
Medo 11
   coeficiente do 11

do desgosto 37
do fracasso 11
Melhoria contínua 72, 144, 196, 241
Mercado Livre 122
Meritocracia 49, 90
Microsoft 145
Modelo
   Just in time 146
   onicanal 201

N

Nestlé 83
Netflix 127, 145
Neuromarketing 87, 129, 234

P

Padrões comportamentais 58
Payback 151, 169
Pendleton Read Montague 168
Pepsi 168
Persona 85, 116, 131
Pilares estratégicos na gestão 44
   direção 44
   organização 44
   planejamento 44
Planejamento
   comercial 65, 179, 219
   de recursos 174
Planos
   de capacitação 49
   de carreira 49
   de redundância 148
Poder
   de persuasão 106
   do conhecimento 28
   do exemplo 7, 10
Posicionamento 186
   em Custos 78, 89, 186
   em diferenciação 78, 89, 186
   organizacional 76
      fundamentos do 77

Índice

por enfoque (nichos) 79, 89, 186
Princípio de Pareto 18, 172, 178
Processo
  comercial 65
  de ascensão 49
  de atualização contínua 12
  de expansão territorial 164
  de recompra 54, 65
Project Management Office (PMO) 253
Promoção
  espontânea 167
  institucional 167
  patrocinada 167
Publicidade de impacto 98
Público-alvo 85, 131, 151, 167, 229
  direcionamento do 222

R

Realidade
  onicanal 93
  organizacional 52
Redes sociais 30, 86, 117, 127
Remarketing 220
Representantes comerciais 164, 219
Responsabilidade social corporativa 99
Retorno sobre o investimento (ROI) 192, 221, 238
  em marketing (ROMI) 174, 222

S

SAC 121
Sazonalidade 111
SEO 223
Setor
  comercial 72
  de compras 71
  de logística 71
  de produção 71
  de recursos humanos 71
  financeiro 72
Sleeping Giants 93

Sociabilidade 49
Soluções
  específicas 78
  exclusivas 78
  inovadoras 70
  mais completas 78
  organizacionais 60
Sondagem de vendas 121
Standard Oil 188
Starbucks 228

T

Taxa de cliques (CTR) 221
Tesla 36
Ticket médio 170, 218
Transparência 216, 242

U

Unilever 77
Universo cocriativo 176

V

Validade social 169
Valores organizacionais 72, 177
Valor vitalício 210
Vendas
  ativas 220
    online 220
  B2B 157
  passivas 220
    onicanais 223
  presenciais 115
  transacionais 64
Viabilidade final 152
Visão
  de mercado 50
  holística 222
Volvismo 197
Volvo 96